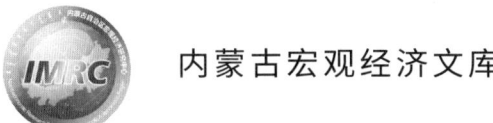

内蒙古宏观经济文库

内蒙古高质量推进

中蒙俄经济走廊
建设研究

孟青龙　主编

图书在版编目（CIP）数据

内蒙古高质量推进中蒙俄经济走廊建设研究 / 孟青龙主编. -- 北京：中国发展出版社，2021.9

ISBN 978-7-5177-1187-2

Ⅰ.①内… Ⅱ.①孟… Ⅲ.①区域经济发展—研究—内蒙古 ②国际合作—经济合作—研究—中国、蒙古、俄罗斯 Ⅳ.①F127.26 ②F125.531.1 ③F125.551.2

中国版本图书馆CIP数据核字（2021）第024225号

书　　　名：	内蒙古高质量推进中蒙俄经济走廊建设研究
著作责任者：	孟青龙
出版发行：	中国发展出版社
联系地址：	北京经济技术开发区荣华中路22号亦城财富中心1号楼8层（100176）
标准书号：	ISBN 978-7-5177-1187-2
经销者：	各地新华书店
印刷者：	北京市密东印刷有限公司
开　　　本：	787mm×1092mm　1/16
印　　　张：	19
字　　　数：	278千字
版　　　次：	2021年9月第1版
印　　　次：	2021年9月第1次印刷
定　　　价：	89.00元

联系电话：（010）68990630　68990692
购书热线：（010）68990682　68990686
网络订购：http://zgfzcbs.tmall.com
网购电话：（010）88333349　68990639
本社网址：http://www.develpress.com
电子邮件：370118561@qq.com

版权所有·翻印必究

本社图书若有缺页、倒页、请向发行部调换

内蒙古高质量推进中蒙俄经济走廊建设研究编委会

主　编：孟青龙

副主编：黄占兵　刘兴波

撰　稿：（按姓氏笔画排序）

乌日丽格　毛艳丽　祁　婧　刘　军

田晓明　　李　洋　余瑞卿　汪士钦

郭淞沆　　高鸿燕

前 言
preface

经济全球化是不可阻挡的历史潮流,为世界经济发展提供了强劲动力,促进了商品和资本流动、科技和文明进步、各国人民交往。立足当今,经济全球化是推动世界经济持续复苏的现实要求。放眼未来,经济全球化是促进世界经济繁荣发展的时代要求。

关起门来搞建设是不能成功的,中国的发展离不开世界。1978年,党的十一届三中全会作出改革开放的历史性决策。从此,中国在全球化进程中"敞开胸襟、拥抱世界",对外开放事业不断迈上新台阶、取得新成就,实现了从封闭半封闭到全方位开放的伟大历史转折,为国民经济发展注入了强大活力。改革开放40多年来的实践一再证明,开放是中国发展的关键一招、民族复兴的必由之路、文明进步的动力之源。当前,对外开放已经成为当代中国的鲜明标识。

开放带来进步,封闭必然落后。党的十八大以来,以习近平同志为核心的党中央总揽战略全局,抓住经济全球化的历史机遇,不断创新对外开放理论和实践,系统谋划新时代对外开放事业。"一带一路"倡议的提出,是中国扩大对外开放的重大战略举措,也是今后一段时期对外开放的工作重点。"一带一路"贯穿亚欧非大陆,一头与活跃的东亚经济圈相连,一头对接发达的欧洲经济圈,中间广大腹地国家经济发展潜力巨大。目前中国已经同137个国家和30个国际组织签署197份共建"一带一路"合作文件,"一带一路"正在成为中国与沿线国家和地区共同繁荣的发展之路。

2015年，国家公布的《推动共建丝绸之路经济带和21世纪海上丝绸之路的愿景与行动》提出，根据"一带一路"走向，陆上依托国际大通道，以沿线中心城市为支撑，以重点经贸产业园区为合作平台，共同打造中蒙俄、新亚欧大陆桥、中国—中亚—西亚、中国—中南半岛、中巴和孟中印缅六条经济走廊。

中蒙俄三国地缘相近、山水相连、人文相亲、利益交融，有着相似的历史境遇、相同的梦想追求，面临共同的机遇和挑战。2000多年前，三国人民穿越草原沙漠，开辟出联通亚欧非的陆上古丝绸之路，开启了中蒙俄三国友好交往的窗口，在人类发展进步的历史长卷上留下了浓重的一笔。2014年9月，在上海合作组织杜尚别峰会期间，国家主席习近平提出将"丝绸之路经济带"与俄罗斯的"跨欧亚大通道"、蒙古国的"发展之路"进行对接联通，合力打造中蒙俄经济走廊，得到了俄、蒙双方的积极回应[①]。2015年7月，上海合作组织乌法峰会期间，国家主席习近平同俄罗斯总统普京、蒙古国时任总统额勒贝格道尔吉举行中俄蒙元首第二次会晤，批准了《中俄蒙发展三方合作中期路线图》，三国有关部门分别签署了《关于编制建设中蒙俄经济走廊规划纲要的谅解备忘录》《关于创建便利条件促进中俄蒙三国贸易发展的合作框架协定》和《关于中俄蒙边境口岸发展领域合作的框架协定》，明确了三方联合编制《建设中蒙俄经济走廊规划纲要》的总体框架和主要内容[②]。2016年6月，上海合作组织塔什干峰会期间，国家主席习近平在塔什干同俄罗斯总统普京、蒙古国时任总统额勒贝格道尔吉举行中俄蒙元首第三次会晤。会晤后，三国元首见证了《建设中蒙俄经济走廊规划纲要》和《中华人民共和国海关总署、蒙古国海关与税务总局和俄罗斯联邦海关署关于特定商品海关监管结果互认的协定》等合作文件的签署[③]。9月13日，国家发

---

① 《习近平：打造中蒙俄经济走廊》，新华网，2014年9月12日，http://www.xinhuanet.com/world/2014-09/12/c_1112448804.htm。
② 《中华人民共和国、俄罗斯联邦、蒙古国发展三方合作中期路线图》，新华网，2015年7月10日，http://www.xinhuanet.com//world/2015-07/10/c_128004481.htm。
③ 《中方：<建设中蒙俄经济走廊规划纲要>具有重要意义》，新华网，2016年06月24日，http://www.xinhuanet.com/politics/2016-06/24/c_129088508.htm。

展和改革委员会正式公布《建设中蒙俄经济走廊规划纲要》，标志着"一带一路"框架下的第一个多边合作规划纲要正式启动实施。中蒙俄三国合作领域涵盖了基础设施互联互通、产业合作、口岸现代化改造、能源合作、海关及检验检疫、生态环保、科技教育、人文交流、农业合作及医疗卫生等十大重点领域。

中蒙俄经济走廊将中国的环渤海经济圈与欧洲经济圈连接起来，形成了一条从亚洲到欧洲的北方通道。根据中蒙俄区位特征、资源禀赋和交通布局，中蒙俄经济走廊包括两个通道：一是从华北京津冀到呼和浩特，从边境城市二连浩特到蒙古国乌兰巴托，然后汇入俄罗斯远东铁路网；二是沿着老中东铁路从大连、沈阳、长春、哈尔滨到满洲里和俄罗斯的赤塔。

内蒙古自治区（简称"内蒙古"）地处中国正北方，向北开放和沿边开放优势明显，在全国对外开放大局中占据着重要位置。2016年以来，内蒙古围绕服务好国家对外开放大局，充分发挥区位优势、口岸优势，主动融入和推进中蒙俄经济走廊建设，与俄罗斯、蒙古国携手前行，编织了更加紧密的共同利益网络。回望五个寒暑春秋，中蒙俄三方政策沟通、设施联通、贸易畅通、资金融通和民心相通取得了丰硕成果，正在朝着和平、繁荣、开放、绿色、创新、文明的目标不断迈出坚实步伐。不容忽视的是，在推进中蒙俄经济走廊建设过程中，依然存在三国合作交流机制和政策体系不健全、设施联通投入不足和标准不同、对外贸易质量和效益不高、资金合作空间有限、民心相通潜力尚待深入挖掘等诸多挑战。

中国开放的大门不会关闭，只会越开越大。党的十九届五中全会提出"实行高水平对外开放，推动共建'一带一路'高质量发展，开拓合作共赢新局面"，《中共中央关于制定国民经济和社会发展第十四个五年规划和二〇三五年远景目标的建议》提出，要加快构建以国内大循环为主体、国内国际双循环相互促进的新发展格局。"十四五"时期，内蒙古与俄罗斯、蒙古国持续深化务实合作，共同推进中蒙俄经济走廊高质量建设，就是推动

"一带一路"高质量发展、构建国内国际双循环新发展格局的重要内容和具体体现，对于实现中华民族伟大复兴的中国梦、推动构建人类命运共同体，使中国同世界融合互动更深、发展动力更足、人民获得感更强，为世界发展创造更多机遇做出更大贡献，具有重大而深远的意义。

"潮平两岸阔，风正一帆悬。"站在新的历史起点，中蒙俄三国共同扬起合作之帆，乘着经济全球化的东风，携手同心、同舟共济，合力推动中蒙俄经济走廊之船扬帆远航，一定会创造一个更加美好的世界。

2020 年 12 月

目　录
Contents

第一章　高质量建设中蒙俄经济走廊的时代要求……………001

第一节　构建人类命运共同体的重要实践………………………001

第二节　助推中国构建国内国际双循环新发展格局的重要抓手…………005

第三节　推进中国构建和谐周边的重要内容……………………008

第四节　推动内蒙古高质量发展的重要动力……………………010

第五节　推进内蒙古更高水平对外开放的重要抓手……………013

第二章　高质量建设中蒙俄经济走廊的战略构想……………018

第一节　准确把握高质量推进中蒙俄经济走廊建设的基本内涵…………019

一、合作开放是高质量推进中蒙俄经济走廊建设的应有之义………020

二、创新开放是高质量推进中蒙俄经济走廊建设的重要引擎…………021

三、共享开放是高质量推进中蒙俄经济走廊建设的根本目的…………022

四、绿色开放是高质量推进中蒙俄经济走廊建设的鲜明底色…………023

第二节　高质量推进中蒙俄经济走廊建设的总体思路…………024

第三节　高质量推进中蒙俄经济走廊建设的主要导向…………026

一、聚焦目标导向 …………………………………………………… 026
　　二、聚焦问题导向 …………………………………………………… 027
　　三、聚焦需求导向 …………………………………………………… 029

第四节　高质量推进中蒙俄经济走廊建设需要重点处理的关系 …… 033
　　一、统筹政治诉求和经济诉求 ……………………………………… 033
　　二、统筹经贸往来和人文交流 ……………………………………… 033
　　三、统筹口岸经济和腹地经济协同发展 …………………………… 033
　　四、统筹市场需求和政府引导 ……………………………………… 034

第五节　高质量建设中蒙俄经济走廊的主要路径 …………………… 034
　　一、沟通对接 ………………………………………………………… 034
　　二、互联互通 ………………………………………………………… 035
　　三、陆海、沿边腹地联动 …………………………………………… 035

第三章　高质量推进中蒙俄经济走廊政策沟通 …………………… 037

第一节　中蒙俄经济走廊政策沟通的主要成效 ……………………… 037
　　一、中蒙俄多层次协商会晤机制基本形成 ………………………… 037
　　二、中蒙俄友好地区（城市）加快建立 …………………………… 038
　　三、内蒙古政策保障体系逐步完善 ………………………………… 039
　　四、内蒙古沿边地区政策对接稳步推进 …………………………… 039

第二节　中蒙俄经济走廊政策沟通存在的主要问题 ………………… 041
　　一、三国合作交流机制有待健全 …………………………………… 041
　　二、三国风险防范机制有待完善 …………………………………… 041
　　三、内蒙古配套政策供给水平有待提升 …………………………… 042

第三节　其他经济走廊政策沟通的做法与启示 ……………………… 042
　　一、主要做法 ………………………………………………………… 042

二、经验启示 ··· 055

第四节　高质量推进中蒙俄经济走廊政策沟通的对策建议 ············ 057

　　一、创造良好的政策环境 ··· 057

　　二、促进多轨道的沟通 ·· 058

　　三、加强政策的落实与创新 ··· 059

　　四、构建风险防范机制与投资贸易争端解决机制 ················ 061

第四章　高质量推进中蒙俄经济走廊设施联通 ············ 063

第一节　中蒙俄经济走廊设施联通的主要成效 ························· 063

　　一、总体进展情况 ··· 063

　　二、重点项目建设情况 ·· 066

第二节　中蒙俄经济走廊设施联通存在的主要问题 ··················· 078

　　一、设施联通基础仍较薄弱 ··· 078

　　二、设施联通建设存在巨大资金缺口 ································ 080

　　三、基础设施与物流相关标准不一致 ································ 082

　　四、新冠肺炎疫情加大设施联通项目推进难度 ·················· 082

第三节　其他经济走廊设施联通的做法与启示 ························· 083

　　一、主要做法 ··· 083

　　二、经验启示 ··· 099

第四节　高质量推进中蒙俄经济走廊设施联通的对策建议 ········· 103

　　一、设立统一协调机构 ·· 103

　　二、创新投资运营模式 ·· 104

　　三、加强与俄罗斯、蒙古国的技术、标准对接 ·················· 105

　　四、推进跨境通道建设 ·· 105

　　五、推进口岸建设 ··· 106

六、推进航空网络建设 ………………………………………… 108

七、推进跨境管道、电网建设 ………………………………… 109

八、推进跨境信息通道建设 …………………………………… 109

第五章　高质量推进中蒙俄经济走廊贸易畅通 …………………… 111

第一节　中蒙俄经济走廊贸易畅通的主要成效 …………………… 111

一、贸易规模稳步扩大 ………………………………………… 111

二、贸易结构逐步优化 ………………………………………… 112

三、贸易平台支撑有力 ………………………………………… 113

四、通关便利化持续改进 ……………………………………… 114

第二节　中蒙俄经济走廊贸易畅通存在的主要问题 ……………… 116

一、对外贸易规模小 …………………………………………… 116

二、对外贸易质量低 …………………………………………… 118

三、对外贸易政策环境有待优化 ……………………………… 118

四、设施联通水平与贸易畅通要求不相符 …………………… 119

第三节　其他经济走廊贸易畅通的做法与启示 …………………… 119

一、主要做法 …………………………………………………… 119

二、对中蒙俄经济走廊的启示 ………………………………… 130

第四节　高质量推进中蒙俄经济走廊贸易畅通的对策建议 ……… 133

一、培育贸易竞争新优势 ……………………………………… 133

二、提高贸易发展质量效益 …………………………………… 136

三、完善贸易平台体系 ………………………………………… 139

四、促进泛口岸经济发展 ……………………………………… 143

五、加强国际产能合作 ………………………………………… 145

六、营造法治化国际化便利化贸易环境 ……………………… 146

第六章　高质量推进中蒙俄经济走廊资金融通 …………… 150

第一节　中蒙俄经济走廊资金融通的主要成效 …………… 150
一、中俄资金融通主要成效 …………… 151
二、中蒙资金融通主要成效 …………… 156

第二节　中蒙俄经济走廊资金融通中存在的主要问题 …………… 159
一、中俄资金融通中存在的主要问题 …………… 159
二、中蒙资金融通中存在的主要问题 …………… 164

第三节　其他经济走廊资金融通的做法与启示 …………… 166
一、新亚欧大陆桥经济走廊 …………… 166
二、中国—中亚—西亚经济走廊 …………… 167
三、中巴经济走廊 …………… 168
四、孟中印缅经济走廊 …………… 169
五、中国—中南半岛经济走廊 …………… 170

第四节　高质量推进中蒙俄经济走廊资金融通的对策建议 …………… 173
一、中俄资金融通对策建议 …………… 173
二、中蒙资金融通对策建议 …………… 181

第七章　高质量推进中蒙俄经济走廊民心相通 …………… 185

第一节　中蒙俄经济走廊民心相通的主要成效 …………… 185
一、教育交流新格局基本形成 …………… 185
二、旅游合作不断深化 …………… 188
三、科技合作与交流持续推进 …………… 190
四、医疗交流合作稳步开展 …………… 192
五、文化合作领域不断拓宽 …………… 193

六、媒体合作力度持续提高 ……………………………………… 195
　　七、智库合作成效显著 …………………………………………… 196
第二节　中蒙俄经济走廊民心相通存在的主要问题 ………………… 198
　　一、教育合作有待完善 …………………………………………… 198
　　二、旅游助推民心相通有待提高 ………………………………… 200
　　三、科学技术创新合作水平较低 ………………………………… 203
　　四、医疗合作尚需再深化 ………………………………………… 204
　　五、文化和外宣工作力度有待加强 ……………………………… 204
　　六、智库合作的开放和国际化程度不高 ………………………… 206
第三节　其他经济走廊民心相通的主要做法和启示 ………………… 207
　　一、主要做法 ……………………………………………………… 207
　　二、经验启示 ……………………………………………………… 212
第四节　高质量推进中蒙俄经济走廊民心相通的对策建议 ………… 216
　　一、推动教育合作取得新进展 …………………………………… 216
　　二、创新旅游合作新模式 ………………………………………… 218
　　三、积极推动科技合作 …………………………………………… 221
　　四、构建中蒙俄医疗合作新平台 ………………………………… 222
　　五、深化文化交流合作 …………………………………………… 223
　　六、开创中蒙俄融媒体合作新局面 ……………………………… 225
　　七、拓展智库合作空间 …………………………………………… 226

第八章　高质量构建中蒙俄经济走廊联动开放新格局 ………… 228

第一节　中蒙俄经济走廊联动开放的主要成效 ……………………… 228
　　一、联动开放大通道日趋畅通 …………………………………… 228
　　二、联动开放平台体系逐步完善 ………………………………… 233

三、联动开放领域持续拓展 …………………………………… 242

　　四、联动开放体制机制逐步完善 ……………………………… 257

第二节　中蒙俄经济走廊联动开放的主要问题 ………………………… 258

　　一、联动开放机制有待完善 …………………………………… 258

　　二、基础设施互联互通有待加强 ……………………………… 259

　　三、贸易联动水平有待提升 …………………………………… 260

　　四、生产要素支撑有待强化 …………………………………… 262

第三节　推动形成中蒙俄经济走廊联动开放布局 ……………………… 263

　　一、推动形成五个横向发展轴 ………………………………… 263

　　二、推动形成六个纵向发展带动轴 …………………………… 265

第四节　高质量推进陆海和沿边腹地联动开放的对策建议 …………… 268

　　一、创新完善联动开放体制机制 ……………………………… 268

　　二、推进陆海和沿边腹地基础设施互联互通 ………………… 269

　　三、推进绿色产业联动发展 …………………………………… 270

　　四、建议国家推动走廊涉及地区的生产要素合作 …………… 271

　　五、全面推进生态保护和治理合作 …………………………… 273

参考文献 ……………………………………………………………… **275**

后记 …………………………………………………………………… **289**

第一章
高质量建设中蒙俄经济走廊的时代要求

进入21世纪以来,中蒙俄经济走廊建设让三国经济联系更加紧密,人文往来更加密切,利益联系纽带更加牢固,顺应了经济全球化和贸易自由化内在要求,为推动全球经济和贸易发展提供了新思路、新方案。做好外交工作,必须统筹中华民族伟大复兴战略全局、世界百年未有之大变局国内国际两个大局。国内大局就是"两个一百年"奋斗目标,实现中华民族伟大复兴的中国梦。国际大局就是为中国改革发展稳定争取良好外部条件,维护国家主权、安全、发展利益,维护世界和平稳定、促进共同发展。当前,国际国内形势发生了新变化,如何更好构建人类命运共同体、如何更好助推中国高质量发展、如何实现内蒙古新一轮高水平对外开放,都对中蒙俄经济走廊建设提出了更高的要求。

第一节　构建人类命运共同体的重要实践

当今世界,和平与发展仍然是时代主题。党的十八大以来,党中央深刻洞察人类命运前途和时代发展趋势,敏锐把握中国与世界关系的历史性变化,向世界提出了构建"人类命运共同体"的重要倡议,并在实践中不断深化和完善人类命运共同体的内容。

党的十九大报告进一步丰富和发展了人类命运共同体的理念内涵，明确提出"坚持和平发展道路，推动构建人类命运共同体"，呼吁各国人民同心协力，构建人类命运共同体，建设持久和平、普遍安全、共同繁荣、开放包容、清洁美丽的世界。构建人类命运共同体，是新时代中国特色大国外交的重大创新和理论贡献，成为新时代中国特色大国外交政策的核心，为全球治理贡献了中国智慧和中国方案。构建人类命运共同体实践平台主要包括"一带一路"倡议、区域人类命运共同体建设、新组织新机制建设等。

当今世界正处于百年未有之大变局。人类社会正处在一个大发展大变革大调整时代，和平发展的大势日益强劲，变革创新的步伐持续向前，各国之间以和平合作、开放融通和变革创新为主的联系从来没有像今天这样紧密。同时，我们也正处在一个风险挑战加剧的世界，世界经济增长动力不足，世界经济格局东升西降的态势持续发展，经济全球化遭遇波折，多边主义和自由贸易体制受到冲击，建立国际新秩序的争斗长期而尖锐、曲折而复杂，发展需要更加普惠平衡，新冠肺炎疫情需要更加妥善应对，各国树立和强化人类命运共同体理念是应对世界经济发展不稳定、不确定、不安全因素的历史选择。

首先，构建人类命运共同体，推动世界经济新旧动能转换和复苏繁荣。目前国际金融危机的深层次影响持续显现，新一轮科技革命和产业变革催生的新的增长动力仍未形成，世界经济复苏动能不足。在经济全球化深入发展的今天，弱肉强食、赢者通吃是一条越走越窄的死胡同，包容普惠、互利共赢才是越走越宽的人间正道。世界各国只有不断深化科技创新合作，加强产业变革协作，才能解决全球经济结构失衡、债务高企、动力不足、金融市场波动性增大等深层次矛盾，促进全球贸易增速和跨国投资恢复到新冠肺炎疫情前的水平。

其次，构建人类命运共同体，推进经济全球化深入发展。经济全球化是社会生产力发展的客观要求和科技进步的必然结果。从本质上看，经济全球化就是市场经济在全球范围内的扩展。经济全球化的潮流滚滚向前，科技革命和市场分工推动了全球生产力快速发展，促进了全球贸易和投资的自由化、便利化，符合世界各国的共同利益。但全球化进程从来都不是一帆风顺的，由于缺乏全球再分配机制、贫富分化加剧，导致生产关系变革滞后于生产力发展，上层建筑不适应新的经济基础，贸易保护主义、单边主义、"逆全球化"思潮等抬头会导致全球化的速度、动力和规则发生变化，全球化总体上呈现曲折向前的特征。中国社科院2020年《经济蓝皮书》指出，"2018年以来美国发起了经贸摩擦，对2019年全球贸易和全球制造业增速的影响远远大于过去在全球产业链联系没有密切的时期的影响程度"，"2019年主要发达经济体增速一直下行，经济增速均不及2018年"。经济全球化是历史潮流，奔腾向前的势头是谁也阻挡不了的。世界各国只有把适应和引导经济全球化作为共同责任，才能推动经济全球化朝着更加开放、包容、普惠、平衡、共赢的方向发展。

最后，构建人类命运共同体，有效化解全球公共卫生危机。2019年末新冠肺炎疫情暴发并很快在全球蔓延。此次新冠肺炎疫情波及范围之广前所未有，严重打乱了全球正常生产经营秩序，冲击了全球产业链、供应链，给世界各国之间的开放合作带来了更多不确定和不稳定因素。根据国际货币基金组织在2020年底的预测，到2021年底，全球经济将损失12万亿美元，甚至更多。抗击新冠肺炎疫情的实践让世界各国更加深刻地体会到构建人类命运共同体的现实意义。只有依靠各国齐心协力、互帮互助、加强合作，才能解决当前乃至以后的全球问题、世界难题。全球合力抗疫的成功实践再一次证明，没有哪个国家能够独自应对人类面临的各种挑战，也没有哪个国家能够退回到自我封闭的孤岛。

共建"一带一路"基于全球化过程中各国相互依存、面对挑战难以独善其身的现实，推动各国对接融合，在全球更大范围内整合发展要素和经济资源，是人类命运共同体理念落地生根的伟大实践，是实现世界和平安宁与共同发展繁荣的重要途径。2013—2019年，中国与沿线国家和地区的货物贸易累计总额超过了7.8万亿美元，对沿线国家和地区的直接投资超过了1100亿美元，新签承包工程合同额接近8000亿美元。截至2020年11月，中国已经与138个国家、31个国际组织签署201份共建"一带一路"合作文件①。一大批重大项目和产业园区相继落地见效,有力促进了互利共赢、共同发展。

中蒙俄经济走廊是"一带一路"倡议的重要组成部分。近年来,中蒙俄经济走廊在推动中国不断扩大对外开放、发展自身的同时,也促进了俄罗斯、蒙古国两国经济发展、造福了俄罗斯、蒙古国两国人民。高质量推进中蒙俄经济走廊建设,就是要中国和俄罗斯、蒙古国共同树立"你中有我、我中有你"的命运共同体意识,基于中蒙俄三国、中蒙俄三国民众的共同命运构建共同体,将"构建人类命运共同体"这一中国方案由倡议上升为共识、由理念转化为行动,促进中蒙俄三国联动发展、互利共赢。

一方面,高质量推进中蒙俄经济走廊建设,有助于为世界经济发展注入动力。世界经济面临的根本问题是增长动力不足。中蒙俄是东北亚的核心国家,2019年中国是世界第二大经济体,俄罗斯GDP位列全球第11,蒙古国是发展中国家。在世界经济深刻调整变革的时期,高质量推进中蒙俄经济走廊建设,让包括俄罗斯、蒙古国在内的东北亚地区分享中国发展机遇,有利于提升东北亚区域在全球经贸中的比重,有利于缓解亚太地区的紧张局势,有利于打造区域合作稳定与繁荣的新亮点。深化中俄和中蒙开放合作,携手参与并融入全球价值链、供应链,在促进三国相互受益、共同繁荣和持久发展的同时,汇聚三国把握新一轮技术革命、产业变革机遇的创新力量,努力扩大三国政策沟通形成的共同市场对全球市场的贡献,可以为促进世界经济新旧动能转换、开辟世界经济增长新空间、搭建国际贸易和投资新平台、推动世界经济复苏注入动力。

另一方面,高质量推进中蒙俄经济走廊建设,有助于推动经济全球化进程。经济全球化是一把"双刃剑"。经济全球化使得各国相互关联、相互依存程度之深前所未有,在为世界发展提供强劲动力的同时,也给各国发展带来了如何解决公平公正等新情况、新挑战、新问题。推动中蒙俄经济走廊更高水平建设,顺应经

---

① 戴小河、安蓓:《我国已与138个国家、31个国际组织签署201份共建"一带一路"合作文件》,《人民日报》,2020年11月18日02版。

济全球化趋势，可以促进俄罗斯和蒙古国两国坚定开放合作信心、共同应对风险挑战，可以增强中蒙俄三国民众参与感、获得感、幸福感，可以促进中蒙俄三国与欧洲、东北亚等建立更深联系、同世界各国携手构建人类命运共同体，让更多商品和要素自由流动，为推动共建"一带一路"走深走实、造福人民和推动更加开放、包容、普惠、平衡、共赢的经济全球化贡献力量。

第二节 助推中国构建国内国际双循环新发展格局的重要抓手

2020年5月14日，中共中央政治局常委会会议首次提出"深化供给侧结构性改革，充分发挥中国超大规模市场优势和内需潜力，构建国内国际双循环相互促进的新发展格局"。7月30日，中共中央政治局常委会会议再次强调，要加快形成以国内大循环为主体、国内国际双循环相互促进的新发展格局[①]。

国内国际双循环新发展格局既不同于新中国成立初期的自力更生为主的内循环发展模式，也不同于改革开放以来"两头在外"的"双循环"发展模式。当前，中国提出的以内循环为主体、国内国际双循环相互促进的新发展格局，是在全球新冠肺炎疫情蔓延、中国经济结构调整和世界经济下行压力加大的背景下，世界经济模式重构，中国经济关系中的生产、分配、交换和消费受阻，为了解决中国经济发展中的梗阻问题，为了畅通国民经济循环为主而构建的一种新发展格局。这种国内国际双循环的重点在于畅通国内的经济循环，同时，要以高水平对外开放打造国际合作和竞争新优势。

构建以国内大循环为主体、国内国际双循环相互促进的新发展格局，是党中

---

① 王金胜、董超：《构建以国内大循环为主体，国内国际双循环相互促进的发展新格局》，《山东干部函授大学学报（理论版）》，2020年10月。

央站在"两个一百年"奋斗目标历史交汇点上,充分结合当前国内国际形势发展的新变化、新趋势和新挑战,针对性提出的重要部署。以构建国内国际双循环新发展格局推动更高水平开放,是中国应对百年未有之大变局的必然选择,对于实现"两个一百年"奋斗目标、实现中华民族伟大复兴的中国梦、推动构建人类命运共同体具有重大意义。

国内国际双循环新发展格局与中蒙俄经济走廊一脉相承。国内国际双循环既涉及商品的生产、分配、消费、流通之间的循环通畅,也涉及要素资源的市场化配置流动、优化配置的循环畅通。而中蒙俄经济走廊建设深刻地体现了国内国际双循环新发展格局的这种特征内涵。经济走廊对内是以中欧班列等为载体带动商品和要素的市场流通,对外则是通过政策沟通、设施联通、贸易畅通、资金融通和民心相通,打通中蒙俄三国的商品、要素市场,优化配置沿线地区的既有资源。国内国际双循环与中蒙俄经济走廊都是以循环实现畅通、以畅通创造价值。国内国际双循环为高质量建设中蒙俄经济走廊带来新的机遇,提供强劲推动力。中蒙俄经济走廊以"五通"促进三国经济紧密地联系互动,既有助于国内大循环效率和水平的提升,也为国内国际双循环提供更为坚实的发展平台。

首先,高质量推进中蒙俄经济走廊建设,有助于推动中国经济循环流转。构建国内国际双循环新发展格局,关键在于实现经济循环流转。从国内大循环与国内国际双循环的关系看,国内循环是基础,国际市场是国内市场的延伸,国内大循环为国内国际双循环提供坚实基础。国内大循环绝不是自我封闭、自给自足,也不是各地区的小循环,更不可能什么都自己做,放弃国际分工与合作。只有大力推动对外贸易畅通,形成开放合作的双循环,才能更加紧密地同世界经济联系互动,从而提升国内大循环的效率和水平。贸易畅通作为高质量推进中蒙俄经济走廊建设的"五通"任务之一,既符合形成国内强大市场的要求,也契合世界各国走向开放、走向合作的大势,更可以获得在国内国际经济循环中所需要的人才、技术、产品等各类要素资源。推动高水平的贸易畅通,对于中国实现高质量"引进来"和高水平"走出去"并举,加快发展开放型经济,形成更加紧密稳定的国内国际贸易循环体系，意义重大。

其次，高质量推进中蒙俄经济走廊建设，有助于推动中国产业关联畅通。构建新发展格局，产业关联畅通是重点。当前和今后一个时期，供给侧仍然是中国经济运行面临的主要矛盾，主要表现为：供给结构不能适应需求结构变化，产品和服务的品种、质量难以满足多层次、多样化市场需求。这就要求我们必须着力提升供给体系的创新力和关联性，解决各类"卡脖子"和瓶颈问题，从而促进国民经济循环畅通。借助中蒙俄经济走廊这个联通俄罗斯、蒙古国和欧洲的对外开放大平台，以国内和俄罗斯、蒙古国、欧洲的需求为导向，认真贯彻"巩固、增强、提升、畅通"八字方针，以创新驱动为引领，继续坚持深化供给侧结构性改革，可以大大提升供给体系对国内和俄罗斯、蒙古国、欧洲的多层次多样化需求的适配性，形成需求牵引供给、供给创造需求的更高水平双循环动态平衡，更好利用国际国内两个市场、两种资源。

最后，高质量推进中蒙俄经济走廊建设，有助于推动中国向制度型开放转变。构建国内国际双循环新发展格局是发展问题，但本质上是改革问题。只有运用改革思维和改革办法，构建高水平社会主义市场经济体制，形成高效规范、公平竞争、充分开放的国内统一大市场，形成充满活力的市场主体，才能形成高标准的市场化、法治化、国际化营商环境，才能降低全社会交易成本，才能实现社会生产力大发展。中蒙俄经济走廊建设是中国扩大对外开放的重大战略举措。经济走廊建设的过程就是一个不断破除妨碍生产要素市场化配置和商品服务流通的体制机制障碍，推动与国内国际经济贸易制度规则和管理标准对接的过程，就是一个不断扫除阻碍国内大循环和国内国际双循环畅通的制度、观念和利益羁绊，建立有效的激励机制，营造鼓励创新的制度环境的过程，就是一个助推全国加快实现由商品和要素流动型开放向规则等制度型开放转变的过程，能够推动中蒙俄经济走廊走实、走深。

第三节　推进中国构建和谐周边的重要内容

中国幅员辽阔，陆地同朝鲜、俄罗斯、蒙古国、哈萨克斯坦、吉尔吉斯斯坦、塔吉克斯坦、阿富汗、巴基斯坦、印度、不丹、尼泊尔、缅甸、老挝、越南等国家接壤，海上同韩国、日本、菲律宾、马来西亚、文莱、印度尼西亚等国家相邻，是世界上周边邻国最多、地缘环境最复杂的大国之一。

无论从地理方位、自然环境还是相互关系看，周边对中国都具有极为重要的战略意义。中国的发展离不开和平稳定合作的周边环境，周边是安身立命之所、发展繁荣之基。党的十八大以来，党中央根据国际地区形势及中国同周边国家关系的新变化，与时俱进完善周边外交战略布局，更加积极主动地稳定、经略和塑造周边。2013年10月24日至25日，在中华人民共和国成立以来首次举行的周边外交工作座谈会上，中国提出了周边外交的基本方针：坚持与邻为善、以邻为伴，坚持睦邻、安邻、富邻，突出体现亲、诚、惠、容的理念。党的十九大报告指出，中国"按照亲诚惠容理念和与邻为善、以邻为伴周边外交方针深化同周边国家关系，秉持正确义利观和真实亲诚理念加强同发展中国家团结合作"。8年来，中国积极运筹周边外交，国家领导人足迹遍布周边，妥处分歧，增进互信，深化互利合作，夯实民意基础，引领中国与周边国家关系不断向前发展，让邻国真切感受到了中国的善意和诚意。

远亲不如近邻。俄罗斯和蒙古国是中国北方重要的邻国，同中国地缘相近、人文相亲、利益相连，历史上与中国交往源远流长，现实中同中国利益深度融合，在中国周边外交全局中占有重要地位。"一带一路"倡议的首要合作伙伴是周边国家，首要受益对象也是周边国家。亲望亲好，邻望邻好。推进中蒙俄经济走廊建设，就是要秉持亲、诚、惠、容的周边外交理念，深化同俄罗斯、蒙古国的互利合作与互联互通，诚心诚意同邻居相处，一心一意共谋发展，携手把合作的蛋糕做大，共享发展成果，打造周边命运共同体，开创周边外交新局面，维护好中国至关重要的安全空间和利益空间，维护好"家门口的太平"。

首先，推进中蒙俄经济走廊建设，有助于促进中国与俄罗斯、蒙古国同呼吸共命运。"亲"，即坚持睦邻友好，守望相助。这既是中国人邻里相处之道，也是中国同周边国家发展关系的基本方针。"好邻居金不换"。推进中蒙俄经济走廊建设，讲平等，重感情，常见面，多走动，可以巩固中国与俄罗斯、蒙古国地缘相近、人缘相亲的友好情谊，增加与俄罗斯、蒙古国两国民众的邻里亲近感。推进中蒙俄经济走廊建设，顺应三国人民过上更好日子的强烈愿望，通过与俄罗斯、蒙古国一道多做得人心、暖人心的事，可以使俄罗斯、蒙古国对中国更友善、更亲近、更认同、更支持，增强亲和力、感召力、影响力。

其次，推进中蒙俄经济走廊建设，有助于促进中国与俄罗斯、蒙古国睦邻互信。"诚"，即诚心诚意对待周边国家，争取更多朋友和伙伴。中国人民的梦想同俄罗斯、蒙古国两国人民的梦想息息相通，实现中国梦离不开和平的周边环境与稳定的周边秩序。推进中蒙俄经济走廊建设，坚持以诚相待，通过真诚的情感、质朴的话语、坚定的信念、实在的举措，把实现中华民族伟大复兴的中国梦同俄罗斯、蒙古国两国人民过上美好生活的愿望结合起来，可以增进彼此互信与互利合作。推进中蒙俄经济走廊建设，立足三国资源禀赋各异、经济互补性强等现实条件，优先考虑俄罗斯、蒙古国发展情况，深化中国和俄罗斯、蒙古国在各个领域、各个层次的务实合作，讲究诚信，注重言必信、诺必践，可以拓展彼此合作潜力和空间，让中国的发展势头也给俄罗斯、蒙古国带来重要的合作机遇。

再次，推进中蒙俄经济走廊建设，有助于促进中国与俄罗斯、蒙古国利益共融。中国欢迎周边国家搭乘中国发展"快车""便车"，让中国发展成果更多惠及周边，让大家一起过上好日子。"惠"，即本着互惠互利的原则同周边国家开展合作。推进中蒙俄经济走廊建设，可以统筹三国经济、科技、贸易、金融等各方面资源，发挥各自的比较优势，找准深化三方贸易、投资和人文互利合作的战略契合点，推进周边市场的开发和资源利用，编织更紧密的共同利益网络。推进中蒙俄经济走廊建设，可以将中国的优势产业同俄罗斯、蒙古国的区位特征、发展需求紧密结合起来，把双方利益融合提升到更高水平，让俄罗斯、蒙古国两国得益于中国发展，使中国也从俄罗斯、蒙古国共同发展中获得裨益和助力。

最后，推进中蒙俄经济走廊建设，有助于促进中国与俄罗斯、蒙古国开放包容。"容"，即倡导包容的思想，强调亚太之大容得下大家共同发展，以更开放的胸襟和更积极的态度促进地区合作。尽管中国与俄罗斯、蒙古国交流合作日益密切，但国家之间仍存在差异性，在差异下协调国家关系是难题。中俄蒙三国是好邻居、好伙伴。推进中蒙俄经济走廊建设，就是尊重包容俄罗斯、蒙古国两国国情和治理方式，尊重对方的政治经济制度，并非用一个模式去苛求。推进中蒙俄经济走廊建设，践行共同安全、综合安全、合作安全、可持续安全的"亚洲新安全观"，深化同俄罗斯、蒙古国的安全合作，有利于筑牢中国发展的北方安全稳定屏障，有利于增进三国战略互信，共同营造和平稳定、平等互信、合作共赢的地区环境，有利于维护三国主权、安全、发展利益，构建地缘政治新优势。

第四节　推动内蒙古高质量发展的重要动力

过去40多年内蒙古经济发展取得的伟大成就是在开放条件下取得的，未来内蒙古经济实现高质量发展也必须在更加注重提高质量、效率和效益的开放条件下进行。

内蒙古社会主要矛盾已发生变化，经济已由高速增长阶段迈向高质量发展新阶段，正处在转变发展方式、优化经济结构、转换增长动力的攻关期，对新时代扩大开放提出了新要求。2019年底，突如其来的新冠肺炎疫情对内蒙古经济社会发展带来前所未有的冲击，但没有动摇内蒙古长期稳定发展的坚实基础。推动高质量发展是遵循经济发展规律、保持经济持续健康发展的根本要求，是适应社会主要矛盾变化和全面建成小康社会、全面建设社会主义现代化国家的必然选择。国内转变经济发展方式、优化经济结构、推动高质量发展已经进入攻坚克难的关键阶段，要保持经济持续健康发展和社会大局稳定，必须把思想和行动统一到党中央对形势的判断和决策部署上来，坚定不移把自己的事情办好。

内蒙古推动更高水平开放，形成全面开放新格局，塑造更多开放型经济新优势，以开放促改革、促发展、促创新，既是经济高质量发展的题中应有之义，又为经济高质量发展创造必要条件。中蒙俄三国地缘毗邻，发展战略高度契合，资源禀赋各异，经济互补性强。以中蒙俄经济走廊为重要抓手，拓展经济发展新空间，推进对外开放从数量型、粗放型发展转向质量型、创新型发展，正是内蒙古实现高质量发展，解决好人民日益增长的美好生活需要和不平衡不充分的发展之间的这个社会主要矛盾的重要途径。

首先，高质量推进中蒙俄经济走廊建设，有助于内蒙古实现以开放促改革。关门搞改革行不通、走不远；开门搞改革借鉴多、动力足。开放性制度改革是推动内蒙古对外开放的重要动力源，更是助推内蒙古充分释放市场活力和社会创造力，实现经济发展质量变革、效率变革和动力变革的重要手段。"十四五"时期，内蒙古将进入新的发展阶段，与俄罗斯、蒙古国、欧洲等国家和地区的融合程度将越来越高，对外开放的重点也将从以往的商品、要素流动型开放向规则等制度型开放转变，对创新开放性政策提出了新要求。推动规则等制度型开放主要体现在两个方面，一个是创造更优的营商环境，另一个是扩大服务业市场开放。

在高质量推进中蒙俄经济走廊建设过程中，营造国际化、法治化、便利化的营商环境，不仅是减少行政流程、缩短办事时间、提升政府服务效能，更重要的是推动政策转型，实现规则、标准、制度的优化和内外接轨，有效降低企业运营成本。这可以倒逼内蒙古继续提升政府治理能力，不断增强对各类市场主体和区内外高水平人才的吸引力，倒逼内蒙古产业政策由过去的以"有保有压"为主向强化竞争性政策的基础性地位转变，倒逼内蒙古市场监管由以往的以一般市场行为监管为主向以公平竞争审查为主转变，倒逼内蒙古适应和对接零关税、零补贴、零壁垒等未来经贸规则变化的大趋势，进而深化国有企业改革、推动政府采购公开化市场化等。

在高质量推进中蒙俄经济走廊建设过程中，拓展教育、医疗、文化、旅游、金融等服务业对外开放的深度和广度，可以倒逼内蒙古转变理念，对标国际基本经贸规则，打破行政性垄断，全面清理妨碍各类服务业市场主体公平竞争的政策，减少服务贸易边境内壁垒，把服务贸易的巨大潜力和强大动能充分释放出来。

其次，高质量推进中蒙俄经济走廊建设，有助于内蒙古实现以开放促发展。从全要素生产率的视角看，提高全要素生产率是高质量发展的核心，而全要素生产率本质上是一种资源配置效率，提高全要素生产率就是提高资源配置效率。高质量推进中蒙俄经济走廊建设，更广领域扩大外资市场准入，更大规模增加商品和服务进出口，通过进口中间品、关键技术、生产性服务等引进先进生产要素，可以充分释放内蒙古利用国内国际两个市场、两种资源的增长动力，进一步促进内蒙古生产要素配置规模扩大、生产要素配置效益提高。

从产业发展的视角看，内蒙古产业高质量发展需要解决好传统产业多新兴产业少、低端产业多高端产业少、资源型产业多高附加值产业少、劳动密集型产业多资本科技密集型产业少的问题。高质量推进中蒙俄经济走廊建设，坚持口岸地区和腹地联动发展，提升煤炭、铜矿、铁矿石、木材等进口资源落地精深加工或离岸就近精深加工水平，承接中欧班列始发省份的出口商品加工、组装、配发等产业，可以推动内蒙古口岸经济与沿边地区资源精深加工、现代物流、现代金融、研发设计等产业深度融合，促进内蒙古产业转型升级。

从区域协调发展的视角看，"一带一路"很重要的一个内容就是解决国内发展不平衡问题，中蒙俄经济走廊在增强内蒙古不同地区之间发展协调性方面也发挥着同样的重要作用。高质量推进中蒙俄经济走廊建设，内蒙古东部盟市依托满洲里、二连浩特等口岸，深化与俄罗斯、蒙古国开放合作，密切与东北地区经贸往来、分工协作，可以在与国内国外的互联互通中，不断增强自身综合实力，逐步缩小与呼包鄂乌、乌海及周边地区之间的发展差距，使内蒙古区域协调发展动力更加充沛。高质量推进中蒙俄经济走廊建设，内蒙古沿边地区发挥交通区位优势，兼顾沿边与腹地互动，大力发展泛口岸经济，可以统筹利用国际国内两种资源、两个市场,以开放合作水平提升促进经济社会持续健康发展。高质量推进中蒙俄经济走廊建设,内蒙古各盟市产业园区在参与建设过程中,既可以吸纳就业,还可以将人口较少民族、少数民族聚居区的民族特色产品畅销到沿线国家和地区。

最后,高质量推进中蒙俄经济走廊建设,有助于内蒙古实现以开放促创新。高质量发展是技术创新成为第一动力的发展。近年来,内蒙古科技事业实现快速发展,但还存在创新能力不强、创新人才不足、创新平台不完善等与高质量发展不相适应的问题。高质量推进中蒙俄经济走廊建设,加强与俄罗斯、蒙古国、欧洲等的创新能力开放合作,有助于内蒙古围绕产业链部署创新链、围绕创新链布局产业链,通过联合攻关孕育出一些变革性的新理念,在现代能源、绿色农畜产品加工、生态保护等领域产生一批有国际影响力的基础研究成果、突破一批关键共性技术、扶持一批引领创新科技产业发展的企业,在技术创新中积累产业创新优势,不断增强内蒙古高质量发展的新动能。高质量推进中蒙俄经济走廊建设,有助于内蒙古抓住人才这个科技创新的"牛鼻子",坚持引资与引智并重、招商与聚才并举,培养具有国际视野的复合型人才,有针对性地培训海外人才,引进国际高尖端人才,统筹利用好国内外各类人才资源,为产业迈向中高端提供更好更强的科技人才支撑。高质量推进中蒙俄经济走廊建设,有助于内蒙古与俄罗斯、蒙古国乃至欧洲的各类技术创新平台开展合作研究,联合国外技术创新资源搭建实验室、科技孵化器、科技信息数据平台等多层次、多主体的技术创新合作平台,提升创新平台的人才技术集聚和承载能力。

第五节 推进内蒙古更高水平对外开放的重要抓手

内蒙古毗邻俄罗斯、蒙古国,是中国向北开放的前沿阵地,具有参与"一带一路"倡议的"硬核"优势。

从自身区位看,内蒙古与俄罗斯、蒙古国陆路相连,分别与俄罗斯的赤塔州,蒙古国的南戈壁省、东戈壁省和东方省接壤,边境线总长4261公里,占全国陆地边境线的19.4%,占中蒙、中俄边境线的66.4%和23.6%。目前共有经国务院批准的对外开放口岸19个,其中航空口岸5个、铁路口岸2个、公路口岸12个(9个对蒙,3个对俄)。满洲里、二连浩特铁路口岸货运量在全国铁路口岸中占据第一、第二的位置,甘其毛都、策克公路口岸在全国公路口岸中分列第二、第四名。2020年1—11月,内蒙古口岸进出境货运量6163.44万吨,其中对俄口岸进出境货运量1817.7万吨、对蒙口岸进出境货运量4345.74万吨,承担着中俄65%的陆路运输和中蒙95%的货物运输任务;口岸进出境客运量达到109.34万人次。

从国家对外开放战略看,《推动共建丝绸之路经济带和21世纪海上丝绸之路的愿景与行动》中明确提出"发挥内蒙古联通俄蒙的区位优势,完善黑龙江对俄铁路通道和区域铁路网,以及黑龙江、吉林、辽宁与俄远东地区陆海联运合作,推进构建北京—莫斯科欧亚高速运输走廊,建设向北开放的重要窗口"。《建设中蒙俄经济走廊规划纲要》确定的7条铁路线路中有6条经过内蒙古,分别为中线铁路走廊(乌兰乌德—二连浩特—天津)、北线铁路走廊(库拉基诺—二连浩特—天津)、东线铁路走廊(包尔扎亚—珠恩嘎达布其—锦州/盘锦)、"滨海2号"国际交通走廊(乔巴山—阿尔山—扎鲁比诺)、"滨海1号"国际交通走廊(乔巴山—阿尔山—纳霍德卡)和莫斯科途经蒙古国至北京的高速铁路干线等。

从国家的部署要求看,党中央高度重视内蒙古对外开放工作。2014年1月,习近平总书记考察内蒙古时,从全局和战略的高度,提出了"把祖国北部边疆这道风景线打造得更加亮丽"的总体发展目标,嘱托内蒙古"守望相助"[①]。习近平总书记还深刻阐述了内蒙古在全国发展大局中的战略地位,指出内蒙古具有发展沿边开放的独特优势,是中国向北开放的前沿,要通过扩大开放促进改革发展,发展口岸经济,加强基础设施建设,完善同俄罗斯、蒙古国合作机制,深化各领域

---

① 李纪恒:《守望相助 努力建设亮丽内蒙古》,人民网,http://politics.people.com.cn/n1/2017/0908/c1001-29522493.html,2017年9月8日。

合作，把内蒙古建成我国向北开放的重要桥头堡①。2018年3月，习近平总书记在参加十三届全国人大一次会议内蒙古代表团审议时强调，要发挥国家向北开放桥头堡作用，形成有竞争力的增长极②。2019年7月，习近平总书记在视察内蒙古时指出，要坚定不移深化改革开放，增强微观主体活力，提升产业链水平，畅通经济循环③。习近平总书记对内蒙古开放发展的特殊关怀和悉心指导，是党中央对做好边疆民族地区开放发展工作提出的时代要求。

改革开放以来，特别是国家提出"一带一路"倡议以来，内蒙古与俄罗斯、蒙古国两国一道秉承以和平合作、开放包容、互学互鉴、互利共赢为核心的丝路精神，坚持"引进来"和"走出去"并重，以"五通"为重点，共同务实推动中蒙俄经济走廊建设，加强与"一带一路"沿线国家和地区的经贸往来，全方位务实合作效果不断显现，开放型经济新体制逐步健全，对外开放水平不断迈上新台阶。以满洲里、二连浩特为重要节点的中欧班列常态化、规模化开行，铺就了更加畅通、更加便捷的"一带一路"贸易通道。2019年，内蒙古外贸进出口额累计达到1095.7亿元，较2015年增长了38%左右；进出口增速高于全国2.5个百分点，进出口增速在全国各省区市④中排第15位。其中，内蒙古对"一带一路"沿线国家和地区进出口额达到711.2亿元，占全部外贸进出口额的64.9%。中蒙俄经济走廊是深化三国互利合作的重要纽带，正在成为内蒙古建设中国向北开放重要桥头堡的重要平台，在服务好国家对外开放大局方面发挥着越来越重要的作用，为内蒙古经济社会发展提供着源源不断的强劲动力。

站在新的历史起点，内蒙古开放的大门只会越开越大。党的十九大报告强调，要以"一带一路"建设为重点，坚持"引进来"和"走出去"并重，遵循共商共

---

① 《习近平：内蒙古各族干部群众要守望相助》，中国新闻网，http://www.chinanews.com/gn/2017/08-08/8298969.shtml，2017年8月8日。
② 《习近平在参加内蒙古代表团审议时强调：扎实推动经济高质量发展 扎实推进脱贫攻坚》，人民网，http://cpc.people.com.cn/n1/2018/0306/c64094-29849635.html，2018年3月6日。
③ 《再赴内蒙古考察，这些话题习近平总书记十分关切》，人民网，http://cpc.people.com.cn/n1/2019/0717/c164113-31238657.html，2019年7月17日。
④ 不包括港澳台，全书同。

建共享原则，加强创新能力开放合作，形成陆海内外联动、东西双向互济的开放格局。十九届五中全会强调，要推动共建"一带一路"高质量发展。2020年，内蒙古政府工作报告提出，要推进更高水平对外开放。在"一带一路"框架内，基于比较优势，深挖潜力，高质量推进中蒙俄经济走廊建设，有助于内蒙古持续推进开放朝着优化结构、拓展深度、提高效益的更高水平迈进。

第一，可以优化对外开放政策环境。高质量推进中蒙俄经济走廊建设，不断健全中蒙俄三国政府间多层次协商会晤机制、三国部门间经常性工作联络机制、三国口岸联合检查工作制度等，不断完善贸易往来、人员交流、要素保障、通关便利等政策，有助于内蒙古营造更优的对外开放政策环境。

第二，可以提升基础设施对外开放的保障能力。跨境基础建设项目是中蒙俄经济走廊建设中的优先合作项目。高质量推进中蒙俄经济走廊建设，有助于畅通中蒙、中俄之间的铁路、公路、油气和输电等跨境通道，有助于增强内蒙古边境口岸与各类产业园区、腹地、沿海之间物流的便捷性，有助于完善口岸和各类产业园区的产业集聚、配套、服务功能。

第三，可以促进外向型经济做优做强。高质量推进中蒙俄经济走廊建设，以技术创新为引领，优化整合生产要素，创新改进贸易方式，延长进口资源落地加工转化产业链，有助于培育发展内蒙古贸易新业态新模式，有助于促进内蒙古出口产品结构优化和出口产品附加值提升，有助于提高内蒙古外向型产业对对外贸易的支撑水平，有助于实现内蒙古通过"引进来"和"走出去"发展壮大外向型企业。

第四，可以推动陆海内外和沿边腹地联动开放发展。充分发挥亚欧大陆桥的区位优势，高质量推进中蒙俄经济走廊建设，着力打通陆上、海上、空中和网上"丝路"，可以让身处内陆的内蒙古从开放末梢转变为开放前沿，可以让内蒙古成为联结京津冀地区、长江经济带、粤港澳大湾区和俄罗斯、蒙古国、欧洲、东北亚、东南亚等新的贸易和互联互通走廊，可以让内蒙古成为陆海内外和沿边腹地联动发展的重要承载区。

第五，可以全方位融入国内国际大市场。高质量推进中蒙俄经济走廊建设，坚持陆海联运、空铁联运和中欧班列有机结合，加强从内蒙古始发和途经内蒙古的公路、铁路与环渤海港口交通基础设施对接，有助于紧密内蒙古与京津冀地区、长江经济带、粤港澳地区等的合作交流，有助于促进内蒙古与"一带一路"沿线国家和地区在装备制造、文化旅游、资源开发利用等产业领域和教育、医疗等人文领域务实合作，有助于内蒙古充分利用国际国内两个市场、两种资源，成为经济全球化的重要参与者、受益者和贡献者。

第二章
高质量建设中蒙俄经济走廊的战略构想

当今世界,各国休戚与共、命运相连。中国开放的大门不会关闭,只会越开越大。2018年11月,习近平主席在首届中国国际进口博览会开幕式上发表了题为"共建创新包容的开放型世界经济"的主旨演讲,指出:开放已经成为当代中国的鲜明标识;中国不断扩大对外开放,不仅发展了自己,也造福了世界;中国推动更高水平开放的脚步不会停滞[1]。2019年10月,习近平总书记在庆祝中华人民共和国成立70周年大会上,强调中国要坚持和平发展道路,奉行互利共赢的开放战略,继续同世界各国人民一道推动共建人类命运共同体[2]。2019年11月,习近平主席在第二届中国国际进口博览会开幕式上指出,世界经济发展面临的难题,没有哪一个国家能独自解决[3]。

习近平主席的一系列重要演讲宣示了新时代中国坚持扩大开放的方向,继续在更大范围更宽领域更深层次上提高开放型经济水平,为世界经济增长带来更多新的机遇的信心和决心;彰显了中国为推动建设开放型世界经济、构建人类命运

---

[1] 《共建创新包容的开放型世界经济——在首届中国国际进口博览会开幕式上的主旨演讲》,中华人民共和国中央人民政府网,http://www.gov.cn/gongbao/content/2018/content_5343724.htm,2018年11月5日。

[2] 《牢记初心使命 创造历史伟业——习近平总书记在庆祝中华人民共和国成立70周年大会上的重要讲话在党政干部中引起热烈反响》,新华网客户端,2019年10月2日。

[3] 《习近平出席第二届中国国际进口博览会开幕式并发表主旨演讲》,新华网,http://www.xinhuanet.com/politics/leaders/2019-11/05/c_1125194860.htm,2019年11月5日。

共同体做出积极贡献的责任和担当；为共建中蒙俄经济走廊在新的起点上拓展新实践、开辟新天地指明了方向，更为持续推进更高水平、更高质量的中蒙俄经济走廊建设，实现共同发展，提供了根本遵循，指明了前进方向。

第一节 准确把握高质量推进中蒙俄经济走廊建设的基本内涵

当今世界正在经历新一轮的大发展、大变革和大调整，世界多极化、经济全球化、社会信息化、文化多样化深入发展，和平发展的大势日益强劲，变革创新的步伐持续向前，但发展失衡、治理困境、公平赤字和保护主义、单边主义抬头等不稳定不确定因素依然很多，各国携手合作、改革创新、互联互通、融合发展，构建人类命运共同体，是真正实现共赢和多赢的必然选择。当前和今后一个时期，是中国高质量发展的关键期。但受全球新冠肺炎疫情引发的公共卫生危机冲击，世界经济严重衰退、产业链供应链循环受阻，中国对外贸易和投资萎缩。中国亟须进一步提高对外开放水平、加快形成全面开放新格局，在稳住外贸外资基本盘的同时，与世界各国一道共同维护国际产业链和供应链的安全稳定，为推动高质量发展不断注入活力。国内外新的形势赋予了推进中蒙俄经济走廊建设新的时代内涵。

提高推进中蒙俄经济走廊建设的质量和水平，就是要秉持共商共建共享原则，牢牢把握服务民族复兴、促进人类进步这条主线，在有利于中蒙俄经济走廊发展的制度建设、创新引领和福祉水平上下功夫，为中国和平发展营造更加有利的国际环境，为维护和延长中国发展的重要战略机遇期贡献力量。

一、合作开放是高质量推进中蒙俄经济走廊建设的应有之义

党的十九届五中全会指出,和平与发展仍然是时代主题。当今世界,和平合作的潮流滚滚向前。以贸易和投资自由化便利化为代表的经济全球化,促进了全球价值链、供应链深入发展,你中有我、我中有你,各国经济融合发展成为大势所趋,对中蒙俄三国而言更是如此。中蒙俄经济走廊建设以来,三国始终坚持平等、开放、普惠的发展方向,三国经济社会发展相互联系和相互影响的程度不断加深,而且随着中欧班列的常态化,越来越多的欧洲和东北亚国家、国际组织、企业对中蒙俄经济走廊投出了"信任票"和"支持票",中蒙俄经济走廊的"朋友圈"在不断扩容。但不容忽视的是,在共建中蒙俄经济走廊的过程中,由于三国在发展水平、发展诉求、发展目标等方面的差异,在制度规则、基础设施、贸易往来、人文交流等方面"难免会有磕磕碰碰",这也给中蒙俄经济走廊建设带来了一定程度的不稳定性、不确定性。"万物并育而不相害,道并行而不相悖"。"人类命运共同体"植根于中华传统的"协和万邦""天下大同""和而不同"等"和合"思想,认为全球文明多样、文化各异,但各国可以通过交流消除隔阂和对立,推动优势共享、资源共享、发展共享,构建一荣俱荣、一损俱损的命运共同体。当前,人类命运共同体理念深入人心。因此,中俄蒙三国面对建设中蒙俄经济走廊过程中出现的任何矛盾和摩擦,都可以坚持包容开放,通过妥善管控、协商合作来解决,探索求同存异、包容共生的国际发展合作新途径,构建多元共生、和平相处的命运共同体。

新形势下推动中蒙俄经济走廊更高水平更高质量的发展,就是要中俄蒙三国坚持和平共处五项原则,坚持国家不分大小、强弱、贫富都是国际社会平等成员,秉持和而不同与和合共生理念,尊重彼此对发展道路的选择,更加注重平等相待、互谅互让、互利合作、开放包容,以对话解决争端、以协商化解分歧,充分发挥各自优势,共同谋求包容互惠的中蒙俄经济走廊发展前景,破解合作发展中遇到

的难题。新形势下推动中蒙俄经济走廊更高水平更高质量的发展，就是要三国共同维护以联合国宪章宗旨和原则为基础的国际秩序，遵循多边贸易体制的核心价值和市场化规则，为推动全球价值链和供应链更加完善、共建开放合作的世界经济贡献更多力量。新形势下推动中蒙俄经济走廊更高水平更高质量的发展，就是要三国携手不断削减贸易壁垒，持续深化多层次、宽领域的交流合作，共同培育市场需求，坚决反对封闭保护和孤立排他，推动中蒙俄经济走廊的贸易与投资更加自由化更加便利化。

二、创新开放是高质量推进中蒙俄经济走廊建设的重要引擎

变革创新是推动人类社会向前发展的根本动力。当今世界，变革创新的潮流滚滚向前，全球正在经历一场更大范围、更深层次的技术革命和产业变革。随着大数据、人工智能等前沿技术不断取得突破，新技术、新业态、新产业层出不穷，世界经济发展的新旧动能转换在加快。从内蒙古乃至全国看，以往的开放型经济竞争优势正逐步削弱，劳动力成本不断攀升、资源约束日益趋紧、环境承载能力接近上限，传统的要素驱动型开放发展模式难以为继。从俄罗斯和蒙古国看，两国均加快创新增长方式，注重以数字化、网络化、智能化为开放发展赋能。中蒙俄经济走廊迎来了世界新一轮科技革命和产业变革同转变开放发展方式的历史性交汇期。

政策沟通是中蒙俄经济走廊建设的重要保障。文明在开放中发展，民族在融合中共存。建设中蒙俄经济走廊是中蒙俄三国共同的事业，三方都是平等的参与者、贡献者、受益者。但三国在政治特点、发展方式、制度体制、政策法规、文化传统等方面都存在较大的差异性。"政通"才能"人和"。要实现三国在建设中蒙俄经济走廊过程中联动发展，就要秉持和平合作、开放包容、互学互鉴、互利共赢为核心的丝路精神，加强政策沟通和制度创新，通过政府、社会组织、企业、

个人等多层面、多主体的沟通和协调，推动三国寻求共识、消除分歧、化解问题、谋求发展，实现三国战略对接、优势互补。

创新是引领发展的第一动力，我们必须在创新中寻找出路，只有敢于创新、勇于变革，才能突破世界经济增长和发展的瓶颈。抓创新就是抓发展，谋创新就是谋未来。新形势下推动中蒙俄经济走廊更高水平更高质量的发展，就是要坚持引资、引技和引智紧密结合，加强与俄罗斯、蒙古国在电子商务、数字经济等领域合作，共建数字经济走廊、创新经济走廊，加快推动开放型经济发展模式由以成本、价格优势为主的要素驱动型向以技术、标准、品牌、质量、服务为核心的创新驱动型转变。

新形势下推动中蒙俄经济走廊更高水平更高质量的发展，就是要更加注重政策沟通、更加注重制度创新、更加注重凝聚三方共识，坚持"大家的事、大家商量着办"，求同存异，完善机制，更广扩大三国利益汇合点，更好发挥三方各自的优势和潜能。在坚持相互尊重、平等相待的基础上，全面实施准入前国民待遇加负面清单管理制度，在基础设施、经贸、资金和人文等各领域，形成与俄罗斯和蒙古国规则相衔接的制度体系，推动从商品和要素流动型开放向规则、规制、管理、标准等制度型开放转变。

三、共享开放是高质量推进中蒙俄经济走廊建设的根本目的

当今世界已经成为你中有我、我中有你的地球村和共有家园，各国经济社会发展日益相互联系、相互影响、相互依存，经济全球化的利益由世界各国共享而非部分国家享有。发展的目的是造福人民。中国在开放发展中始终致力于让世界各国的发展机会更加均等、让发展成果由各国人民共享。中国人民张开双臂欢迎各国人民搭乘中国发展的"快车""便车"。中国梦是和平、发展、合作、共赢的梦，就是中国人民同各国人民在实现各自梦想的过程中要相互支持、相互帮助。

"国之交在于民之相亲"。共享发展是推进中蒙俄经济走廊建设的出发点和落

脚点。新形势下推动中蒙俄经济走廊更高水平更高质量的发展，就是要坚持以人民为中心的发展思想，聚焦消除贫困、增加就业、改善民生，努力让经济走廊建设的成果更多、更好地惠及中蒙俄三国和三国人民，促进包容性增长和共享型发展。新形势下推动中蒙俄经济走廊更高水平更高质量的发展，就是要引入中蒙俄三国普遍支持的规则、标准，提升中蒙和中俄之间基础设施互联互通水平，实施一批综合效益好、带动作用大的重大项目和雪中送炭的民生工程，改善经济走廊沿线地区发展条件，提升经济走廊沿线地区发展能力，增强经济走廊沿线地区老百姓获得感。

四、绿色开放是高质量推进中蒙俄经济走廊建设的鲜明底色

人类只有一个地球，生态环境是人类生存和发展的根基。但近100多年来，地球生态环境遭到了史无前例的破坏，森林和耕地面积锐减，能源矿产资源迅速耗竭，土壤被破坏，温室气体过度排放导致南北极、高原冰川融化，物种灭绝速度加快。2019年3月13日，在各国环境部长会聚肯尼亚内罗毕参加世界最高级别环境论坛之际，联合国环境规划署发布了《全球环境展望6》，针对全球环境状况进行了最全面、最严谨的评估。该报告警告称：地球已受到极其严重的破坏，如果不采取紧急且更大力度的行动来保护环境，地球的生态系统和人类的可持续发展事业将日益受到更严重的威胁。该报告建议，如果国家能将GDP的2%用于绿色投资，不仅能在预测范围内实现经济增长的长期目标，还能确保不会对气候变化、水资源短缺和生态系统丧失带来更大的影响。

生态兴则文明兴，生态衰则文明衰。到目前为止，地球是人类唯一赖以生存的家园，珍爱和呵护地球是人类的唯一选择。绿色发展已成为世界各国发展的共识。联合国2030年可持续发展议程明确提出绿色发展与生态环保的具体目标，旨在共同提高全人类福祉，是未来十几年世界各国可持续发展和国际发展合作的指引方向。只有各国树立可持续的发展理念，相向而行、携手合作，加强应对气候

变化国际合作，不以牺牲环境为代价换取经济发展，才能将人类共同的家园保护好。

中蒙俄三国或为发展中国家或为新兴经济体，普遍面临着工业化、城镇化带来的生态退化、环境污染等挑战和压力，加快绿色转型、推动绿色发展的呼声不断增强。

新形势下推动中蒙俄经济走廊更高水平更高质量的发展，就是要践行联合国2030年可持续发展议程，将"绿水青山"就是"金山银山"的生态文明和绿色发展理念融入中蒙俄经济走廊建设的全过程中，倡导绿色、循环、可持续的生产生活方式，提升中蒙俄经济走廊建设绿色化水平，更好地满足三国人民群众对优质生态环境日益增长的需求，为实现2030年可持续发展议程环境目标做出贡献。新形势下推动中蒙俄经济走廊更高水平更高质量的发展，就是要落实好《"一带一路"生态环境保护合作规划》，不断深化三国生态环保合作，提升三国生态环境保护能力，处理好经济发展和环境保护关系，推动三国跨越传统发展路径和经济绿色转型，最大限度减少中蒙俄经济走廊建设对生态环境的影响。新形势下推动中蒙俄经济走廊更高水平更高质量的发展，就是要按照国家碳达峰和碳中和的要求，有力有序有效地将绿色发展要求全面融入政策沟通、设施联通、贸易畅通、资金融通、民心相通中，促进国际产能合作与基础设施建设的绿色化，发展绿色贸易，推动绿色资金融通，开展生态环境治理、生物多样性保护和应对气候变化等项目和活动，实现三国可持续发展和共同繁荣。

第二节　高质量推进中蒙俄经济走廊建设的总体思路

2017年5月，习近平主席在第一届"一带一路"国际合作高峰论坛发表了题为"携手推进'一带一路'建设"的主旨演讲，提出要将"一带一路"建成和平之路、繁荣之路、开放之路、创新之路、文明之路[①]。2019年4月，习近平主席在第二届"一带一路"国际合作高峰论坛期间指出了未来"一带一路"建设的原则、理念和目标，强调"一带一路"建设要"秉持共商共建共享原则""坚持开放、绿色、廉洁理念""努力实现高标准、惠民生、可持续目标"，推动共建"一带一路"沿着高质量发展方向不断前进[②]。习近平总书记对"一带一路"的重要论述为内蒙古同俄罗斯、蒙古国一道高质量推动中蒙俄经济走廊建设行稳致远明确了目标。党的十九届五中全会提出，坚持实施更大范围、更宽领域、更深层次对外开放，全面提高对外开放水平，推动共建"一带一路"高质量发展。这进一步为内蒙古高质量推进中蒙俄经济走廊建设指明了方向。

高质量建设中蒙俄经济走廊，顺应时代潮流，适应发展规律，符合三国人民利益，是通向共同繁荣的机遇之路。面向未来，内蒙古要以习近平新时代中国特色社会主义思想为指导，全面贯彻党的十九大和十九届二中、三中、四中、五中全会精神，全面贯彻习近平总书记对共建"一带一路"的重要论述精神，深入落实习近平总书记对内蒙古工作的重要指示批示精神，不折不扣落实内蒙古党委、政府的对外开放部署安排，坚持新发展理念，坚持稳中求进工作总基调，秉持共商共建共享原则，更多关注俄罗斯、蒙古国发展战略诉求，更好借鉴其他经济走廊成功经验，与俄罗斯、蒙古国携手应对面临的各种风险挑战，深耕细作，由共同绘制"大写意"到"工笔画"，推动中蒙俄经济走廊沿着高质量发展方向不断走深走实，为中国加快构建以国内大循环为主体、国内国际双循环相互促进的新发展格局和共建"一带一路"、共建创新包容的开放型世界经济、构建人类命运共同体做出新贡献。

---

① 《习近平在"一带一路"国际合作高峰论坛开幕式上的演讲》，新华网，http://www.xinhuanet.com/politics/2017-05/14/c_1120969677.htm，2017年5月14日。
② 《习近平在第二届"一带一路"国际合作高峰论坛开幕式上的主旨演讲》，新华网，https://baijiahao.baidu.com/s?id=1631842768585824918&wfr=spider&for=pc，2019年4月26日。

第三节　高质量推进中蒙俄经济走廊建设的主要导向

一、聚焦目标导向

2016年6月23日，在中国、蒙古国、俄罗斯三国元首的共同见证下，三国有关政府部门以对接丝绸之路经济带、欧亚经济联盟以及"草原之路"倡议为目标，以平等、互利、共赢原则为指导，在乌兹别克斯坦首都塔什干签署了《建设中蒙俄经济走廊规划纲要》。这是"一带一路"倡议的重要早期收获，标志着"一带一路"首个多边经济合作走廊正式实施，对"一带一路"倡议具有示范和传导的作用。

《建设中蒙俄经济走廊规划纲要》包括宗旨、合作领域、合作原则、资金来源、实施机制和其他六部分内容，明确了经济走廊建设的愿景目标、具体内容、资金来源和实施机制，是内蒙古高质量推进中蒙俄经济走廊建设的根本遵循。

从宗旨看，建设中蒙俄经济走廊旨在通过在增加三方贸易量、提升产品竞争力、加强过境运输便利化、发展基础设施等领域实施合作项目，进一步加强中国、蒙古国、俄罗斯的三边合作。中蒙俄经济走廊以建设和拓展互利共赢的经济发展空间、发挥三方潜力和优势、促进共同繁荣、提升在国际市场上的联合竞争力为愿景。三方坚信，推动经济走廊建设将促进地区经济一体化，促进各自发展战略对接，并为基础设施互联互通、贸易投资稳步发展、经济政策协作和人文交流奠定坚实基础。

从合作领域看，涵盖了七大重点合作领域。一是促进交通基础设施发展及互联互通。共同规划发展三方公路、铁路、航空、港口、口岸等基础设施资源，加强在国际运输通道、边境基础设施和跨境运输组织等方面的合作，形成长效沟通机制，促进互联互通，推动发展中国和俄罗斯、亚洲和欧洲之间的过境运输。二是加强口岸建设和海关、检验检疫监管。加强三方口岸软、硬件能力建设，推动基础设施翻新和改造，提升口岸公共卫生防控水平，加强信息互换和执法互助。

创新完善海关、检验检疫业务及货物监管机制和模式，共同推动提升口岸通行过货能力。三是加强产能与投资合作。加强三方在能源矿产资源、高技术、制造业和农林牧等领域合作，共同打造产能与投资合作集聚区，实现产业协同发展，形成紧密相连的区域生产网络。四是深化经贸合作。发展边境贸易，优化商品贸易结构，扩大服务贸易量；拓展经贸合作领域，提升经贸合作水平。五是拓展人文交流合作。重点深化教育、科技、文化、旅游、卫生、知识产权等方面的合作，促进人员往来便利化，扩大民间往来和交流。六是加强生态环保合作。开展生物多样性、自然保护区、湿地保护、森林防火、荒漠化及防灾减灾领域的合作。积极开展生态环境保护领域的技术交流合作。共同举办环境保护研讨会。七是推动地方及边境地区合作。充分发挥各地比较优势，推动地方及边境地区合作，建设一批地方开放合作平台，适时编制本国地方参与中蒙俄经济走廊建设实施方案，共同推进中蒙俄经济走廊建设。

二、聚焦问题导向

中蒙俄经济走廊建设过程中，既有长期结构性的问题，也有因形势新变化带来的新问题。这些都是高质量推进中蒙俄经济走廊建设的短板所在，也是未来的发展方向。

从政策沟通看，重点聚焦如何完善中蒙俄三国合作交流机制。例如，三方一体化的多边合作有待于进一步拓展。铁路运输、贸易、旅游等多部门对话渠道还有待进一步完善；再如，沿线国家和地区的交通运输便利化机制和协议有待健全和完善。沿线地区尚未建立良好的协同发展机制，以东北四省区为例，国家在区域总体布局、产业分工协作中，始终将四省区作为一个整体，但四省区在参与中蒙俄经济走廊建设上，没有通篇布局、形成合力。只有健全长效化中蒙俄三国政府间的经济发展战略、宏观经济政策、重大规划项目对接机制，形成趋向一致的战略、决策、政策和规则，才能为中蒙俄三方在区域合作中降低交易成本、提高经济发展效率以及结成更为巩固的"命运共同体"创造良好的政策环境。

从设施联通看，重点聚焦中蒙俄经济走廊跨境基础设施建设进展缓慢这个最大短板。从内涵来讲，设施联通可以从"设施""联"和"通"三个维度来理解。其中，"设施"既包括铁路、公路、机场、港口等交通基础设施，也包括通信、电力、石油、天然气管道与设备等，是以物理形态存在的"硬件"；"联"是指归属于不同权益所有者的"硬件"实现相对连接的状态；"通"则是指"硬件"使用的相关规则统一或能够无障碍对接。因此，设施联通本质上就是为实现要素资源有序流动及优化配置提供载体和物质保障，但由于基础设施建设本身具有薄弱环节多、分布地域广、投资周期长、风险程度高等显著特点，互联互通还会受到地缘政治、技术差异等各种非经济因素的干扰，中蒙俄设施联通建设仍面临诸多困难和严峻挑战。例如，由于地缘安全顾虑、资金缺口、主权债务依赖和产业安全担心等问题，致使跨境基础设施建设推进难度加大。再如，由于中蒙俄三国资源禀赋不同，经济结构和发展水平亦存在较大差异，在共推设施联通时的利益分歧协调难度也较高。

从贸易畅通看，重点聚焦中蒙俄经济走廊贸易合作质量不高的问题。例如，2018年中俄贸易规模突破了1000亿美元，而同期俄罗斯与欧盟的贸易额却高达3000亿美元。再如，中蒙、中俄贸易相对单一，进口贸易中资源密集型商品为主，结构亟待优化。

从资金融通看，重点聚焦中蒙俄经济走廊跨境贸易投资缺乏有效金融支撑的问题。例如，蒙古国金融发展程度不够、三国及毗邻地区间的金融纽带缺乏灵活性，以及一些国际因素都导致了中蒙俄经济走廊在资金融通中所面临的问题。

从民心相通看，重点聚焦中蒙俄经济走廊多领域、深层次民心相通的问题。例如，当前三国联合人才培养与交流融合的保障措施仍显不足，人才队伍建设尚不能提供足够的智力支撑，包括智库建设、人才积聚等仍未形成推动中蒙俄经济走廊建设的强大合力。

三、聚焦需求导向

当前,蒙古国、俄罗斯基于自身发展意愿都制定了各自的发展战略。对接俄罗斯、蒙古国发展战略,内蒙古高质量推进中蒙俄经济走廊建设,可以更好地促进经济要素的有序自由流动、资源的高效配置以及市场的深度融合,为三国相互信任与合作发展打下坚实基础。

(一)蒙古国发展战略

蒙古国发展战略主要包括"发展之路"计划、矿业兴国战略和千年公路工程。

1. "发展之路"计划

蒙古国"发展之路"计划是基于"草原之路"计划在中蒙两国之间形成共识的新提法,其基本内涵没有改变。"草原之路"最早的雏形是 2000 年蒙古国提出的"千年路计划",即包括横竖两条干线和一些支线公路组成的全国现代化公路网。2004 年,蒙古国参与签署了联合国亚太地区经济与社会委员会成员国间的政府协议,将蒙古国并入亚洲三条高速公路网建设,其中亚洲公路网 3 号线(AH3)、亚洲公路网 4 号线(AH4)和亚洲公路网 32 号线(AH32)三条高速公路均从蒙古国穿过。2010 年,蒙古国议会又推出国家"新铁路项目计划"分三个阶段建设全国铁路网。在 2012—2016 年的政府工作纲领中,蒙古国提出了建设连接中俄和欧亚运输走廊的发展目标。2013 年,蒙古国议会颁布《关于蒙古国经济社会 2014 年发展计划》,确定建设连接中蒙俄三国的铁路、公路、石油、天然气、电力五大通道。2014 年 9 月,蒙古国议会第 34 号决议《关于保障经济稳定增长的措施》正式将"五大通道"升级为"草原之路"发展战略。2017 年 5 月,蒙古国总理额尔登巴特来到中国出席"一带一路"国际合作高峰论坛期间,中蒙两国政府就蒙古国"草原之路"改称为"发展之路"达成共识,并签署《蒙古国发展之路与对接》谅解备忘录。到目前,中蒙两国之间已经建立了中国全国人大常务委员会与蒙古国国家大呼拉尔定期交流机制，中蒙政府间经济、贸易、科学技术合作委员会，矿产资源、能源和基础设施合作委员会，外交部门战略对话，中蒙边界水联合委员会，蒙古国外交部和中国内蒙古自治区、新疆维吾尔自治区人民政府定期工作组会议，两国新闻论坛，中蒙人文交流共同委员会等双边合作机制。

2. 矿业兴国战略

蒙古国矿产资源较为丰富，部分储量在国际上处于领先地位，且未进行大规模勘探开发。目前，已探明矿产80多种，矿点6000余个，主要包括铁、铜、铀、稀土、石油、油页岩矿等。矿业产值约占蒙古国国内生产总值的30%，出口收入的86%，财政收入的37%，外国直接投资的85%都投入矿业领域。矿产资源丰富、经济增长前景良好、市场化程度较高，这些使蒙古国拥有吸引外国投资的竞争优势。但是，由于缺乏专业勘探队伍、技术装备落后，蒙古国地质勘探水平总体较低。蒙古国提出矿业兴国发展战略，使其在受国际金融危机影响的情况下仍保持良好发展势头。矿业发展也拉动了相关产业和基础设施建设发展。

3. 千年公路工程

为推动蒙古国经济的发展，2000年蒙古国政府提出千年公路项目建设计划。2004年4月，蒙古国与联合国签订了联合国亚太地区经济社会委员会成员国政府间协议，从而参与了亚洲高速公路网建设项目。亚洲高速公路网，是从日本到土耳其，总长度为14.1万公里。蒙古国负责建设AH3、AH32、AH4公路。2008年蒙古国通过《蒙古国基于千年发展目标的国家全面发展战略》，提出不仅要建成同中俄两个邻国相连的欧亚跨境运输线路，而且还要租用其他国家港口开展海上运输。2013年蒙古国继续修建了5个省相连接的公路，以期实现与中俄两国高速公路对接，促进天然气、石油和能源设施建设。

（二）俄罗斯发展战略

俄罗斯发展战略主要包括跨欧亚大铁路和远东开发战略。

1. 跨欧亚大铁路

俄罗斯的西伯利亚大铁路和贝加—阿穆尔铁路（以下简称贝阿铁路）组成了跨欧亚大通道。西伯利亚大铁路是俄罗斯横贯东西的铁路干线，西起莫斯科，途经鄂木斯克、新西伯利亚、伊尔库茨克、贝加尔湖，东至符拉迪沃斯托克，直接将欧洲和俄罗斯远东地区及太平洋连接起来，总长9332公里，是目前世界上最长的铁路。贝阿铁路是俄罗斯东西伯利亚与太平洋沿岸间的第二条铁路，西起西伯利亚大铁路上的泰舍特，东至日本海畔的苏维埃港，全长4275公里。贝阿铁路大体位于西伯利亚大铁路北侧180~500公里，经三条支线同西伯利亚大铁路相连接，构成环状路网。贝阿铁路是苏联在与中国关系紧张时期所建的策略性支线铁路。该铁路始建于1974年，十年后竣工，但铁路大量配套工程、复线及电气化建设尚未进行。

运力不足严重制约着俄罗斯西伯利亚和远东地区的发展。西伯利亚大铁路并没有发挥足够的作用，欧亚两个大洲之间每年的贸易额只有很少一部分是通过俄罗斯的交通基础设施来实现的。近年来，西伯利亚大铁路和贝阿铁路单向（自西向东）货运量达到1亿吨左右，仍然无法满足现实需要。总统普京在2013年7月就责成政府制定西伯利亚大铁路和贝阿铁路现代化改造方案的时间表，2014年7月8日普京宣布启动改建工程，充分发挥俄罗斯的过境运输能力，巩固俄罗斯跨欧亚大陆运输系统的重要地位。有消息称，项目总投资将达到5620亿卢布。

跨西伯利亚大铁路作为开发西伯利亚和远东的重要手段，试图以石油和天然气生产和加工基地、新西伯利亚科学城为依托，以西伯利亚大铁路、东方石油管道、"西伯利亚力量"天然气管道为主干，吸引欧洲与亚洲国家的资金和技术，推动高新技术产业群与现代科学工业园区的建设。建成从大西洋经欧洲、西伯利亚到太平洋，进而穿越白令海峡进入阿拉斯加，连接北美的交通、能源、电信一体化的发展带。目标是在俄罗斯的亚洲部分形成现代科学工业区和欧亚货物运输通道，使俄成为西欧、北美、东南亚三大利益区的核心。

2. 远东开发战略

俄罗斯地跨欧洲和亚洲，77%的领土在亚洲，位于亚洲部分的西伯利亚和远东地区蕴藏着多种储量丰富且为经济发展所必需的原料，是俄罗斯21世纪生存和发展的重要战略储备，也是俄罗斯强势返回世界政治和经济舞台的重要战略资源。由于俄罗斯与西方关系短期内不会好转，因此，俄罗斯将发展重心转向西伯利亚和远东地区，加快实施远东开发战略。乌克兰内战和欧美制裁启动之后，俄罗斯远东开发的紧迫性更加凸显。2009年9月，时任总理普京就曾表示，开发远东和西伯利亚地区是非常重大的战略思想，它能使俄罗斯成为东、西方之间的联系桥梁。时任总统梅德韦杰夫也强调发展远东和西伯利亚地区是俄罗斯最优先的发展方针。俄远东地区发展落后的主要原因是该地区劳动力缺乏、基础设施发展不平衡以及生产力欠发达。俄罗斯有发展这一地区的意愿和计划，并打算与邻国一起合作来完成这一计划。同年5月，在远东的哈巴罗夫斯克召开的边境合作会议上，时任总统梅德韦杰夫提出应更加积极地吸引中国对俄远东地区的投资，认为中国不仅是俄罗斯工业产品的大市场，同时还拥有大量的金融资源可以投入到俄罗斯经济当中，这方面应成为俄罗斯与中国合作的优先方向。

2009年9月，中俄正式批准《中国东北地区同俄罗斯远东及东西伯利亚地区合作纲要（2009—2018）》，标志着中俄两国地区性合作进入一个新的实质性操作阶段。2010年，俄罗斯制定了远东开发"三步走"战略，分别提出到2015年、2020年、2025年建设重点和发展目标。2012年5月，俄罗斯政府设立远东发展部和远东发展公司，在远东设立14个经济特区，提出要推动远东社会、经济实现大发展，最终使远东成为俄在亚太地区的影响力中心。

第四节　高质量推进中蒙俄经济走廊建设需要重点处理的关系

一、统筹政治诉求和经济诉求

在中蒙俄经济走廊建设中，既要算经济账，也要算政治账。一方面，要兼顾中蒙俄共同需求。充分考虑中蒙俄等各方利益和关切，寻求利益契合点与合作最大公约数，体现各方智慧和创意，各施所长，各尽所能，把各方优势和潜力充分发挥出来，继续加强三国经贸往来，扩大三国贸易额。更重要的一方面，要秉承"亲、诚、惠、容"的理念，妥善处理好与蒙古国和俄罗斯的关系，坚持睦邻友好，守望相助，建立安宁的周边环境；坚持将心比心，以诚相待，营造良好的互信氛围；坚持讲情重义、先义后利，建立良好的利益共享机制。

二、统筹经贸往来和人文交流

人文交流是中蒙俄经济走廊建设的重要保障。从历史上看，中国的内蒙古及东北部分地区与俄罗斯远东地区和蒙古国在民俗、宗教、语言等方面有着深厚的历史渊源，在建设中蒙俄经济走廊过程中，必须秉承"睦邻、安邻、富邻"的理念，完善区域性人文社会领域的双边、多边合作机制，统筹国际国内两种资源、两个市场，做好顶层设计，加强部门与地方协调配合、官方与民间良性互动、口岸间分工协作，形成宽领域、多层次、广覆盖的人文社会交流新格局。要调动各方积极性，充实与蒙俄人文社会交流的内涵，推进交流合作项目化，实现由以经贸合作为主向经贸、社会、人文、生态等多领域全方位合作转变。

三、统筹口岸经济和腹地经济协同发展

加强与蒙俄毗邻的口岸地区与国内经济腹地多层次、宽领域的产业分工协作

合作。在经济发达、要素集聚程度高的腹地布局进出口加工项目，推动腹地资本、技术、信息等生产要素向沿边经济带延伸，加快形成优势互补、有效衔接、互为支撑的沿边腹地产业一体化发展新格局。建立国内口岸与腹地经济区域在沿边开发开放方面的常态化、长效化合作模式。由于中国腹地经济发达，蒙俄对加强与中国腹地的经贸合作也怀有浓厚兴趣，要推动形成联系蒙古国、俄罗斯以及欧洲腹地与中国腹地和沿海的国际经济走廊，实现由单纯的口岸经济向口岸与经济腹地协同发展转变。

四、统筹市场需求和政府引导

中蒙俄经济走廊一头连着欧洲广大地区，另一头连着中国大市场，途经国家众多，因此，在建设中蒙俄经济走廊过程中，必须充分发挥市场的决定性作用。在此基础上，也要强化政府的协调、保障和政策支持，加强领事、法律、信息、金融保险等领域服务。加强与蒙俄地方政府间合作，建立双边、三边合作机制，在立足中蒙俄经济发展阶段和水平的基础上，通过签署合作备忘录和协议，确定合作的领域、项目、投资主体等内容，总体谋划，分阶段实施、分阶段推进，从战略规划推向具体项目的实施，共同推动和保障合作项目的顺利实施。

第五节　高质量建设中蒙俄经济走廊的主要路径

一、沟通对接

《推动共建丝绸之路经济带和21世纪海上丝绸之路的愿景与行动》中指出，加强政策沟通是"一带一路"建设的重要保障。中蒙俄三国政治特点、文化传统不一,所处的区位不一样,资源禀赋有差别,产业结构不相同,发展阶段千差万别。三国从自己的国情出发,制定的发展战略和政策也有较大的差异。因此,高质量推进中蒙俄经济走廊建设,首先就要在共建"一带一路"框架下,本着求同存异原则,推进三国发展战略对接,通过坦诚深入沟通,增信释疑,为营造更开放、更稳定的发展环境提供重要的制度保障。在推进三国发展战略对接的基础上,坚持共商、共建、共享原则,建立常态化的高层互访和政府间合作机制,充分发挥三国智库交流对政府间谈判与合作的先导、预热和缓冲的作用,协商制定趋向一致的决策、政策和规则。

二、互联互通

中蒙俄贸易和投资往来,源于三国优势互补、互通有无的需要。高质量建设中蒙俄经济走廊,关键是互联互通。只有齐心协力、守望相助,推动中蒙俄沿线地区互联互通,促进经济要素有序自由流动、资源高效配置、市场深度融合,才能拓展互利合作空间,才能实现共同发展繁荣。优先打通公路、铁路、航空和能源等跨境基础设施及与腹地连接的"血脉经络",共建设施更加联通的中蒙俄经济走廊。构建稳定、可持续、风险可控的多元化金融保障体系,共建资金更加融通的中蒙俄经济走廊。不断增强跨境贸易这个促进经济增长重要引擎的作用,共建贸易更加畅通的中蒙俄经济走廊。传承和弘扬"丝绸之路"友好合作精神,建立多层次人文合作机制,共建民心更加相通的中蒙俄经济走廊。

三、陆海、沿边腹地联动

党的十九大报告强调,要以"一带一路"建设为重点,坚持"引进来"和"走出去"并重,遵循共商共建共享原则,形成陆海内外联动、东西双向互济的开放格局。对中蒙俄经济走廊而言,既有陆海的联动,也有沿边地区与腹地的联动。

高质量推进中蒙俄经济走廊建设,就是要围绕融入国内国际双循环相互促进的新发展格局,大力发展泛口岸经济,以国内带国际,以沿海促内陆,让内陆和沿边从开放"末梢"转向开放"前沿",增强开放的联动性,推动形成全面开放新格局。

第三章
高质量推进中蒙俄经济走廊政策沟通

政策沟通是"五通"之首。中蒙俄政治特点、发展方式、文化传统不一,如何实现联动发展,首先在于政策沟通。政策沟通是落实基础设施、能源、信息、制造、经济开发区、居住环境和文化等领域共同发展项目的关键因素,"政通"才能"人和"。高质量推进中蒙俄经济走廊政策沟通,有助于推动中蒙俄经济走廊成为丝绸之路经济带最具活力、最繁荣的欧亚经贸大通道,有助于协同促进区域经济融合发展和稳定增长,有助于中国推动更高水平的开放合作,有助于内蒙古把握新一轮高水平对外开放的新机遇。

第一节 中蒙俄经济走廊政策沟通的主要成效

一、中蒙俄多层次协商会晤机制基本形成

内蒙古与蒙古国经济发展常设机构建立了工作协调机制。会同有关省(区、市)与俄罗斯7个地区建立了中俄边境和地方经贸合作协调委员会。与俄联邦布里亚特、卡尔梅克、图瓦三个共和国及外贝加尔边疆区、伊尔库茨克州建立了地

方政府间定期会晤机制，其中与外贝加尔边疆区之间的合作被誉为"中俄边境地区合作典范"。与蒙古国戈壁阿尔泰、南戈壁、东方、肯特、后杭爱等省政府办公厅，俄罗斯外贝加尔边疆区（原赤塔州）、图瓦共和国、布里亚特共和国签署了关于建立工作联络机制的会谈纪要。与伊尔库茨克州和布里亚特共和国建立了司法合作关系。二连浩特市与蒙古国扎门乌德建立了定期会晤和协调机制、满洲里市与俄罗斯外贝加尔边疆区建立了协调联络定期会晤工作会等多项协调机制，有效解决了双方在口岸、经贸、交通和道路建设、旅游等各领域存在的摩擦。锡林郭勒、通辽、赤峰三盟市与蒙古国苏赫巴托省、东方省、肯特省之间建立了"3+3"区域合作机制，开创了沿边毗邻地区合作新模式。中蒙双方正式成立了乌力吉—查干德勒乌拉口岸建设联合工作组。

二、中蒙俄友好地区（城市）加快建立

内蒙古分别与俄罗斯外贝加尔边疆区等10个地区、与蒙古国乌兰巴托等17个地区建立了友好地区（城市）关系。满洲里市与乔巴山市正式缔结友好城市，在经贸、文化、医疗卫生等领域开展了广泛的交流与合作；与蒙古国乌兰巴托市、鄂尔浑省、肯特省、苏赫巴托省、库苏古尔省、戈壁阿尔泰省等多个省市陆续建立了对外联络关系，增进发展共识；与蒙古国额尔登特市缔结了友好城市，不断加强与蒙古国毗邻省、市和地区的友好往来与沟通联络。阿尔山市与蒙古国乌兰巴托市松根海尔汗区签订友好城市合作协议，成功举办中俄蒙国际画展、冰雪摄影展、美术论坛等活动，国际交流合作不断深化。阿拉善盟与南戈壁省双边地方政府间互访、磋商12次，签订多项合作协议、会议纪要，就全方位开放合作达成了一致意见，为双边关系发展注入了新能量。友好地区（城市）关系为扩大和深化内蒙古同俄罗斯和蒙古国的友好交往，拓展深层次经贸人文合作，提供了稳定的交流平台。

三、内蒙古政策保障体系逐步完善

内蒙古先后编制了《内蒙古自治区深化与蒙古国全面合作规划纲要》等规划，明确了内蒙古参与中蒙俄经济走廊建设的战略走向、重点任务和近中远期目标。制定了《内蒙古自治区创新同俄罗斯、蒙古国合作机制实施方案》等配套实施方案，明确了内蒙古与俄罗斯、蒙古国合作的新领域、新项目及新机制，推动了中蒙、中俄建立基础设施规划双边协调机制，加强了同蒙方、俄方口岸和运输通道的规划衔接。出台了《内蒙古自治区人民政府关于加快推进满洲里国家重点开发开放试验区建设的若干意见》等配套实施意见，印发了关于促进口岸经济发展等支持政策，为深化与俄罗斯、蒙古国的合作建立了良好的政策保障。具体见图3-1。

四、内蒙古沿边地区政策对接稳步推进

内蒙古部分盟市提前谋划、主动作为，充分利用已有的合作交流平台，不断推动与俄罗斯、蒙古国建立长效化的政策沟通机制，深化在互联互通、经贸、文化、旅游、教育、农牧业等方面的区域交流合作。蒙古国在满洲里设立领事馆已进入具体实施阶段，将有力加强满洲里市及周边地区与蒙古国各级、各地区政府间的官方交往，推动中俄蒙三国毗邻地区在经济贸易、文化体育、科学技术、教育卫生等多领域的顺畅交流与友好合作，真正体现和发挥满洲里"三国交界地区"名片优势，实现跨境区域共同发展。2019年6月4日，中蒙两国政府正式签署《中华人民共和国政府与蒙古国政府关于建设中国蒙古二连浩特—扎门乌德经济合作区的协议》。锡林郭勒盟在中蒙两国六地区"构筑欧亚新通道战略论坛"基础上，签署了《中蒙两国八地区经济合作交流会备忘录》《中国锡林郭勒盟与蒙古国苏赫巴托省合作框架协议》。阿拉善盟与蒙古国各级部门和商贸企业间建立互联互通关系，促使互市贸易、口岸旅游向多元化发展；出台了《中蒙经贸展销会管理

指导意见》，规范各类展销活动，使各种经贸展销健康发展。阿尔山口岸已率先实现国际货运 ATA 单证册，赴蒙古国跨境旅游游客已在蒙古国口岸实现落地签。

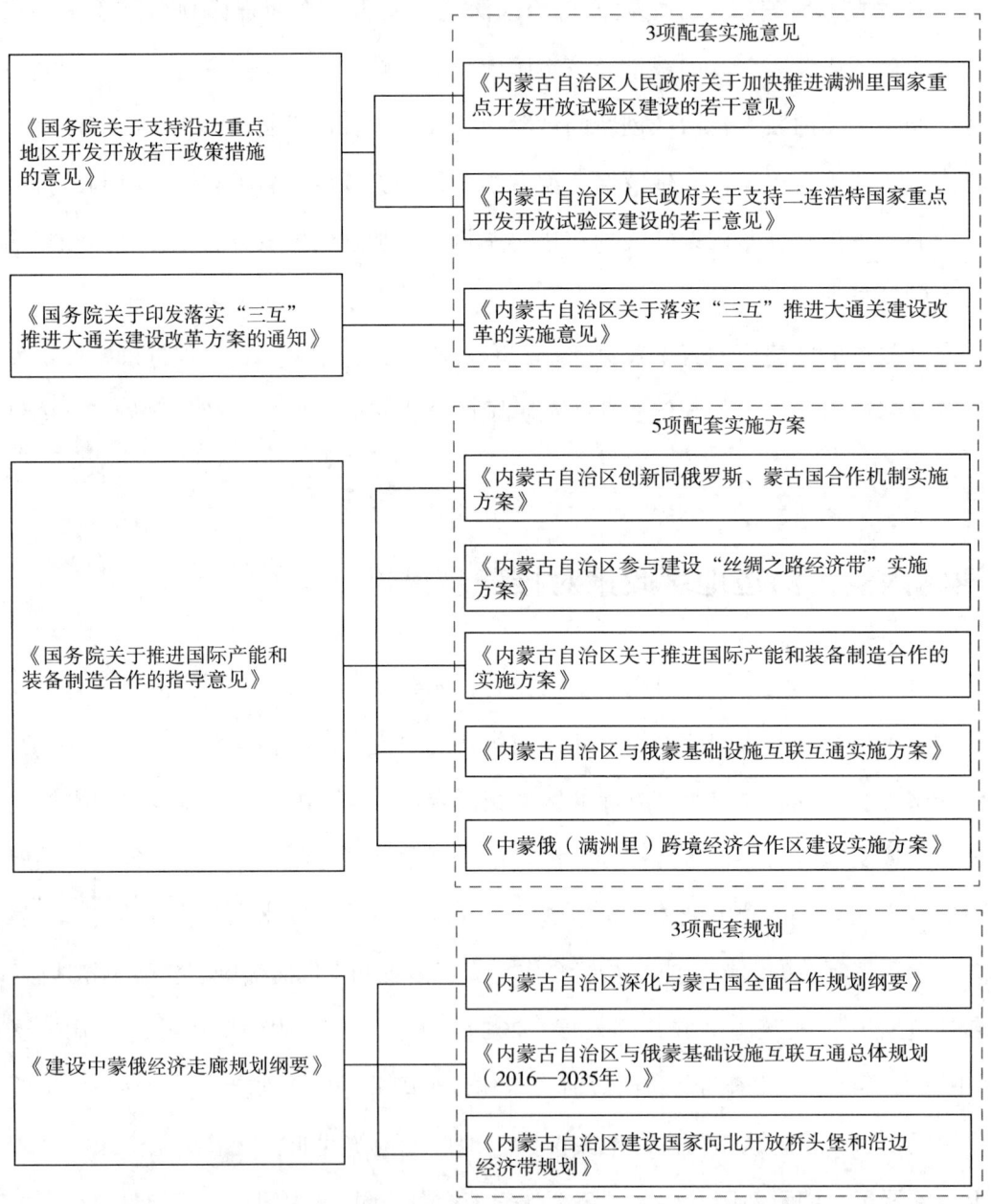

图 3-1　近年来内蒙古出台的关于推进中蒙俄经济走廊建设的部分政策文件

第二节　中蒙俄经济走廊政策沟通存在的主要问题

一、三国合作交流机制有待健全

近年来,中蒙俄三方通过积极磋商促进了政策有效沟通,但这些磋商成果多数是备忘录或联合声明,实际约束力不足,难以真正发挥强大效用。中蒙俄三方在前期研究、统筹规划、资金支持、人才机制和法律保障等方面都存在不协调问题。中蒙俄三国运输、贸易、检验检疫等部门对话渠道不尽畅通。例如,三国交通运输便利化机制和协议有待健全和完善,通关、进出境检验检疫等标准不一致、手续烦琐等导致通关成本较高,过境运输壁垒并未完全消除。中蒙俄三国的海关设置、权责分配、技术法规等制度差异在一定程度上造成了合作障碍。受护照签证、健康检疫、劳务许可证等方面因素影响,中蒙俄三国人员流动机制亟待健全。

二、三国风险防范机制有待完善

俄罗斯、蒙古国政策稳定性较低、接续性不强对内蒙古边境口岸贸易投资影响较大,亟待完善风险防范机制。例如,2018年末蒙古国针对境外投资矿产企业提出"矿产企业必须自己修公路运输产品,且路线必须经蒙古国交通部批准或是蒙古国交通部批文批准专用路线才可将矿产品运回国内",对部分中资企业造成一定影响。再如,自2020年1月1日起,俄罗斯远东联邦管区原木出口关税由25%增加到60%,满洲里口岸木材进口企业原木采购成本大幅提升,加之受新冠肺炎疫情影响，境外木材加工厂均处于停产状态，2020年上半年口岸木材进口额同比下降22.25%。

三、内蒙古配套政策供给水平有待提升

内蒙古已出台的配套政策文件宏观框架层面内容居多，在金融创新、先行先试、国际产能合作等方面的支持政策还不完善。例如，出台的支持沿边重点地区开发开放等意见中涉及的金融创新和先行先试内容范围较广，并且缺乏金融主管部门和监管部门的融资渠道、担保体系、投资信用保险等具体配套措施支撑，多数金融支持政策难以落地生根。再如，出台的支持二连浩特、满洲里国家重点开发开放试验区建设的意见，对"试什么、怎么试"缺乏清晰的思路和完善有效的措施、办法，"重争取、轻运营""重资金项目、轻改革创新"等问题突出。

第三节　其他经济走廊政策沟通的做法与启示

一、主要做法

（一）新亚欧大陆桥经济走廊

近年来，中国与新亚欧大陆桥经济走廊沿线国家和地区的政治互信进一步加强，依托常态化的高层互访和政府间合作机制，中国积极推进丝绸之路经济带同沿线国家和地区发展战略的全面对接，同各国签署了共建丝绸之路经济带相关的双边合作协议，多层次的政策沟通机制逐步形成，这为新亚欧大陆桥经济走廊建

设创造了良好的政策条件。沿线国家和地区与中国不断加强合作与沟通，充分利用新亚欧大陆桥的交通枢纽功能，致力于构建双边和多边的政策沟通机制与政策交流平台。

第一，通过元首外交深化双边关系，实现全局性顶层化政策沟通。新亚欧大陆桥经济走廊沿线国家和地区均与中国保持着友好关系，都是共建"一带一路"的伙伴。沿线国家和地区领导人与中国领导人多次互访、会晤沟通交流，在推动双多边合作文件签署时发挥了重要作用，领导人的高度引领使中国同各沿线国巩固了友好、深化了合作，推动了新亚欧大陆桥经济走廊的建设。

第二，通过对接发展战略，为推进合作提供重要制度保障。在推进新亚欧大陆桥经济走廊建设过程中，战略对接至关重要。沿线各国所处的区位不一样，资源禀赋有差别，产业结构不相同，发展阶段千差万别。每个国家从自己的国情出发，设定自己的发展战略和实施战略的一系列政策。而"一带一路"倡议的提出就是为了给各国打开一扇国际合作的大门，来促进各国更好、更快地实现自己的发展战略。加强与俄罗斯的"欧亚经济联盟"和哈萨克斯坦的"光明之路"、吉尔吉斯斯坦的"2018—2040年国家发展战略"、匈牙利的"向东开放"等发展战略对接，为新亚欧大陆桥经济走廊建设更开放、更稳定的发展环境提供了重要制度保障。截至2020年6月，中国已与新亚欧大陆桥经济走廊沿线多个国家和地区完成战略对接，取得联合声明、双边协议/合作协议、合作备忘录/谅解备忘录、中长期发展规划和合作规划纲要等重要成果。在共建"一带一路"框架下，各参与国本着求同存异原则，就经济发展规划和政策进行充分交流，协商制定经济合作规划和措施。

第三，通过搭建多边机制和合作平台，拓展更多的合作机遇。中国与新亚欧大陆桥经济走廊沿线国家和地区积极搭建完善交流合作的机制和平台，在各种互利共赢的机制和平台下顺畅规则、收获果实。机制平台推动了经贸繁荣，进行共建规则拓展了合作空间。在互联互通、内外兼顾的需求中，有了各国、各区域互利合作的准则、共同协调沟通的愿望、和平与发展的目标,规则变成了打开国际、国内合作的一把"万能钥匙",它开拓了更为广阔的空间,创造了更多的机遇与价值。

第四,通过建立智库开展沟通交流与合作,为各方凝聚共识提供智力支撑。在政策沟通和发展战略对接方面具有特殊的优势和难以替代的重要作用。政府智库参与"一带一路"政策沟通和战略对接,对政府间谈判与合作起到了先导、预热和缓冲的作用。"一带一路"倡议提出六年多以来,沿线国家和地区智库已经开展了多种形式的沟通交流和合作,充分发挥了智库的优势,积极参与"一带一路"建设方案研究、机制设计,通过对话、沟通与合作研究等方式,推动各方增信释疑、凝聚共识,为"一带一路"建设提供智力支撑,取得了积极成效。

第五,以打造中欧班列为目标,与沿线国家和地区铁路合作机制不断建立。2017年4月,包括中国在内的7国签署了深化中欧班列合作协议,该协议被纳入首届"一带一路"国际合作高峰论坛成果清单。中国、白俄罗斯、俄罗斯等国家的七个部门成立了中欧班列运输联合工作组,立陶宛、拉脱维亚和奥地利铁路部门还成为观察员,这标志着中欧班列机制化建设取得显著进展。在国内,《中欧班列建设发展规划(2016—2020)》于2016年印发,完成了中欧班列首个顶层设计框架,并于2017年5月成立了中欧班列运输协调委员会。

(二)中国—中亚—西亚经济走廊

国家间政策的沟通以及调适是推动国家间发展战略对接的重要因素,良好的政策沟通可以打造适宜合作的环境,为相关项目的合作提供政策支持和保障,这是推动"中国—中亚—西亚经济走廊"建设的关键前提。

第一,不断加强与沿廊国家的双边合作,提升双边关系。中国与中亚、西亚国家的政治交往甚密,通过日益频繁的高层互访、互谈等,签署了一系列涉及政治、经济、能源、金融、旅游、教育等方面的协定与声明。2012年,中国和阿富汗建立战略合作伙伴关系，2014年10月，两国发表《中阿关于深化战略合作伙伴关系的联合声明》，2012年至2016年，中阿两国部级以上国事访问和会议达到了16次；2014年至2016年，中国和伊朗两国副部级以上官员互访8次，2016年1月23日，两国发表了《中华人民共和国和伊朗伊斯兰共和国关于建立全面战略伙伴关系的联合声明》；2013年，土耳其在中国举办土耳其文化年，2015年11月，中土两国元首在二十国集团领导人第十次峰会召开期间举行了双边会谈，共同见证关于将"一带一路"倡议与"中间走廊"倡议相衔接的谅解备忘录以及基础设施、进出口检验检疫等领域合作协议的签署。

第二，打通合作机制，实现顶层设计方案与国家发展战略的协调对接。中国政府积极加强与中亚、西亚国家的高层合作，与中亚、西亚国家分别建立了不同级别的双边关系。中国先后与哈萨克斯坦、沙特阿拉伯、伊朗、乌兹别克斯坦、吉尔吉斯斯坦、阿拉伯联合酋长国、塔吉克斯坦建立了全面战略伙伴关系，与土库曼斯坦、约旦、卡塔尔、伊拉克、科威特、阿曼建立了战略伙伴关系，与土耳其、阿富汗建立了战略合作伙伴关系，与以色列建立了创新全面伙伴关系。这些双边关系的确立为围绕经济走廊的进一步合作奠定了基础。

中国与中亚国家凭借机制化的高层互访和政府间沟通渠道来推动双边的政策沟通与发展战略对接。2013年以来，中国积极寻找丝绸之路经济带与土库曼斯坦"强盛幸福时代战略"、哈萨克斯坦"光明之路"新经济政策和"哈萨克斯坦2050战略"、塔吉克斯坦"三大战略目标"等发展战略之间利益契合点，并推动"一带一路"与其对接，助推"中国—中亚—西亚经济走廊"建设。哈萨克斯坦"光明之路"等发展战略与中国的丝绸之路经济带倡议高度契合，两国政府在"一带一路"框架之下推动两种发展战略之间的对接，为两国的务实合作创造了良好的政策环境。中国还分别与乌兹别克斯坦、吉尔吉斯斯坦、塔吉克斯坦签署了有关推动"一带一路"和"中国—中亚—西亚经济走廊"建设的双边合作协议与政策性文件，力求从良好的政策沟通出发带动其他方面的合作与发展。在西亚方面，习近平主席在2014年6月5日召开的中国—阿拉伯国家合作论坛第六届部长级会议开幕式上发表重要讲话①，其中重点倡导构建中国与阿拉伯国家之间新的能源合作格局，其核心内涵是以能源合作为主干线，基础设施建设和贸易投资便利化为辅助，核能、航天卫星、新能源三大高新领域为突破口，加强双边合作，为中国和阿拉伯国家之间的关系发展创造先决条件，为"一带一路"建设提供动力支持。截至目前，推进《中亚区域运输与贸易便利化战略（2020）》运输走廊建设中期规划有序实施；完成了《上海合作组织成员国政府间国际道路运输便利化协定》的制定、谈判、签署和生效工作；开展了与中亚有关国家国际道路运输协议谈判，签订《中哈俄国际道路临时过境货物运输协议》并组织开展了试运行活动。

第三，积极搭建新的平台与机制，为中国—中亚—西亚经济走廊建设注入国际力量。中国与中亚、西亚国家在交往过程中巩固了已有的合作平台和机制，并出现了新的平台与机制，主要包括上海合作组织、中国—中亚合作论坛、中国—阿拉伯国家合作论坛、中阿博览会、中海自贸区谈判、政府间合作委员会、亚洲基础设施投资银行和丝路基金等。这为中国—中亚—西亚经济走廊建设发挥了重要作用，并推动务实合作成果的落地。通过交往平台的设立以及常规化运作，中国与中亚、西亚国家高层交往日益频繁，战略互信不断增强，经贸合作日益密切，社会发展领域合作不断扩展，和平与安全合作日益深化，人文交流多元多彩，民间交流日渐活跃，中国—中亚—西亚经济走廊框架下各项机制性活动有序开展，形成了常态化的沿廊国家互动局面。

除此之外，中国积极致力于推动多边合作机制、国际组织、国际会议和论坛等发挥作用，为中国—中亚—西亚经济走廊建设注入国际力量。上合组织、中亚区域经济合作、中国—阿拉伯国家合作论坛等区域性合作机制是沿廊国家合作发展的重要依托力量，是推动中国与沿廊国家战略对接的重要平台。中国与西亚国家之间借助中国—阿拉伯国家合作论坛、中阿博览会、中海自贸区等平台机制推

---

① 《习近平出席中阿合作论坛第六届部长级会议开幕式并发表重要讲话》，新华网，http://www.xinhuanet.com/politics/2014-06/05/c_1111002498.htm。

动交流与沟通，其中中国—阿拉伯国家合作论坛尤为重要。2004年1月，中国领导人在埃及访问时正式提出成立中阿合作论坛，同年9月，中阿合作论坛首届部长级会议在开罗举行。中阿合作论坛是国家间高端对话平台，其中包括约旦、阿联酋、巴林、沙特阿拉伯、伊拉克、阿曼、巴勒斯坦、卡塔尔、科威特、黎巴嫩、也门、叙利亚等西亚国家。十多年来中阿合作论坛已建立起涵盖政治、经济、文化等诸领域的多项合作机制，成为中国同阿拉伯国家开展集体对话与务实合作的重要平台。中阿合作论坛对推动中国和西亚国家的关系，以及推动"中国—中亚—西亚经济走廊"的建设奠定了良好的政治对话基础。中国政府与欧亚经济联盟、亚洲相互协作与信任措施会议、亚洲合作等机制对话沟通，致力于实现"一带一路"倡议的推广和对接，为沿线国家和地区的相互合作提供平台保证。诸如中国—亚欧博览会、欧亚经济论坛、中亚合作论坛等机制和平台同样也为中国—中亚—西亚经济走廊的建设贡献了力量。

（三）中巴经济走廊

中巴经济走廊建设启动5年多来，已经成为中巴两国全方位务实合作的重要平台。作为"一带一路"倡议的重大先行先试项目，中巴经济走廊在两国和地区合作中具有重要意义，对其他经济走廊也有重要的示范意义。

第一，加强顶层设计。2015年4月20日，中巴两国领导人出席中巴经济走廊部分重大项目动工仪式，签订了51项合作协议和备忘录，其中近40项涉及中巴经济走廊建设。2017年12月18日，《中巴经济走廊远景规划》（以下简称《规划》）在巴基斯坦首都伊斯兰堡发布，引起了社会各界的积极反响。《规划》分为前言、走廊界定和建设条件、规划愿景和发展目标、指导思想和基本原则、重点合作领域、投融资机制和保障措施六部分。从政策沟通角度，《规划》较为清晰地展示了未来持续至2030年中巴两国就中巴经济走廊政策对接的基本形态、主要内容、基本方式，对中巴经济走廊建设的未来蓝本和实施构架提出了更加清晰明了的展望规划。其中短期项目面向2020年，中期项目面向2025年，长期项目展望至 2030 年。《规划》首先对中巴经济走廊进行了明确界定,鲜明地表述了走廊的定义、范围、重要节点、空间布局和重要功能区。它清晰地指出,中巴经济走廊是以中巴两国的综合运输通道及产业合作为主轴,以两国经贸务实合作、人文领域往来为引擎,以重大基础设施建设、产业及民生领域合作项目等为依托,以促进两国经济社会发展、繁荣、安宁为目标,优势互补、互利共赢、共同发展的增长轴和发展带。走廊在空间范围上包括中国新疆维吾尔自治区和巴基斯坦全境。走廊从空间上具有不同的层次、范围与布局,可以分为核心区和辐射区,其核心区和辐射区呈现"一带三轴多通道"的格局。"一带"指由走廊核心区构成的带状区域,包括中国新疆喀什地区、图木舒克市和克孜勒苏柯尔克孜自治州阿图什市、阿克陶县,巴基斯坦伊斯兰堡首都区、旁遮普省、信德省、开伯尔-普什图省、俾路支省、巴控克什米尔地区、吉尔吉特-巴尔蒂斯坦的部分地区;"三轴"是指走廊中的三条东西向发展轴,分别代表了从拉合尔通往白沙瓦、从苏库尔通往奎达和从卡拉奇通往瓜达尔的带状区域;"多通道"指走廊从伊斯兰堡到卡拉奇和瓜达尔的多条铁路和公路交通干线。此外,走廊从北到南分为五个重点功能区:新疆对外经济区、北部边贸物流商贸通道与生态保育区、中东部平原经济区、西部物流通道商贸区及南部滨海物流商贸区。走廊的节点城市、交通通道和产业聚集区大都位于功能区内。《规划》分析了中巴两国建设中巴经济走廊的具体基础条件、面临的机遇和存在的共同挑战,明确了中巴两国规划愿景和发展目标,阐述了指导思想和遵循原则,指明了共同合作的互联互通、能源、经贸及产业园区、农业开发与扶贫、旅游、民生与民间交流和金融合作七大重点领域。确立了投融资机制的建设方针,制定了建立保障机制和保护措施的未来规划。

2019 年 4 月签署了中巴经济走廊第二阶段合作谅解备忘录、中巴自由贸易协定第二阶段协议。其中中巴经济走廊第二阶段合作谅解备忘录偏重设施联通与贸易畅通,备忘录中签署的 27 个第二阶段中巴经济走廊新项目预计将于 2019 年年底启动。这 27 个新项目包括农业、工业、教育、水资源以及职业技术培训等;中巴自由贸易协定第二阶段协议则偏重贸易畅通与资金融通，根据协定，中国将为巴基斯坦商品开放90%的市场，以解决贸易失衡问题，新的自由贸易协定将使巴对华出口增加5亿美元。

第二，加大执行力度。早在2013年，中巴两国就共同设立了中巴经济走廊远景规划联合合作委员会，并在当年8月召开了第一次会议，此后每年举行一次工作会议，至今已举行8次。巴基斯坦方面还单独成立了中巴经济走廊专门委员会，负责推进走廊建设。中巴两国由此树立了"政府引领、企业参与"的合作理念。所有项目都由双方共同商定，监督执行，并定期对合作进行规划和总结。中国企业抱团出海，积极探索对外合作的新思路、新举措。同时，中方始终把走廊建设和安全放在同等重要的地位，同巴方建立了多层次安全合作机制，对于安全工作毫不松懈，一抓到底。截至2019年，在双方共同努力下，中巴经济走廊第一阶段整体进展良好，22个项目已经完成19项，走廊建设胜利完成早期收获阶段。2019年初中巴两国签署了中巴经济走廊第二阶段合作谅解备忘录，备忘录中签署的27个第二阶段中巴经济走廊新项目已于2019年年底启动。这27个新项目包括农业、工业、教育、水资源以及职业技术培训等。中巴经济走廊建设有力地带动了中方对巴经贸合作。中国已连续3年成为巴基斯坦第一大贸易伙伴国，连续4年成为巴基斯坦最大的外国直接投资来源国。在中方积极推动下，巴方设立了近1.4万人的特别安保部队，专门负责走廊建设安保工作。可以说，中巴经济走廊在"一带一路"建设中发挥着"排头兵"和"试验田"的作用，为中巴乃至南亚地区国家深入推进"一带一路"建设积累了宝贵的经验。

第三，健全政策保障。一是中巴双方政府及金融机构为中巴经济走廊建设提供了多方面的保障措施。2015年4月，中巴双方政府沟通成立中巴经济走廊委员会，旨在建立一个供双方及时沟通、交换意见及协调政策的平台。中巴经济走廊委员会的成员涵盖政府各个部门的主要领导，使全政府上下所有部门形成一个整体，共同为中巴经济走廊的建设提供政策保障。同时，巴方也越发认识到吸引外资用于国内建设的重要性，经过多次的经验总结，不断地制定投资鼓励政策，降低外资引进的门槛,并提供各种优惠政策,以期盘活国内市场,吸引外资流入。二是巴基斯坦当局2019年成立了中巴经济走廊管理局,并任命阿西姆·萨利姆·巴吉瓦为局长。该局监管项目涉及金额超过700亿美元,涵盖发电厂、高速公路等项目的建设和执行。三是双方的机构设置保障走廊建设稳步推进,赋予了中巴经济走廊较强的风险抵御能力。2020年6月以来,中国和巴基斯坦签署了多个项目计划,项目总额达110亿美元,这意味着"一带一路"建设在巴基斯坦再次焕发生机。自两年前巴基斯坦总理伊姆兰·汗上任以来,一度面临停滞的基础设施建设得以重启。6月25日和7月6日,中巴两国分别签署协议,涉及在克什米尔地区的两个水力发电项目,预计投资额达39亿美元,以及一个铁路改造项目,预计投资额达72亿美元,这是迄今为止中国在巴基斯坦投资最大的项目。

(四)孟中印缅经济走廊

孟中印缅经济走廊是连接中国和南亚当今世界上人口最多、经济发展速度最快国家的便捷通道,是中国走向南亚和印度洋区域大市场最便捷、最具经济吸引力的陆路大通道。在中方的积极倡导和孟中印缅四国的共同努力下,孟中印缅经济走廊在政策沟通、设施联通、贸易畅通、资金融通、民心相通等方面取得了系列成效,逐步形成了"一轨主导,多轨并进"的合作机制,孟中印缅四国的合作共识不断增多,为进一步深化合作奠定了一定的基础。

第一,由"二轨"层面的智库间对话平台升级为"一轨"层面的政府间合作机制。早在20世纪90年代,中国学术界就提出了开展中印缅孟地区经济合作的构想,并得到印度、缅甸和孟加拉国学术界的积极响应。1999年8月在中国云南昆明召开了首届"中印缅孟地区经济合作与发展国际研讨会",会议达成了《昆明倡议》,宣告四国经济合作正式启动。2002年在孟加拉国达卡召开的第三次会议将会议更名为"孟中印缅地区经济合作论坛",会议通过了"达卡声明",呼吁各国政府将当前合作从"二轨"提升为"一轨",表明这次会议在四国合作机制上有了新的突破。随后，孟中印缅四国轮流主办历次论坛，并且每次都有会议文件出台。2011年召开的第九次会议提出，将推动尽快形成"一轨"领导下的"多轨"合作平台，成立孟中印缅商务理事会，构建昆明—曼德勒—达卡—加尔各答经济走廊，发行孟中印缅论坛通讯。2012年召开的第十次会议将论坛正式更名为"孟中印缅地区合作论坛"，会议提出要加大政府的参与和指导力度，共同推动论坛向四国合作机制的模式转变。2013年5月，中国领导人访问印度期间，在双方发表的联合声明中公布了孟中印缅经济走廊的建设计划。随后，时任印度总理辛格于10月回访中国，双方又重申了这一计划，并正式建立了联合工作组。2013年12月，孟中印缅经济走廊联合研究工作组第一次会议在昆明召开，四国政府就经济走廊的发展前景、优先合作领域和机制建设等进行了深入讨论并达成广泛共识。各方签署了孟中印缅经济走廊联合研究计划，初步建立了四国政府推进孟中印缅合作的机制。自此，孟中印缅合作机制由"二轨"层面的智库间对话平台升级为"一轨"层面的政府间合作机制，大大提升了合作的机制化水平，实现了低层级向高层级的政府间合作的转型。

第二，不断拓展合作机制的覆盖面。孟中印缅经济走廊创始之初的合作内容主要是经济合作，经过不断丰富发展，孟中印缅经济走廊的合作内容已经涉及非传统安全、教育、文化等多个领域。此外，孟中印缅经济走廊联合研究工作组在互联互通、经贸、投资和融资、人文交流、可持续发展、减贫等事务方面成立了一系列机构部门，确定了包括孟中印缅经济走廊制度安排在内的合作形式。在2017年4月举行的孟中印缅经济走廊联合研究工作组第三次会议上，孟中印缅四国讨论了联合编制的研究报告，联合研究报告在互联互通、能源、投融资、货物与服务贸易及投资便利化、可持续发展与人文交流等重点领域的交流与合作达成了诸多共识。孟中印缅经济走廊合作机制在不断发展中变得更加全面、开放和包容。同时，孟中印缅各方也在积极推动中国—南亚博览会、中国—南亚商务论坛、中国—南亚智库论坛、中缅合作论坛、中孟合作论坛等相关合作平台和机制的建设，为孟中印缅经济走廊的建设发展奠定了坚实的平台与机制基础。

第三，积极推动双边政策沟通。孟中印缅经济走廊建设在双边政策沟通层面也取得了不少突破和成效。尤其是中缅方面，缅甸官方对推进孟中印缅经济走廊建设较为积极，以中缅经济走廊为主的双边合作是现阶段孟中印缅经济走廊的推进重点。2017年底中缅两国就在"一带一路"合作框架下共建中缅经济走廊达成了共识；2018年9月，两国政府签署了《关于共建中缅经济走廊的谅解备忘录》，成立了中缅经济走廊联合委员会，并根据行业设立了12个工作组；2018年成立了中缅经济走廊联合委员会并举行了第一次会议，2019年举行第二次会议；2019年4月第二届"一带一路"国际合作高峰论坛期间，中缅双方共同签署了《中缅经济走廊合作计划（2019—2030）谅解备忘录》《关于制定经贸合作五年发展计划》《缅甸与中国政府经济技术合作协定》；中缅经济走廊论坛也已成功举办两届。中缅经济走廊工作机制已经建立并日渐完善，顶层设计、制度安排和重大项目推进顺利，两国共建中缅经济走廊成效显著。孟加拉国对于孟中印缅经济走廊建设态度积极，孟加拉国总理谢赫·哈西娜在公开场合多次表示，愿积极参与共建"一带一路"，加速推进孟中印缅经济走廊建设，孟加拉国外交部还成立了孟中印缅研究机构，致力于对孟中印缅相关问题的研究。

（五）中国—中南半岛经济走廊

政策沟通主要体现在政治互信、合作机制、政治环境等方面。在政策沟通方面，中国无论中央政府间还是地方政府间都坚持共商、共建、共享原则，建立各类合作论坛，依托区域内诸多合作机制，搭建政策沟通协商平台，不断推进域内各国之间的联系与互信，为其他领域互联互通提供了政策先导。在政策沟通上，中国已与中南半岛上的七国分别签订"一带一路"建设的相关合作协议。

第一，凝聚合作共识。自该走廊规划建设以来，中国以"中国—东盟博览会""中国—东盟商务与投资峰会""中国—东盟自贸区建设""大湄公河次区域合作"等平台为依托，积极加强与中南半岛国家的"五通"建设，进展顺利，推进较快。该走廊沿线国家和地区都有发展战略与"一带一路"倡议进行对接，如越南的"两廊一圈"、柬埔寨的"四角战略"、泰国的"东部走廊计划"以及东盟的"2025发展愿景"等。政策方面,《大湄公河次区域交通发展战略规划（2006—2015）》的实施工作已经完成,初步形成了该次区域九大交通走廊;2016年5月,《中国—中南半岛经济走廊倡议书》在第九届泛北部湾经济合作论坛上发布;《大湄公河次区域便利货物及人员跨境运输协定》已在2017年3月启动实施。中国—中南半岛国际经济走廊合作发展圆桌会2015年9月在广西南宁市举办,中国—中南半岛经济走廊发展论坛分别于2016年与2018年成功举办。随着"一带一路"及中国—东盟命运共同体建设的加快,常态化召开中国—中南半岛经济走廊发展论坛将逐渐形成"一带一路"框架下的多边合作新机制,促进中国与走廊沿线各国之间的政策沟通。

第二,畅通沟通渠道。中国与中南半岛之间原有的区域与次区域合作机制成为中国—中南半岛经济走廊建设的重要依托。中国—中南半岛经济走廊建设过程中政策沟通不仅依靠论坛与倡议,更依托于较之更为成熟的区域与次区域合作机制。这些机制不仅丰富了政策沟通渠道,也在战略对接上成效颇丰。中南半岛区域国家间已形成了包括中国—东盟自由贸易区、大湄公河次区域经济合作、澜沧江—湄公河合作等合作机制,以及中、老、缅、泰毗邻地区的"黄金四角"合作等次区域机制。"一带一路"倡议本身倡导的"五通"目标与大湄公河次区域经济合作的内容一致性高,存在多方互补性,都强调基础设施层面的建设与发展。近年来,在大湄公河次区域经济走廊建设的推动下,中国与中南半岛经济走廊沿线国家和地区的合作已取得一定成果,特别是在基础设施建设方面,政策沟通与项目签约比较顺畅,中国与中南半岛的互联互通网络体系显著夯实。

柬埔寨的"四角战略"与"一带一路"倡议涉及领域高度匹配。该战略经济上优先发展农业产品、私营企业、基础设施和人力资源,为实现战略对接,中柬两国政府间的政治互信与政策协调不断提升,非政府组织之间的合作也有所加强。2019年3月,中国外交部领导人赴柬埔寨,进行中柬政府间协调委员会第五次会议秘书长会晤。双方就构建中柬具有战略意义的命运共同体达成重要共识,"一带一路"合作成果丰硕,大项目建设取得实质进展。泰国"东部经济走廊"与"一带一路"建设衔接逐渐加强,泰方为中方企业赴泰投资提供更多便利。2018年8月,中泰经贸联委会第六次会议在曼谷召开,强调落实两国领导人达成的共识,加强"一带一路"框架下发展战略对接,推动两国各领域务实合作向更大规模、更宽领域、更深层次拓展。

第三,积极发挥地方政府的主观能动性。广西、云南是中国面向中南半岛国家的两大主要门户,依托地缘和人文优势,已成为中国—中南半岛经济走廊上的重要节点。广西发挥其与东盟国家陆海相邻的独特优势,重点加快南宁—新加坡经济走廊和北部湾经济区建设,构建面向东盟区域的海陆国际大通道,建设国际产能合作示范区,打造"一带一路"有机衔接的重要门户。云南、广西以及老挝的丰沙里和越南的老街、广宁等地展开了多样的地方性合作。通过滇缅合作论坛以及云南—老北、越北、泰北合作工作组和南宁—新加坡经济走廊等机制不断推进地方性合作。多年来,广西南宁举办的泛北部湾经济合作论坛始终坚持"优势互补、合作共赢、共同繁荣发展"原则,将政策细化并努力推动各方从共识走向实践,从合作走向共赢,构建中国与东盟全面合作的"南宁渠道"。2019年2月,第二届中缅经济走廊论坛在云南昆明举行,云南省领导人在论坛上表示,中缅经济走廊为云南参与"一带一路"建设创造了重大机遇,云南将发挥与缅甸地缘相近、人缘相亲、商缘相通优势,在中缅经济走廊建设中发挥积极作用,积极配合做好各项服务工作。缅甸方面表示,希望中缅双方本着公平、透明、可持续的合作理念,尊重两国经济计划和市场规律,充分考虑当前和未来的经济需求和商业可行性,加强磋商,全面评估,充分尊重与采纳人民意见。两地在中国—中南半岛经济走廊建设中的政策沟通层面展现了地方担当,做出了地方贡献。

总体而言,中国—中南半岛经济走廊建设在政策沟通层面取得了显著成效。根据政策沟通指数,"一带一路"沿线国家和地区中该指数排名前十的国家中有四个是中国—中南半岛经济走廊沿线国家和地区,马来西亚和泰国分别位列第三与第四。良好的政策沟通有助于形成相向而行的共同战略和政策选择,为沿线国家和地区相互开放创造更好的外部环境，有助于达成共识，构建沿线国家和地区多层次政府间经济发展战略、宏观经济政策、重大规划项目对接机制，形成趋向一致的战略、决策、政策和规则，结成更为巩固的"命运共同体"。

二、经验启示

一是扩展沟通交流。"一带一路"倡议体现了中国智慧和中国方案。沿线国家和地区的国情千差万别，利益诉求各不相同，要让其他国家接受和认可"一带一路"也就意味着其蕴含的理念得到广泛的承认。中蒙俄经济走廊建设要增强与俄罗斯、蒙古国在政治和社会领域的交流，就双边关系和共同关心的国际和地区问题保持沟通，不断扩大共识，巩固和深化政治互信。加强政府、议会、政党、地方各级别合作，继续在涉及彼此核心利益和重大关切问题上相互给予坚定支持，夯实合作基础，减少负面因素。

二是加强政策与发展战略对接。推动中蒙俄经济走廊建设，既要积极推进基础设施建设的"硬联通"，也要加强政策对接和规则对接的"软联通"。一方面要依托项目驱动，推进铁路、公路建设，完善油气管道、电力输送、通信网络，推进经济走廊建设，办好经贸、产业合作园区，让基础设施建设发挥出促进投资、聚合产业、带动就业、增进区域间凝聚力的重要载体作用。同时，也要以政策、规则、标准和机制的对接打造畅通无阻的"规则高速公路"。建立政策协调对接机制，对话化解分歧，协商解决争端，编制合作规划，采取共同行动；合理定位政府与市场关系，进一步开放市场、保护外商投资，加强法制建设，更大力度保护知识产权，提供更好的营商环境和机制保障，共同形成规划衔接、发展融合、利益共享的深度合作局面。

三是充分发挥智库的"第二轨道"作用。当今时代，智库已成为现代治理体系的重要组成部分，在许多重大决策与国际事务中都显示出智库的智慧和力量。中蒙俄经济走廊建设要充分发挥智库的"第二轨道"的作用，搭建起智慧与政策的桥梁，为政府决策、经贸合作等提供智力支撑，促进"一带一路"倡议与各国发展战略和规划的对接，沟通情况信息，协调有关分歧，合理引导社会舆论。

四是进一步明晰具体可行路径。中蒙俄经济走廊建设的重点应当是在国家顶层设计的大框架下，以具体的制度性安排为抓手，在发展战略上积极对接，并将发展战略所确立的愿景和安排细化到项目实施过程中。可以以务实合作为指导思想，首先从共识性强、条件成熟的项目入手，让参与各方尽早享受到经济走廊建设所带来的发展红利，加快沟通交流渠道和机制的建立与完善，并为顶层设计的落地和具体操作过程中面临的问题与挑战提供解决办法，为经济走廊的良性运行进一步奠定合作基础。

五是推动制度创新。推动制度创新，建立跨境合作机制与区域合作机制是推动经济走廊建设的重要保障。中蒙俄经济走廊建设需要充分发挥中国智慧、提供中国方案，运用制度创新建立有利于经济走廊建设的跨境合作机制与区域合作机制。应积极探索建立国家间常规化、机制化交流制度和平台，为中蒙俄打造便捷化、高效能的跨境交通运输网络提供制度和平台支撑。同时可通过制度创新来推动跨境交通运输网络建设、运输便利化及各国海关之间的协调合作，这样可以更好地协调参与国的利益诉求，减小经济走廊推进的阻力，使经济走廊在更大的区域范围内获得支持与认可。

六是加强投资风险防范与应对机制建设。在进行投资前需要加强投资安全相关信息和情报的搜集力度，并对其进行分析、评估、反馈以及应对，确保沿廊国家项目投资收益及人身安全。一方面，要拓宽中蒙俄经济走廊建设过程中相关项目的融资渠道，充分吸引第三方或者多边合作国际金融机构参与经济走廊建设，为相关项目注入资金，从而分担经济走廊建设过程中可能存在的债务违约和投资收益不足风险。另一方面，相关企业在参与经济走廊建设中应遵守当地的法律法规，严格按照市场化运行理念和标准，保持项目建设符合规矩和法律，建立符合俄罗斯、蒙古国财务、税务并适用于自身企业的财务税务管理制度，树立风险防范意识，提高辨识安全风险的能力，并建立风险应对机制。

第四节　高质量推进中蒙俄经济走廊政策沟通的对策建议

一、创造良好的政策环境

政策沟通是其他"四通"的重要前提，关乎其他"四通"实现的程度。全面开放发展的发展战略需要系统的配套政策支撑，内蒙古将"向北开放桥头堡"升级为"一带一路"大动脉需要创造良好的政策环境，做深、做广、做实对外开放。

一是结合内蒙古在产业升级、扩大对外经贸关系、强化对外投融资等方面的实际需求，争取国家相关方面的针对性优惠政策，为内蒙古全面扩大开放夯实政策支撑。建立中蒙俄投资促进机构联系机制，定期就各自对外投资和吸引外资的政策、措施和重大项目等进行沟通协调，促进企业间相互交流信息和投资合作。

二是加强多层面、多领域的政策协调。向北开放是国家交给内蒙古的重要任务，是建设中蒙俄经济走廊、落实"一带一路"倡议的重要环节。加强内蒙古与蒙古国经济发展部常设协调工作组间的政策协调；会同国内其他省份，完善与俄罗斯建立的中俄边境和地方经贸合作协调委员会的合作机制；重视内蒙古口岸办与俄罗斯边界建设署形成的定期会晤和联合检查机制；落实与俄罗斯外贝加尔边疆区、蒙古国建立的"边境旅游协调会议"中的相关政策协调工作；跟进二连浩特与扎门乌德的口岸协调联络和联席会议的相关工作；逐步建立与蒙古国、俄罗斯毗邻地区间多层面、常态化的政策协调工作机制。进一步协调蒙古国、俄罗斯对口部门尽快降低内蒙古驾驶员入境相关要求，提高内蒙古驾驶员出入境手续办理便利程度。

三是加强与京津冀、东北三省等邻近省份的互联互通战略合作。构建与京津冀、东北三省间的省际对外开放战略合作平台，合力拓展互联互通北向通道。加强与京津冀、东北三省等邻近省份的互联互通战略合作，探讨签署《关于合作共建中蒙俄互联互通北向通道的框架协议》，调动战略合作省份资源、聚集各方要素、打破省际藩篱，共同拓展互联互通北向通道，提升内蒙古的北向开放桥头堡、对外开放口岸枢纽的战略地位。强化与京津冀、东北三省地区海港城市的对接合作，实现"陆上丝路""海上丝路"门户功能对接互补，做大做强内蒙古"一带一路"北向动脉，形成具有内蒙古特色的省际协同开发局面。打通蒙煤出海通道，与天津港形成战略合作，双向互动，构建大宗物资东出达海、西进入蒙的环保绿色物流大通道。

二、促进多轨道的沟通

多轨运行，即在政府主导下，继续维持非官方的二轨层面的政策沟通进程。对于政策制定者来说，获得来自专家、智库、媒体等各个层面的关于经济走廊建设的政策建议是尤为重要的。也就是说，政策沟通中进行多层级、多轨道的沟通，会使政策沟通更为有效。

一是增加政府间对话，促进政治互信。中蒙俄经济走廊要想取得成功，不管学术界和民间团体的第二轨道做了多少工作，最后都必须由政府层面的第一轨道来把握。因此，要加大政府层面的沟通，加强国家间的战略性对话。政府层面的政策沟通要注重中央政府和地方政府两个层级的统筹协调与互相配合。在国家层面上，可以学习其他次区域合作的制度体系，建立健全中蒙俄经济走廊制度体系。在地方层面上，省级政府是国际舞台上的有效参与者。充分发挥内蒙古的作用，在中央统筹下充分发挥地方能动性。

二是增进学术机构、智库之间的合作交流。中蒙俄经济走廊还需要加强学术和研究机构、民间社会组织以及非常重要的地区商务理事会之间的对话，在第二轨道上为官方层面的政策沟通进程提供"建立信任"的支持。智库、研究机构等可通过定期召开会议，针对孟中印缅经济走廊建设过程中难点问题展开积极的讨论和研究。加强中蒙俄三国智库、研究机构、非政府组织（NGO）等之间的联系，可考虑建立定期举办的思想论坛，从长远来看，有利于维护共同的区域倡议。

三是充分发挥媒体的传播作用。媒体在推进中蒙俄经济走廊建设中的作用是非常重要的。媒体不仅可以在重塑和纠正与走廊建设相关的误解方面发挥重要作用，也可以利用其更广泛的广播报道来传播真相和积极的故事，进而获得当地人民的支持。但目前除中国外的俄罗斯、蒙古国两国的媒体，对中蒙俄经济走廊的关注和报道是不够的。因此，应该利用各种媒体将更准确、最新的信息分享给大众，让他们对经济走廊建设框架下的互联互通、贸易往来等举措有一个准确的了解，并适时地利用媒体渠道去驳斥批判恶意中伤中蒙俄经济走廊的各种"中国威胁论""债务陷阱论"，表明中国倡议中蒙俄经济走廊对沿线国家和地区发展带来的巨大推动作用。

三、加强政策的落实与创新

机制创新是政策对接的"催化剂"，只有依靠机制创新，释放制度红利，才能推动中蒙俄经济走廊建设行稳致远。

一方面，加强体制机制创新。国家层面，强化中蒙、中俄沿线国家和地区信息互换、监管互认、执法互助等海关合作，以及检验检疫、认证认可、标准计量、统计信息等方面合作。改善边境口岸通关条件，降低通关成本，提升通关能力。加强供应链安全与便利化合作，推动检验检疫证书国际互联网核查，开展"经认证的经营者"互认。降低非关税壁垒，共同提高技术性贸易措施透明度。加强与蒙古国和俄罗斯双边投资保护协定、避免双重征税协定磋商，消除投资壁垒，保护投资者的合法权益。协调解决工作签证、投资环境、融资需求、优惠政策等问题。建立中蒙俄投资促进机构联系机制，定期就三国各自对外投资和吸引外资的政策、措施和重大项目等进行沟通协调，促进三国间商协会和相关领域的企业相互交流信息并进行投资合作。争取个人境外投资试点政策，建议由内蒙古政府牵头，向国家争取个人境外投资试点在内蒙古口岸地区先行先试，允许个人投资者在内蒙古特定地区、额度范围内开展境外投资，为规范边境地区个人境外投资积累经验。推动建立针对突发公共卫生事件的特殊国际经贸规则制度。要充分发挥"一带一路"在国际经贸规则创新中的作用，全面总结此次应对新冠肺炎疫情的经验，对疫情防控期间的各类经贸往来安排、人员往来管控、争端解决机制等方面做出妥善安排，最大限度降低疫情等全球突发性灾害对中蒙俄之间经贸往来造成的冲击。

自治区层面，一方面，在口岸建设发展、特殊监管区域建设等领域，借鉴国内其他发展成熟的自由贸易试验区的经验，积极创新机制、改革政策，推动呼和浩特、鄂尔多斯、满洲里等综合保税区高水平开放高质量发展；借鉴江浙地区电子商务发展经验，完善配套措施，打造跨境电子商务完整的产业链，增加跨境电子商务的保税展示功能，建设大型跨境电商基地；统筹综合保税区、保税物流园区等各类海关特殊监管区资源和优势，形成布局合理、机制顺畅、功能互补、优势明显、便利高效的一体化开放高地；协调国家税务总局、海关总署等相关部门设立策克口岸等海关特殊监管区，进一步推进策克口岸"无障碍"通道和"一站式"进出口集中查验平台建立，深化安全高效的监管体系，推动监管区自由从事贸易、仓储、加工、物流、集散等免税业务，推动区域内企业技术创新和绿色发展；推进互市贸易区多元化改革，扩大采购国家的数量和商品品种，拓展互市贸易区的覆盖范围。

另一方面，推动区域合作机制创新。推动内蒙古盟市与周边地区深化区域合作。例如，推动锡林郭勒盟与赤峰、朝阳、锦州等地经济合作，探索建立"锡赤朝锦"合作交流机制。推动阿拉善盟深化与甘肃省张掖市、金昌市、武威市在经济社会、生态旅游多领域合作，共同打造"蒙甘河西走廊千万千瓦级新能源基地""河西走廊旅游联盟"，推进特色产业发展经济带、农畜产品集散市场、工业生产资料仓储集散地、煤炭物流一体化建设。推动口岸地区和邻近地区协同发展。例如，支持苏尼特左旗、苏尼特右旗承接二连浩特口岸进口铁矿石和绒毛等原材料加工增值，支持锡林浩特市、西乌珠穆沁旗承接珠恩嘎达布其口岸进口矿产品加工增值。

四、构建风险防范机制与投资贸易争端解决机制

中蒙俄经济走廊建设涉及贸易、投资、能源、金融等诸多领域，同时涉及不同的国家及区域，受政策环境变化的影响较大。从政府及企业层面出发，提升风险防范和应对能力，有利于发挥企业的积极性，更有效参与到走廊建设中。

（一）国家层面

一是完善投资贸易争端解决机制。通过实体性双多边合作协议推动中蒙俄投资贸易争端解决机制的完善，加强三方在深化技术规范、产品标准、金融监管等方面的合作。充分发挥中蒙俄经济走廊政策沟通的优势，建立完善磋商沟通机制和快速反应通道，提高争议解决效率，避免高成本的对立程序。

二是要建立有效的跨境金融风险担保体系。目前，国内尚无专业的跨境金融担保机构，有效的跨境金融风险担保体系能够减少企业对于跨境融资难的担忧，同时能为国内商业银行对蒙俄金融机构开展授信合作提供有力的支撑。

（二）内蒙古层面

一是构建有效的风险防范机制。健全产业安全预警工作体系，加强贸易摩擦应对总体协调和部门合作，完善宏观研究分析和微观监测预警，做好重大经贸摩擦的预警监测、行业协调、跟踪反馈、信息咨询等工作。优化投资组合和布局，积极建立与境外企业合作机制，分散或者降低投资风险。完善风险补偿机制，加强金融监管合作，积极与有关国家共同完善风险应对和危机处置制度安排，构建区域性金融风险预警系统，确保经济走廊区域金融安全稳健运行。健全财政和金融支持机制，加快完善对企业境外投资的财税扶持体系政策；优化本土金融机构对境外投资企业的扶持力度和方式，提高风险贷款力度；完善境外投资的保险机制，实现投资风险损失的合理转移。推动内蒙古出口信用保险机构升级和布局，充分发挥政策性出口信用保险机构对地区边贸出口企业的信用保险支持力度，推

动商业保险机构外贸出口保险业务发展，为双边贸易和"走出去"企业保全财产和抵御风险，拓宽银行贸易融资担保渠道。

二是加强区内投资企业应对风险意识和能力。强化对企业运用贸易救济措施的商务指导和支持，努力减轻贸易摩擦对企业开展国际贸易的消极影响，促进公平贸易，维护产业安全。投资企业也必须善于用市场的力量化解潜在的投资风险，既可以通过直接购买保险化解投资风险，也可以引进保险公司介入直接投资，利用保险公司特有的风险意识、风险预测和评估能力，发挥保险的"保障网"功能。

第四章
高质量推进中蒙俄经济走廊设施联通

设施联通是国际区域合作、经贸往来的先决条件和重要纽带,也是影响经济格局和产业分工的重要因素,因此,通常作为区域合作的优先建设领域。中蒙俄三国地域相邻,合作基础牢固,发展战略契合,尤其近年来,在互尊互信的基础上,大力推进基础设施互联互通,有效释放了经济合作的潜力。但客观而言,受资金、技术、体制机制等方面因素的制约,三国跨境基础设施建设力度和联通程度仍不足,既难以满足区域经济发展需要,也极大地影响了跨境贸易及投资的规模与效率。随着中蒙俄三国合作领域的不断拓宽、合作层次的逐步提升,亟须进一步打通"经脉",高质量推进中蒙俄经济走廊设施联通,为三国实质性、长久性互惠合作夯实基础保障。

第一节 中蒙俄经济走廊设施联通的主要成效

一、总体进展情况

设施联通是共建中蒙俄经济走廊的优先方向。在尊重相关国家主权和安全关切的基础上，经过多年的努力，以铁路、公路、航运、管道等为核心的全方位、多层次、复合型基础设施网络正在加快形成，区域间资金、信息、技术、商品等交易成本大幅度降低，有效促进了跨区域资源要素的有序流动和优化配置，实现了互利合作、共赢发展。

（一）铁路建设

中俄之间，滨洲铁路完成电气化改造，向北延伸经赤塔与俄罗斯西伯利亚大铁路相连。莫斯科至喀山高铁完成初步设计，第一标段建设获得俄罗斯政府拨款2000亿卢布（约30亿美元），将来有望成为莫斯科—北京高铁的一部分，同时也将服务于连接中国、欧洲和中东市场的丝绸之路经济带项目。贝加尔—阿穆尔铁路以及跨西伯利亚铁路现代化改造稳步推进。中蒙之间，与蒙古国商定了策克—西伯库伦、珠恩嘎达布其—毕其格图和甘其毛都—嘎顺苏海图口岸跨境铁路过境点。策克—西伯库伦跨境铁路项目中方已完成设计工作，项目建成后，将与京新铁路、临策铁路、嘉策铁路及拟建的额九铁路相连，进一步畅通西部对外铁路通道。

（二）公路建设

中俄之间，连接两国的同江—下列宁斯阔耶铁路桥、黑河—布拉戈维申斯克公路桥合龙通车。连通中国黑龙江省、吉林省和俄罗斯滨海边疆区的"滨海1号"国际交通走廊、"滨海2号"国际交通走廊建设稳步推进。"双西公路"（全称"西欧—俄罗斯—哈萨克斯坦—中国西部"国际公路运输走廊）国内段贯通，哈萨克斯坦境内路段于2017年通车，俄罗斯也将加快境内路段建设（此前已投资4000亿卢布，约合450亿人民币）。中蒙之间，已建成中国境内与蒙古国相连的三条公路：二连浩特至乌兰巴托、甘其毛都至乌兰巴托、阿日哈沙特至乔巴山。蒙古国境内首条高速公路——乌兰巴托新国际机场高速公路全线贯通。2019年7月，中蒙俄签署《关于沿亚洲公路网国际道路运输政府间协定》，为三国运输合作提供了法律基础，蒙方提出将加快AH3、AH4公路境内段的基础设施建设和升级改造。

（三）口岸建设

中俄之间共有22个陆路边境口岸，其中4个主要对俄边境口岸承担了中俄间陆路运输货物总量的65%；中蒙之间的陆路边境口岸14个，其中9个主要对蒙边境口岸承担了中蒙货运总量的95%。从内蒙古看，满洲里、二连浩特、甘其毛都和策克四大口岸全部实现年进出境货运量1000万吨。

（四）管道和线路建设

电力方面，已累计建成中俄、中蒙等10余条输电线路。其中，东北电网通过四回线路与俄罗斯电网相连，输电能力100万千瓦，每年向中国送电约40亿千瓦时。包头达茂旗、锡林郭勒盟苏尼特左旗220千伏输变电工程建成投产，主要向蒙古国南部矿区供电。蒙西电网覆盖策克口岸周边地区，向蒙古国西伯库伦口岸、那林苏海图煤田供电。中方与俄罗斯电力公司开展合作，共同开发叶尔科夫齐煤田，规划建设向华北地区送电的800千伏高压直流工程；与俄罗斯电网公司成立合资公司，共同开展输配电网投资、建设、运营等业务。

能源管道方面，中俄原油管道一线输油量累计破亿吨，中俄原油管道二线投入运营，管道输油量达到每年3000万吨；中俄东线天然气管道（规划长度8111公里）中国境内管道已于2019年底正式投产通气，俄罗斯境内部分也已基本建设完毕。东线管道的首次签约期限为30年，初步计划将在一年内向中国输送50亿方天然气，2024年起将达到每年380亿立方米的输入规模。

通信设施方面，中蒙俄（二连浩特）跨境陆缆系统已建成。中国联通公司在北京—乌兰察布—二连浩特—扎门乌德已建成跨境传输系统，开通带宽达到100G；中国移动公司在扎门乌德—二连浩特—乌兰察布—呼和浩特—北京已建成跨境传输系统，开通带宽达到540G。满洲里—后贝加尔斯克中俄跨境光缆出口俄罗斯带宽增加100G，已达到200G。

二、重点项目建设情况

（一）铁路重点建设项目

1. 铁路中央走廊（乌兰乌德—纳乌什基—苏赫巴托—扎门乌德—二连浩特—乌兰察布—张家口—北京—天津）复线电气化改造项目

中蒙俄三方一致认为铁路中央走廊分阶段改造项目是《建设中蒙俄经济走廊规划纲要》的优先实施项目，有必要根据当前和未来的需求，提高走廊的通过能力，并在 2018 年 12 月召开的《建设中蒙俄经济走廊规划纲要》推进落实工作组司局级会议中，就成立联合工作组进行了讨论，以对走廊分阶段建设进行可行性研究。乌兰巴托铁路股份公司委托俄罗斯国立莫斯科运输建筑物勘测设计院，完成了该铁路走廊蒙古国境内的《乌兰巴托铁路股份公司 2030 年前技术改造和发展方案》。2019 年 6 月中俄蒙三国元首第五次会晤期间，中俄两国领导人重申了中线铁路走廊改造的重要意义，蒙古国领导人建议中线铁路走廊可行性研究工作计划尽快得到批准，短时间内完成研究工作，尽早启动建设工作。

2. 铁路北部走廊（库拉吉诺—克孜勒—查干陶勒盖—阿尔查苏日—敖包特—额尔登特—萨勒黑特—扎门乌德—二连浩特—乌兰察布—张家口—北京—天津）

蒙古国正在进行克孜勒—查干陶勒盖—阿尔查苏日—敖包特—额尔登特段项目可行性研究，并计划在财政可行的情况下，以额尔登特—敖包特段（540 公里）为第一阶段开始实施。

3. 铁路东部走廊（博尔贾—索洛维耶夫斯克—额仁查布—乔巴山—霍特—毕其格图—珠恩嘎达布其—赤峰—朝阳—锦州或大连）

东线铁路走廊路线中，俄罗斯铁路线已连接蒙古国额仁察布口岸，中方铁路网已铺设至蒙古毕其格图口岸对面的珠恩嘎达布其口岸,蒙古国境内将建设额仁察布—乔巴山—霍特—毕其格图口岸共计800公里铁路。目前该路线中已有额仁察布—巴彦图门(乔巴山)210公里铁路,这段铁路现在主要负责运输地方的少量货物,不需要重建,需要更新改造。

4. 铁路西部走廊(库拉吉诺—克孜勒—塔本陶勒盖—阿尔查苏日—科布多—塔什干—哈密—昌吉—乌鲁木齐)

该线路与铁路北部走廊在阿尔查苏日站交叉,将推动乌兰巴托铁路与西伯利亚大铁路全线连接,成为连接俄罗斯与中国的最便捷通道。目前,俄罗斯图瓦共和国库拉吉诺—克孜勒段铁路建设项目,已与中国铁建股份有限公司签署了项目合作谅解备忘录,改造项目资金有望得到解决。

5. "滨海1号"国际交通走廊(乔巴山—松贝尔—阿尔山—满洲里—齐齐哈尔—哈尔滨—牡丹江—绥芬河—符拉迪沃斯托克—纳霍德卡)

该线路是中国黑龙江省与俄罗斯滨海边疆区连接的运输走廊。2016年,中蒙联合工作组赴阿尔山市确定中蒙"两山"铁路口岸过境通道位置,签订"阿尔山—松贝尔铁路口岸过境位置交换意见纪要"。2017年7月,中俄双方签署《关于共同开发"滨海1号"和"滨海2号"国际交通走廊的谅解备忘录》。2020年12月,中俄总理第二十五次定期会晤期间,就继续发展"滨海1号"与"滨海2号"国际交通走廊的过境运输合作达成共识。

6. "滨海2号"国际交通走廊(乔巴山—松贝尔—阿尔山—乌兰浩特—长春—延吉—珲春—扎鲁比诺)

该线路是中国吉林省与俄罗斯滨海边疆区连接的运输走廊,与"滨海1号"国际交通走廊同为"一带一路"建设和欧亚经济联盟建设对接的重要接口。2018年,借助与俄罗斯共建"滨海2号"国际交通走廊的机遇,中国加快跨境重大基础设施项目建设，谋划建立跨境园区，进一步提升对俄口岸通道、通关和跨境运输货物便利化水平。预计到2030年，"滨海2号"国际交通走廊的货物吞吐潜能可达到2300万吨粮食、1500万吨集装箱货物。

7. 莫斯科—北京高速铁路穿过蒙古国国土的远景规划

2014年，中俄双方签署高铁合作备忘录，拟推进构建北京至莫斯科的欧亚高速运输走廊，并优先实施莫斯科—喀山段高速铁路项目。为推动落实此备忘录，双方成立中俄高铁合作企业工作组，商议定期召开会议落实莫喀高速铁路项目路线图。目前，还未就莫斯科—北京高速铁路穿过蒙古国国土事宜进行规划。

（二）公路重点建设项目

1. AH3（乌兰乌德—恰克图—达尔罕—乌兰巴托—赛音山达—扎门乌德—二连浩特—北京郊区—天津）

该线路是连接三国的重要公路货物运输交通大动脉，是《建设中蒙俄经济走廊规划纲要》中国际道路运输通道的优选项目之一。其中，中国境内段900公里，几乎全程高速公路，蒙古国境内段1012公里，俄罗斯境内段240公里。2016年8月，三国交通部门共同组织的"中蒙俄国际道路货运试运行活动"，标志着项目正式开通。但随着货物运输量的增长，线内非高速路段将会超负荷运载，目前，蒙方已着手进行AH3的经济技术可行性研究。

2. AH4（新西伯利亚—巴尔瑙尔—戈尔诺-阿尔泰斯克—塔山塔—乌兰白辛特—科布多—雅仁泰或塔什干—乌鲁木齐—喀什—红其拉甫）

2019年7月，中蒙俄三方《关于沿亚洲公路网国际道路运输政府间协定》（以下简称《协定》）联委会第一次会议期间，三方约定在《协定》框架内，于年内完成AH4线的载货试运行，并在适当条件下正式推进货物运输，主要用于运输工业产品和食品。

3. 公路东线通道（博尔贾—索洛维耶夫斯克—额仁查布—乔巴山—西乌尔特—毕其格图—珠恩嘎达布其—西乌珠穆沁—赤峰—锡林郭勒—朝阳/承德—锦州/盘锦/天津）

该线路连接俄罗斯博尔贾、索洛维耶夫斯克等城市及中国天津、锦州、大连等港口，是推动泛东北亚合作的重要通道。目前中国境内路段基本贯通，蒙古国西乌尔特—毕其格图方向272公里硬化公路项目的图纸及前期研究已完成，计划在财政可行的情况下，开始实施。

（三）航空重点建设项目

2019年8月，阿尔山—乌兰巴托航线通航；9月，呼和浩特—乌兰巴托（直飞）航线通航；12月，天津—乌兰巴托航线通航。开通北京—海拉尔—赤塔定期航班；开通乌兰巴托—乌兰乌德—满洲里航线，实现一机跨三国；海拉尔、满洲里、鄂尔多斯开通赴蒙古国乌兰巴托、乔巴山，俄罗斯赤塔、伊尔库茨克、乌兰乌德等地区的国际航线。2019年，国务院批复同意包头机场航空口岸对外开放，待海关总署验收后，即可正式开放。

（四）合作平台、物流枢纽重点建设项目

1. 二连浩特—扎门乌德经济合作区

2019年6月，中蒙在北京正式签署《中华人民共和国政府和蒙古国政府关于建设中国蒙古二连浩特—扎门乌德经济合作区的协议》。中蒙跨境经济合作区规划面积18平方公里，其中中蒙双方各9平方公里，通过"两国一区、境内关外、封闭运行"模式，打造集国际贸易、物流仓储、进出口加工、电子商务、旅游娱乐及金融服务等功能于一体的综合开发平台，最终形成以中国二连浩特和蒙古国扎门乌德为中心、带动辐射面积达50平方公里的跨境经济合作区。

2. 满洲里边境综合保税区

满洲里边境综合保税区是内蒙古首家综合保税区，于 2016 年 9 月通过国家验收，12 月实现封关运营。保税区规划区域面积 1.44 平方公里，紧临俄罗斯、蒙古国边境，口岸物流发达，区位优势明显。满洲里综合保税区属于国家级特定功能区，享受了国家赋予的海关政策、外汇政策和税收政策，将培育国际贸易、现代物流、分拨配送、保税加工四大产业。目前，满洲里综合保税区展示平台有序推进，与西安综合保税区互设保税仓，临沂商城满洲里边境仓成功挂牌。

3. 包头市保税物流中心（B 型）

该中心批准建设面积 0.128 平方公里，现已建成 1.7 万平方米的 3 座出口监管仓库、1 万平方米监管堆场、查验平台、卡口、围网、2000 平方米的联检中心及海关智慧监管信息平台等配套设施。实现封关运营后，将成为内蒙古西部唯一具备口岸通关、出口退税、国际中转等功能的 B 型保税物流中心。2019 年 7 月，我国海关总署、财政部、税务总局、外汇管理局联合发文，包头保税物流中心（B 型）正式获批可以封关运营。

4. 巴彦淖尔市保税物流中心（B 型）

该中心是内蒙古中西部第一家正式封关运营的保税物流中心，于 2019 年 12 月揭牌暨封关运营。中心占地面积 103 亩，仓储面积 2.3 万平方米，划分为联检办公区、保税仓储区、查验区和散货集装箱堆放区等四大功能区，可实现国际物流配送、进出口贸易、跨境电子商务等相关功能。电子卡口设置 3 条通道，分别为一进一出货物通道和行政通道，海关信息化系统建设全部按照标准化要求实施。

5. 乌兰察布内陆港和配套物流园区建设

重点推进内陆港和配套物流园区建设，构建服务于产业转移、资源输送和南北区域合作的物流通道和枢纽，打造辐射中国华北、华中地区及蒙古国、俄罗斯和欧洲其他地区的综合性网络，着力实现由"通道经济"向"落地经济"转变，逐步建成区域性物流中心。目前，大物流产业格局基本形成，依托中欧班列铁路枢纽节点城市的新优势，外贸物流产业得到快速发展，通过乌兰察布七苏木物流基地、乌兰巴托境外物流园和莫斯科境外物流园的建设将推动中欧班列的快速发展。

（五）能源通道重点建设项目

1. 中国援建蒙古国的能源项目

巴格诺尔电站。该项目是"一带一路"倡议同"发展之路"倡议进行战略对接的标志性项目之一，位于乌兰巴托市东部约150公里，是蒙古国首个依托煤矿建设的大型坑口电站，于2015年12月开工。项目由中国核工业集团承建，采用建设—运营—移交模式（BOT模式）特许经营25年，其中包括建设期4年及运营期21年，预计投资约10亿美元。项目建成后，将为蒙古国经济建设提供强有力的电力保证的同时，带动巴格诺尔区餐饮、住宿、旅游等第三产业发展，惠及当地民生。

乌兰巴托至曼德勒戈壁输变电项目。该项目是中蒙合作建设的大型电力互联互通项目，也是蒙古国第一条跨区域的高压输变电线路。2019年10月7日，曼德勒戈壁变电站实现带电运行，标志着蒙古国首条最高电压等级的330千伏输电线路顺利带电运行成功，获得了蒙古国能源部、国家电网公司专家团队的高度认可。

额尔登特电厂改造项目。该项目是蒙古国使用中国优买贷款建设的第一个热电联产项目，于2019年3月22日奠基。项目的承办方是中国湖南省工业设备安装有限公司。根据中蒙双方2018年签署的有关协议，这一项目包括向蒙方提供电厂改造的相关设备，对主要及辅助设备进行操作试验，并对操作人员进行培训等。项目建成后能够有效满足当前额尔登特市及其周边区域工业发展、居民生活和工作对电、气的需要，促进城市环境质量改善，促进额尔登特市及周边社会和经济未来更好更快地发展。

2. 中俄能源管道项目

中俄原油管道二线工程。该项目是中俄深化全面战略协作伙伴关系的典范项目，于 2016 年 8 月 13 日开工建设，全长 941.8 千米，管径 813 毫米。管道与 2011 年投产的中俄原油管道漠大线并行敷设。起点位于黑龙江省漠河县漠河输油站，途经黑龙江、内蒙古两省区，终点位于黑龙江省大庆市林源输油站。2018 年 1 月 1 日，俄罗斯原油通过该线输送原油，正式投入商业运营。每年从该通道进口的俄油量从 1500 万吨增加到 3000 万吨。

中俄"西伯利亚力量"东线天然气管道项目。该项目起自俄罗斯东西伯利亚，由布拉戈维申斯克进入中国黑龙江省黑河。中俄东线天然气管道境内外共 8000 多公里，是中国四大油气战略通道的重要组成部分。该管道在中国境内段途经黑龙江、吉林、内蒙古、辽宁、河北、天津、山东、江苏、上海等 9 个省份，全长 5111 公里，其中新建管道 3371 公里，是中国目前口径最大、压力最高的长距离天然气输送管道。2014 年 5 月 21 日，中俄两国政府签署《中俄东线天然气合作项目备忘录》，中国石油天然气集团公司与俄罗斯天然气工业股份公司签署《中俄东线供气购销合同》。双方协定从 2018 年起，通过中俄天然气管道东线向中国进行天然气供应，前 5 年的供气量为 50 亿至 300 亿立方米，第 6 年起每年合同气量为 380 亿立方米。资源主要来自俄恰扬金气田和科维克金气田，合同期累计 30 年。2019 年 12 月 2 日，在中俄两国领导人的共同见证下中俄东线天然气管道正式投产通气。

（六）口岸重点建设项目

1. 绥芬河铁路口岸

绥芬河站位于滨绥线终点，与俄罗斯符拉迪沃斯托克分局格罗迭克沃站接轨，是国家对俄贸易的重要陆路口岸，主要承担中俄国际联运和中外旅客运输任务。

货运主要涉及煤炭、铁精矿、原木等大宗货物进口和建材、化工、设备等出口，2019年进出境中欧班列113列，进出口运量突破1100万吨。

2. 满洲里铁路口岸

满洲里铁路口岸是出境中欧（俄）的重要口岸，滨洲铁路的始发站、终点站。满洲里铁路口岸于1901年开通，是中国规模最大、通过能力最高的铁路口岸，是内蒙古乃至中国对外贸易最重要货物集散地之一，占中国与周边国家边境贸易的13%，承担了中俄贸易60%的货运量，对外贸易占内蒙古对俄进出口贸易80%以上。客运方面开行北京—满洲里—莫斯科国际客运列车，货运方面已开通"津满欧""苏满欧""粤满欧""沈满欧"等"中俄欧"铁路国际货物班列，并基本实现常态化运营。2019年，经满洲里铁路口岸进出境中欧班列总出境线路35条，总进境线路18条，进出境班列突破2000列。

3. 二连浩特铁路口岸

二连浩特铁路口岸与蒙古国扎门乌德口岸相邻，是中国通往蒙古国的唯一铁路口岸。目前，经二连浩特铁路口岸进出境中欧班列线路共33条，涉及国内23个省（自治区、直辖市），国外发送地覆盖德国、俄罗斯、白俄罗斯、荷兰等欧洲国家。2019年，经二连浩特铁路口岸的出入境中欧班列突破1500列，创历史最好成绩。

4. 珲春铁路口岸

珲春口岸距俄罗斯卡梅绍娃亚铁路口岸26.7公里，2013年开始进入常态化运营阶段，年进口货物量超过300万吨，品种涉及煤炭、焦煤、铁精粉、板材等，构建了吉林省大进大出的国际物流通道。该口岸换装站改造、标准轨道建设等重大项目进展顺利。

5. 黑山头—旧粗鲁海图陆路口岸

黑山头口岸是经国务院批准设立的国家一类口岸，现有黑山头—旧粗鲁海图口岸界河大桥、综合服务楼、出入境旅客检验楼、货验楼、边检监护中队营房等设施。口岸出入境已达到100万人次的设计要求，口岸货物吞吐能力达到100万吨，已实现客货分离、旅客进出境分离的现代化管理模式。

6. 满洲里—俄罗斯后贝加尔斯克国际公路口岸

该口岸是迄今全国规模最大、通过能力最高、唯一实行24小时通关制度的国际公路口岸。2016年，满洲里公路口岸在全国沿边口岸中率先启动国际贸易"单一窗口"改革；2017年，满洲里公路口岸货运车辆管理系统上线运行，口岸监管更趋智能化发展，实现"一站式"通关。口岸年通过能力人员1200万人次，车辆120万辆次，货物600万吨。其中，国内29个省（自治区、直辖市）的蔬菜水果经由这里出口到俄罗斯，年出口量达40万吨。

7. 阿尔山—松贝尔口岸

阿尔山口岸与蒙古国东方省松贝尔口岸相邻，是联合国开发计划署重点规划的第4条亚欧陆路通道和连接东北亚地区的重要枢纽。2018年，口岸建成"单一窗口"智能卡口、口岸便民服务大厅等项目，年出入境3039人次、1178车次、进出口货物7385吨。同时，该口岸互市贸易区、口岸国际物流园区项目已被列入亚洲开发银行贷款项目库。

8. 珠恩嘎达布其—毕其格图口岸

该口岸对外可辐射蒙古国苏赫巴托、东方、肯特三省，对内可连接内蒙古中部以及东北部分地区，辐射人口20多万，是蒙古国联通出海口最便捷的通道，也是京津唐地区通往俄罗斯最便捷的陆路通道。2019年口岸货运量152.10万吨，主要以原油、褐煤、铁矿砂、钼矿粉和蒙古马进口,以及机电产品、建材、钻井设备及日用百货出口为主,其中,活畜进口是该口岸的特色。

9. 二连浩特—扎门乌德口岸

扎门乌德正在建设大型的物流中心,该项目由亚洲发展银行提供的4000万美元贷款和500万美元无偿援助,以及国家财政拨款进行建设,目前物流中心项目建设已接近尾声。该项目的建成将会大幅度提高铁路过境运输能力。与此同时,二连浩特—扎门乌德跨境经济合作区建设也正在积极推进,这些项目将对运输中部通道的未来发展产生重要意义。

10. 满都拉—杭吉口岸

满都拉口岸处于呼包鄂经济辐射圈内,是距离呼和浩特与包头市最近的陆路口岸,也是呼、包两市距乌兰巴托最近的口岸,区位优势明显。目前已建成综合业务楼、报关报检厅、海关监管库、出入境车辆查验区、"五进五出"货运专用通道等关区设施,以及游客服务中心等旅游基础设施。2019年,满都拉口岸完成货运量312.17万吨,口岸进出境货运量以煤炭、铁矿石等大宗货物批量进口为主,出口占比极低。

11. 甘其毛都—嘎顺苏海图口岸

甘其毛都口岸是距蒙古国两大矿山最近的陆路口岸,中国对蒙煤、铜贸易最大的口岸。煤炭进口连续3年突破1000万吨,占全国炼焦煤进口量的28%,占内蒙古煤炭进口量的52%;铜精粉进口连续5年突破70万吨。2019年,甘其毛都口岸完成货运量2145.96吨。

12. 策克—那林苏海图口岸

该口岸对外辐射蒙古国南戈壁、巴音洪格尔、戈壁阿尔泰、前杭盖、后杭盖五个畜产品、矿产品资源较为富集的省区。对内为蒙、陕、甘、宁、青五省区所共有的陆路口岸。2017年，策克口岸列入国家西部开发"十三五"规划"五横两纵一环"中"一环"沿边重点地区的总体空间布局，策克镇确定为百座特色小城镇中边境口岸型城镇。2019年，策克口岸进出口货物1240万吨，出入境人员34.68万人次，出入境车辆26.76万辆次。

13. 室韦—奥洛契口岸

该口岸为国家一类口岸，年通过能力为货运100万吨，客运50万人次。口岸以进口为主，过去五年进口量占总进出货运量的90%以上，2019年口岸共计进出口货物1.2万吨，同比增加361.5%。

14. 阿日哈沙特—哈毕日嘎口岸

阿日哈沙特口岸与蒙古国东方省哈毕日嘎口岸相对应，为国家一类季节性口岸，两国协定的开关时间为：每年1月6日至25日、4月1日至10月31日。阿日哈沙特口岸具备辐射蒙古国东方省、苏赫巴托省、肯特省东部三省，是中国距离蒙古国东方省首府乔巴山市最近的口岸，距离满洲里和额尔古纳100多公里。2019年阿日哈沙特口岸进出境货运量为2.50万吨，从具体贸易商品看，阿日哈沙特口岸出口以建材、农机设备为主，进口以蒙古国矿产资源为主。

15. 额布都格—巴彦呼舒口岸

额布都格口岸地处内蒙古呼伦贝尔新巴尔虎左旗，中蒙边境1423界碑处，是呼伦贝尔市8个对外开放口岸之一。2017年，经国务院批准，口岸升级为双边性常年开放公路和客货运输口岸，2019年，通过国家口岸常年开放验收实现常年开放，启动粮食指定口岸申报手续。额布都格口岸主要出口机械设备、建材、电器、日用品、蔬菜水果等，进口原油、饲草等，是呼伦贝尔市第二大过货口岸。2019年口岸全年进出境货运量为56.7万吨，较2018年增长27.4%。

16. 黑河—布拉戈维申斯克口岸

黑河口岸与俄罗斯远东第三大城市、阿穆尔州首府布拉戈维申斯克市隔黑龙江相望，为国家一类口岸，货运码头间距3500米、客运码头间距650米，是中俄边境线上距离最近、规格最高的对应口岸。

17. 绥芬河—波格拉尼奇内区口岸

绥芬河公路口岸位于301国道东端中俄边境线上，与俄罗斯滨海边疆区波格拉尼奇内区陆路接壤，是国家一类口岸，担负中俄贸易进出口中转分拨和客运任务。得天独厚的地理位置及地缘优势，使绥芬河公路口岸成为通向日本海的中、俄、日、韩陆海联运国际大通道的节点和枢纽。绥芬河口岸积极争取国家政策支持，相继获批了整车、粮食、冰鲜水产品、食用水生动物进口指定口岸、猪肉出口指定口岸和俄公民免签入境、ATA单证册等政策。同时，率先推行了中俄海关监管结果互认、大宗商品境外预检、特殊商品先放后验等措施，积极推动商品国检试验区建设，全面提升了进出口贸易的质量和效益。

18. 东宁—乌苏里斯克口岸

东宁口岸是中国距俄罗斯远东最大港口城市——符拉迪沃斯托克最近的一级陆路口岸，与俄罗斯陆路相接成网，铁路相通，又是中俄水陆联运的最佳路线，2016年开通货运通道，实施每周7天每天12小时无午休工作制。东宁口岸是国家批准的粮食、石化等内贸大宗货物集装箱跨境运输业务试点口岸、中俄唯一的金伯利进程国际证书制度指定口岸、中药材进口指定口岸，也是黑龙江省首个进境食用水生动物指定口岸及中俄海关货物监管结果互认试点口岸，形成了果菜、服装、鞋类、建材、干调、宝（玉）石、粮食、有色金属、机床、矽钢片、木材等大宗商品进出口基地。

19. 同江—列宁斯阔耶口岸

同江口岸北隔黑龙江与俄罗斯犹太自治州相望，边境线长170公里，是国家一类口岸。1986年，经国务院批准恢复为国家一类口岸，开通了水上船舶运输；1988年开通了对俄冬季冰上汽车运输；1995年开通了对俄汽车轮渡运输；1999年开通了对俄气垫船运输；2006年开通了对俄国际集装箱运输；2007年开通了对俄冬季浮箱固冰通道汽车运输，实现了全年开关。

20. 抚远—哈巴罗夫斯克口岸

抚远口岸地处黑龙江、乌苏里江交汇的三角地带，与俄罗斯远东第一大城市哈巴罗夫斯克市航道距离仅65公里，为中国最东部的口岸。自1993年抚远口岸开关以来，坚持"打优势牌，走特色路"的战略思想，走"游贸并举，以贸兴业"的富民强市之路。经过近几年的发展建设，抚远口岸的服务功能日趋完善，口岸查验部门机构齐全，港区建设初具规模。2015年10月，莽吉塔深水港港口被批准为进口粮食指定口岸；2016年11月莽吉塔港口被批准为进口冰鲜水产品指定口岸；2017年4月21日莽吉塔深水港正式获批为对外开放港口。

第二节　中蒙俄经济走廊设施联通存在的主要问题

一、设施联通基础仍较薄弱

基础设施建设需要社会经济条件与自然条件的双重支撑，但由于历史因素和地理条件的原因，三国实施战略对接的地区，尤其与中国毗邻的俄罗斯、蒙古国边境地区，虽发展前景良好，但目前仍属欠发达地区，基础设施底子普遍比较薄弱。

（一）蒙古国方面

蒙古国基础设施落后主要表现在交通、供电、通信等方面。蒙古国铁路覆盖率低，国内铁路线很不发达，运输线路少、里程短，境内仅有一条通往乌兰巴托的铁路，承担了铁路货运和客运运输需求，年货运能力不足2000万吨，由于铁路设备和技术老化，再加上蒙古国采用宽轨标准，增加了中蒙间铁路运输的成本。公路方面，蒙古国家级公路总里程为11218公里，其中仅有2395公里为柏油路面，且公路年久失修，路况较差，其他大部分地区的交通运输依靠土路，交通效率受到限制。电力方面，蒙古国虽然煤炭资源储量丰富，但国内电力基础设施建设和配套较为落后，目前仍无法实现电力自给自足。

（二）俄罗斯方面

俄罗斯东部地区基础设施建设远远落后于西部，无论是交通还是供电通信等设施均不足以满足经济走廊的建设。远东联邦区是八大联邦区中铁路网最稀疏的地区，公路、铁路网络密度稀疏，每万平方公里公路密度为6.1公里，铁路为13公里，铁路年货运能力不足6000万吨，公路货运量1.5亿吨左右，很难及时满足贸易的货运需求。虽然俄东部地区的港口城市比较多，但是港口配套设施年久失修，港口的吞吐量比较小；航空方面则存在航线少、票价高等问题。目前，远东地区的交通基础设施难以实现有效衔接陆海空运输的物流系统，既造成了该地区经济发展的孤立，也影响俄罗斯衔接欧亚的过境运输能力。

（三）中国方面

中国东北区域基础设施建设与构建开放联通网络要求相比，仍有较大差距。公路总量不足，农村公路通达深度偏低，影响城乡同步发展；高速公路尚未形成网络，干线公路技术等级和服务水平不高；沿边沿海口岸（港口）总体能力不足，结构性矛盾突出，功能相对单一，集疏运体系不完善。与此同时，从主动对接的角度出发，中国推动中蒙俄设施联通面临的一大问题在于境内相对通达畅通，境外推进速度有待提升，在以往的合作交往中，多为外方请求我方提供帮助，互惠互利的项目不多。发展对外贸易、深化中蒙俄经济合作，亟须三国补齐境内基础设施建设短板，进而建立高效一体的综合设施体系。

二、设施联通建设存在巨大资金缺口

基础设施落后是制约中蒙俄经济走廊沿线地区经济发展、人民福利提升的关键瓶颈，弥补与全球其他主要经济区之间的差距、达到正常合理水平所需投资额巨大。

（一）基础设施投资额较高

跨境通道基础设施项目多、规模大，资金需求量大，依靠中蒙俄三国政府财力，即使加上从发达国家和国际组织可获取的发展援助、优惠贷款以及亚投行、丝路基金等现有投融资框架仍不足以覆盖中蒙俄经济走廊基础设施建设的全部资金需求，实际资金投入与需求之间存在巨大缺口。

（二）对外投资主体缺位

要保证三国基础设施建设的可持续推进，投资主体应该是企业而非政府，政府资金应当起到引导作用。由于企业的投融资渠道不畅通等原因，中蒙俄基础设施建设投融资表现出以政府资本为主的特征，企业资本的积极性尚未得到充分的调动。如果不能调动企业资本，让企业在三国设施联通过程中"唱主角"，基础设施互联互通也很难呈现持续性，一些重要的基础设施项目也极有可能因政府资金有限而被迫搁浅。

（三）缺乏可持续的盈利模式

中蒙俄三国基础设施建设能否吸引企业参与，实现可持续发展，归根结底取决于企业对项目盈利能力和预期收益的预期。在过去近二十年的高速发展中，中国与其他发展中国家开展合作的主要利润来源是能源资源、工程承包等领域。特别是 2008 年金融危机以来，在西方国家需求萎缩和贸易保护主义抬头的背景下，中国企业通过与发展中国家进行产能合作、设立产业园区等，有效稳定了利润来源。实践证明，中国的优势产能与"一带一路"沿线国家和地区的优势资源相结合将成为重要的利润增长点。但产能合作和园区建设的进一步发展，离不开基础设施建设。目前三国毗邻地区落后的基础设施配套成为制约企业间相互合作、实现预期利润的突出瓶颈。

（四）基础设施建设融资仍较为困难

中国企业海外投资仍面临"融资难、融资贵"的问题。一方面，现有融资模式相对比较单一，目前大部分境外项目融资都是以主权借款和以能源、资源做抵押的借款为主。现有融资规模也比较小，中国金融机构普遍缺乏长期稳定、低成本的外汇资金来源，开展外汇贷款的意愿不是很强烈，信贷业务总体规模受限，政策性金融支持的力度相对有限。同时由于资本账户管制等政策原因，国内企业和项目较难在国际资本市场上进行融资。另一方面，中国金融市场的融资成本较高，国内银行的美元信贷利率比外资普遍高 1.5 ~ 2 个百分点，抬高了中国企业境外融资成本，政策性贷款利率也高于国外主要国家的利率水平。一些商业银行通过发放优惠信贷支持相关基础设施项目建设，但由于其审批程序烦琐，且对资金运用方向、利率和期限等都有严格限制，极大地制约了优惠贷款的适用范围。此外，蒙古国主权评级较低，国别风险较高，加上其银行规模小，国内银行给予的融资规模受限，无法支持大型项目的落地。

三、基础设施与物流相关标准不一致

目前，三国跨境运输还存在基建、物流、商贸标准（规则）等方面软环境不完善的问题，不同标准等造成国际接轨的困难，使跨境运输、物流以及商贸发展受到很大局限。以铁路为例，长期以来，中国与蒙俄之间存在不同的铁路轨距，俄罗斯和独联体国家使用的是宽轨标准为 1520 毫米，而中国使用的是符合国际通行标准的 1435 毫米。相互之间的铁路轨距不同，货物无法实现直接的跨境运输，而需要根据货物的发送方向分别在中方或俄方换装站进行换装作业，因此，在中蒙、中俄以及俄罗斯与欧洲的边境口岸国境列车接驳处需要重新装卸货物或者更换列车底盘，耗时数小时甚至数天，由此增加了换装成本及货损成本，给开展如粮食散装大宗货物运输带来了瓶颈问题。在蒙古国国内，关于究竟采用何种轨距的讨论持续多年。此外，由于三国市场发展成熟度不同，在法律制度、监管体系、技术标准方面还存在许多差异，比如在关税、进出口管理、海关通关、跨境运输、检验检疫等方面均存在标准不一致的情况，各个行业不同程度地存在技术标准的壁垒，这些差异与不统一都制约着三国今后合作的深入。

四、新冠肺炎疫情加大设施联通项目推进难度

由于新冠肺炎疫情的流行，各国关闭了边界并对其人口实行出行限制和卫生检疫，这可能持续很长时间或数年。根据国际货币基金组织的预测，2020 年全球经济将萎缩 4.9%，警告世界各地将发生史无前例的危机。世界经济要恢复昔日的辉煌将需要很多年。随着新冠肺炎疫情扩散蔓延，三国出台更加严格的出入境管制措施，中蒙俄设施联通在人员、物资等方面流动往来受限，物流运输通道遭到冲击。为了控制新冠肺炎疫情，沿线地区在一定程度上收缩了经济活动，延缓投资项目建设进度，直接影响基础设施项目推进。同时，受新冠肺炎疫情影响，隔离和管控措施使工程原材料成本和项目劳务人员成本提高，基础设施项目

的工期和实施成本受到较大影响。同时，由于世界各国正在为应对经济危机而在支持国民经济发展进行大量投资，导致外国市场资本减少，将进一步加大贷款来源压力。

第三节 其他经济走廊设施联通的做法与启示

一、主要做法

（一）新亚欧大陆桥经济走廊

近年来，新亚欧大陆桥经济走廊区域合作日益深入，将开放包容、互利共赢的伙伴关系提升到新的水平，有力推动了亚欧两大洲经济贸易交流。《中国—中东欧国家合作布达佩斯纲要》和《中国—中东欧国家合作索菲亚纲要》对外发布，中欧互联互通平台和欧洲投资计划框架下的务实合作有序推进。

1. 大力推进铁路联通

作为"一带一路"六大经济走廊之一，新亚欧大陆桥经济走廊历史最久，其中陆上铁路货运——中欧班列已打造出了品牌。2016年，中国铁路正式启用中欧班列统一品牌。中欧班列作为连接亚洲和欧洲的铁路运输大通道，在"一带一路"建设中作用凸显。"长安号""渝新欧""蓉新欧""郑新欧"等构成了中欧班列大品牌。2019年中欧班列的一个显著变化是，从"比开行数量"，发展到"比开行质量"。2019全年开行中欧班列8225列、同比增长29%，发送72.5万标箱、同比增长34%，综合重箱率达到94%。自2011年开始运行以来，中欧班列累计开行达到21225列，国内开行城市达62个，境外到达16个国家的53个城市。"长安号""渝新欧"等班列毫无疑问是中欧班列中的主力军。其中，中欧班列"长安号"已经成为全国开行班列中线路最全、覆盖最广、效率最高、速度最快的国际货运班列，在中欧班列这个品牌中占据极其重要的地位。几年来，中欧班列"长安号"从最初只有 1 条线路增加到现在的 15 条线路，从平均每周 1 列发展到现在的每天开行 7 至 8 列，途经 45 个国家和地区，辐射范围基本实现了欧亚区域全覆盖。2019 年中欧班列"长安号"开行 2133 列，运送货物总重达 180.2 万吨，分别是 2018 年的 1.7 倍和 1.5 倍，开行量、重箱率、货运量等核心指标均居全国前列。"渝新欧"中欧班列 2020 年开行已突破 1000 班，同比增长 12%，其中，5 月、6 月单月开行超过 200 班；2020 年 1 月至 6 月，去回程总货值近 370 亿元人民币，同比增长 47%。在货源种类方面，"渝新欧"主要以笔记本电脑、汽摩配件、日用品为主。与 2019 年同期相比，"渝新欧"中欧班列去回程货源结构更加优化，货源种类更加丰富，高附加值货源增多。

2. 延伸拓展海路联运

2008 年 3 月《中欧海运协定》生效，这是中欧海运合作的里程碑式事件。作为中国与欧盟层面签署的第一个海运协定，协定有利于改善海上货运条件，促进门对门服务，加强与国际海事组织、国际劳工组织和世界贸易组织的海运国际合作。在 2019 年的中欧贸易中，海运完成的货量为 1.17 亿吨、货值 3897 亿欧元，较 2018 年《中欧海运协定》生效时分别增长 40.2% 和 93.5%。海运货值通常占中欧贸易额的 60%，相比较而言，海运完成的货量占比更高，长期保持在 90% 以上。

3. 积极推动欧卡快运

欧卡快运是指通过欧洲卡车服务，实现从中国内陆地区到欧洲各国的集装箱货物往返运输。卡车运输的优势在于，通过口岸换装，同时办理运输单证，实现实时跟踪，而且路线可以灵活设定，制定最佳方案，实现"门到门"的运送服务。

与传统意义上的中国货车的区别在于,境外车辆和驾驶员可以直接进入中国境内,甚至可以到内地的厂家和仓库装货,然后出境。以上服务的名称在国际上统称为"国际公路运输"(TIR 运输)。中国于 2016 年 7 月 5 日正式加入联合国《国际公路运输公约》(TIR 公约),该公约于 2017 年 1 月 5 日在中国正式生效,至此,中国成为该公约第 70 个缔约国。2017 年 5 月,国际公路运输联盟(IRU)与中国海关总署签署《关于促进国际物流大通道及实施 TIR 公约的战略合作安排》。2018 年 1 月 26 日,由新疆维吾尔自治区霍尔果斯口岸启运的"中欧卡车特快专线"抵达波兰,标志着中国至欧洲全程使用 TIR 公约的卡车运输物流通道正式打通。从落地实施的效果来看,正式实施 TIR 公约以来,已在中国与"丝绸之路经济带"沿线国家和地区间逐步建立起高效的跨境公路运输网络,7000 公里以上跨境公路货运时效缩短至两周左右。

4. 优化航空联通网络

中欧之间航空客货运往来十分密切,中国是欧盟第二大航空货运市场、第十大航空客运市场。2019 年,经营中国与欧盟国家航线的中欧航空公司超过 30 家,提供 84 个城市航班对飞服务,包括每周 475 个客运航班和超过 110 个货运航班。在中欧贸易中,空运以其运输货物附加价值高而占据独特地位。2019 年,中欧航空货运贸易额达到 1731.1 亿欧元,占中欧货物贸易额的 26.9%,是仅次于海运的中欧贸易主要运输方式。可见,"一带一路"的航空网包含着的新亚欧大陆桥经济走廊辐射的沿线国家和地区,将亚欧大陆也紧密地联系起来,是亚欧大陆实现设施联通的不可或缺的一环。

5. 大力推动信息网络联通

随着"一带一路"建设不断推进,各国对于经济信息的需求越来越旺盛,迫切需要建立国际间的经济信息交流合作机制。5G 是增强"一带一路"国家尤其是新亚欧大陆桥经济走廊沿线国家和地区之间信息网络互联互通的一个鲜活案例。

5G 将有潜力开启互联互通的新纪元，车辆、工业自动化以及 AR、VR 技术等都将跟无线网络技术结合发展，从而迸发新的活力。目前，华为在全球范围内已获得 91 个 5G 商用合同，其中超过一半来自欧洲。欧盟认为，5G 是未来促进经济增长和提升国际竞争力的关键，华为是全球 5G 技术的领先供应商，产品性价比高，加强同华为合作有利于欧洲自身长远发展。

（二）中国—中南半岛经济走廊

近年来，该走廊在基础设施互联互通、跨境经济合作区建设等方面取得积极进展。昆（明）曼（谷）公路全线贯通，中老铁路、中泰铁路等项目稳步推进。中老经济走廊合作建设有序推进，泰国"东部经济走廊"与"一带一路"倡议加快对接，中国东盟合作机制、大湄公河次区域经济合作积极作用越发明显。

1. 全方位推进陆海空交通设施建设

交通与通道建设是一个地区经济发展的必要条件，能够为发展提供持久助力，这种"硬联通"是进一步追求"软联通"的基础。目前，中国—中南半岛经济走廊在交通设施联通上已经取得显著进展，铁路、公路、航运等项目均在稳步推进，中国—中南半岛主要城市之间已经形成比较完善的航空航线网络和运输体系。

一是铁路联通建设。中国在高铁方面建设经验丰富，成效显著，高铁已经成为中国基础设施建设的一张名片。对于"一带一路"建设而言，高铁不仅会缩短中国与"一带一路"沿线国家和地区之间的距离，从长远来说，还可以产生"辐射效应"，带动钢铁、通信、区域旅游等产业发展。铁路联通成为中国—中南半岛经济走廊设施联通的重要方面，几个重要高铁项目进展迅速。雅万高铁项目由中国、印尼两国领导人亲自确认和直接推动，是中国、印尼两国发展战略对接和共建"一带一路"的旗舰项目。2019 年 3 月，项目 1 号隧道盾构机安装调试完成；5 月，全线首条隧道瓦利尼隧道成功贯通。2020 年 4 月，3 号隧道顺利贯通，这是该项目继瓦利尼隧道、5号隧道之后贯通的第三条隧道，为项目建设迈出了关键一步。中老铁路同样是经济走廊建设的主要基础设施项目，由中国、老挝两国领导人亲自推动。2020年6月，中老铁路和平隧道贯通。至此，全线93座隧道已贯通69座，贯通隧道数超过七成，为全线按期完成铺轨、四电和站房建设，为2021年底全线开通运营奠定了基础。中泰铁路合作项目一期工程进展顺利，这是泰国第一条标准轨高速铁路，将使用中国技术建造，连接中老泰三国，加快推进中泰铁路建设成为两国政府的共识。中缅铁路重要组成部分大理至临沧铁路站后工程也已进入全面施工阶段。越南河内轻轨是中铁六局集团有限公司总承包建设的越南首条城市轻轨，已于2018年9月开始试运行，对于缓解河内市区交通压力、促进区域经济发展具有重要意义。

二是公路联通建设。广西、云南建成多条对接中南半岛的公路。昆明通往越南、老挝、缅甸等周边国家的高速公路省内段已建成。2017年9月，昆(明)曼(谷)公路重要组成部分小磨高速公路正式通车试运营，昆曼公路中国境内段全程实现高速化，昆曼铁路全线贯通。昆明经磨憨到曼谷、经河口到河内、经瑞丽到皎漂、经清水河到皎漂的公路通道全面建成。同年9月，中越北仑河二桥正式建成，有力促进了越南广宁省和中国广西壮族自治区经贸的发展，在高速公路网的互联互通、芒街口岸经济连接东兴国家重点开发开放试验区等方面做出巨大贡献。中企投资建设的金边至西哈努克港高速公路项目将成为促进柬埔寨经济转型的动力。

三是航运联通建设。中国与中南半岛国家签署了双边政府间航空运输协定，与柬埔寨、马来西亚等国家扩大了航权安排；2017年10月中柬合资的澜湄航空（柬埔寨）股份有限公司正式通航；2018年2月暹粒至石家庄首条中国大陆航线正式开通，该航线的开通有助于促进柬埔寨"四角发展战略"与"一带一路"倡议融合对接；2019年1月由中国建筑集团有限公司承建的泰国素万那普机场扩建项目卫星厅新候机楼主体结构封顶。

2. 多项并举推进电力与油气能源设施建设

能源设施建设能够充分利用中国—中南半岛经济走廊沿线国家和地区丰富的自然资源，如马来盆地、泰国盆地油气区、越北断块—长山有色金属成矿带、红远—上传龙铝土矿产带等。中国发挥自身在该领域的经验与优势，弥补老挝、缅甸和柬埔寨等国家技术不成熟的劣势，能源基础设施联通合作取得显著成效。

在电力设施方面，中南半岛国家拥有丰富的水力资源，但老挝、柬埔寨、缅甸等国一直存在电力缺乏的问题，中国水力发电技术相对成熟，中国与中南半岛国家在水电设施的合作最为突出。中国葛洲坝集团股份有限公司同老挝政府先后签署了多个水电开发项目协议，包括2016年签署的色拉龙2号水电站项目、2017年签署的南空3号水电站项目。此外，老挝南塔河1号水电站是中国南方电网公司在"一带一路"框架下的第一个境外水电项目，由南方电网公司与老挝国家电力公司共同投资建设，已于2019年6月正式进入商业运营。2020年1月，葛洲坝集团中标缅甸昔卜水电站项目。除水电设施外，太阳能光伏发电项目是该走廊建设新的合作增长点。2020年3月，中国能建华北院签订老挝光伏总承包项目，该项目为越南与老挝所建的由老挝向越南输电的光伏电站项目。以上述项目为代表的诸多水电与光伏发电项目深度对接该走廊沿线国家和地区的发展战略需求，体现了中国持续参与域内能源基础设施领域建设与投资的诚意。

在油气管道方面，2017年4月中缅两国正式签署《中缅原油管道运输协议》，历经数年建设和筹备的中缅原油管道工程正式投运，同年6月全线投产，原油入境后在云南石化加工，供应范围涵盖云南、四川、重庆、贵州等地。截至2020年1月1日，累计向国内输送原油2694万吨。此外，中缅天然气管道一期工程自投产以来，截至2020年1月1日，累计向国内输送天然气246亿立方米。中缅油气管道的建设对推动两国相关地区经济发展、促进两国经贸关系发挥了积极作用。

在新能源方面，中国天合光能有限公司投资越南国内最大的太阳能电池制造项目，2017年1月正式投产，单体设计1000兆瓦总产能。2016年8月中国建材工程与GEP公司签署了缅甸Minbu 220兆瓦地面光伏电站项目总承包（EPC）合同。该项目是缅甸首个光伏电站项目，也是东南亚单体规模最大的地面光伏电站。2020年4月，中国能建葛洲坝国际公司签约泰国90兆瓦光热光伏项目，实现了在泰国市场的新突破。

3. 加快产业园区建设和发展

海外产业园区或工业园区具有承载投资母国与东道主国家经济空间拓展和治理结构拓展的作用，随着"一带一路"倡议的发展，这些作用进一步显现。中国企业在中南半岛国家投资建设的产业园区成效显著。中国各类企业遵循市场化、法治化原则，自主赴经济走廊沿线国家和地区共建合作园区，推动这些国家借鉴中国改革开放以来通过各类开发区、工业园区实现经济增长的经验和做法，促进当地经济发展，为沿线国家和地区创造了新的税收源和就业渠道。

首先，园区数量十分可观。工业园区是中国对外合作中一种比较成功、高效的模式，也受到多国欢迎，可以为当地创造就业岗位，增加税收，促进园区与东道国、入园企业三方的合作共赢。通过中国商务部投资促进事务局发布的"一带一路"沿线园区名录可以看出，东南亚地区尤其是中南半岛是中国境外园区分布最密集的地区。目前，在公布的80个园区中，有26个位于东南亚，15个位于中国—中南半岛经济走廊沿线国家和地区。工业园区也受到当地政府欢迎。例如，柬埔寨副首相贺南洪2017年表示，西哈努克港经济特区对柬埔寨的经济和工业发展发挥了重要作用。许多中国企业已经进驻特区，近2万名柬埔寨工人在特区工作。

其次，园区类型全面多样。园区合作领域不仅涵盖农业、能源、纺织等制造业等传统优势领域，也在服务业、新型制造业和高新技术产业方面有所突破。例如，泰中罗勇工业园定位为中国传统优势产业在泰国的产业集群中心与制造出口基地，最终成为集制造、会展、物流和商业生活区于一体的现代化综合园区。中国—东盟北斗科技城致力于智慧城市建设,全面运用北斗技术做城市顶层设计,并建设智慧交通、智慧医疗、智慧教育、智慧旅游等。

最后,园区发展水平高,速度快。在通过商务部、财政部确认考核的国家级境外经贸合作区中,柬埔寨西哈努克港经济特区、老挝万象赛色塔综合开发区、越南龙江工业园、泰国泰中罗勇工业园均位列其中。2019年,西哈努克港经济特区进出口总额达12.4亿美元,比2018年增长56.96%。进出口规模大幅提升,从一个侧面反映了其对西哈努克省经济贡献度的增长,其全省经济发展"引擎"的地位进一步凸显。2020年西哈努克港经济特区的进出口额有望突破20亿美元,至少可再提供5000个就业岗位。

4.逐步完善信息网络联通

加快信息通信发展、提高信息化水平是中国—中南半岛经济走廊沿线和地区国家的共同愿望,加强域内各国在信息通信领域的合作,符合各方共同利益,可有力推动实现信息网络的互联互通。中国—东盟信息港的建设是信息网络设施联通的代表性成果。中国—东盟信息港由中国与东盟共同建设,以互联网为依托,以深化网络互联、信息互通、合作互利为基本内容,共建"信息丝绸之路"。在2016年中国—中南半岛经济走廊发展论坛上,中国—东盟(钦州)华为云计算及大数据中心项目签约。在平台方面,截至2020年6月,已建成3条国际通信海缆,12条国际陆地光缆和13个重要通信节点。技术合作方面,广西已与泰国、老挝等9个东盟国家建立了双边技术转移工作机制,与东盟2000多家企业建立了跨国技术转移协作网络。

(三)中巴经济走廊

以能源、交通基础设施、产业园区合作、瓜达尔港为重点的合作布局已经明确。中国与巴基斯坦组建了中巴经济走廊联合合作委员会。走廊建设框架下,瓜达尔港建设顺利推进,白沙瓦至卡拉奇高速公路竣工并通车,喀喇昆仑公路二期正式全线通车。中巴经济走廊正在开启第三方合作，更多国家已经或有意愿参与其中。

1. 推进喀喇昆仑公路与铁路运输建设

巴基斯坦境内的交通运输网络重建工作，在巴基斯坦境内主要由巴基斯坦国家公路管理局（NHA）负责，涉及中巴经济走廊的部分也由该部门与中方对接共同规划和发展。目前，巴基斯坦的陆路运输网络设计由39条国道、高速公路、快速路和战略公路共同组成。巴基斯坦全境约3/5的地貌是山地和丘陵，喜马拉雅山、喀喇昆仑山和兴都库什山三大山脉汇聚在巴基斯坦西北部地区。受地形地貌和缺乏资金投入的限制，在中巴经济走廊项目实施之前，巴基斯坦境内交通运输网络密度低、设施陈旧落后，不仅制约产业发展，而且对于自然资源开采、运输，人员流动都极为不利。中巴经济走廊前期规划了两个重点公路项目，分别是喀喇昆仑公路和国家高速公路M4工程绍尔果德至哈内瓦尔段项目。巴基斯坦境内的铁路建设在中巴经济走廊修建之前停滞不前，虽已初具规模，形成简单的铁路运输网络，但运送能力低下，规范标准落后。中国对喀喇昆仑公路修建的援助起于20世纪60年代，这是一条凝聚和彰显中巴友谊的公路。时隔三十余年，由于受当时建筑条件的限制和地震、山体滑坡、塌方等地质灾害侵蚀的原因，在中巴经济走廊建设之前，巴方对喀喇昆仑公路的维护十分有限，已不能满足正常交通运输和未来经济发展的需要。国家高速公路M4工程，是亚投行在巴基斯坦投资的首个公路项目，也是亚投行在巴基斯坦的首个投资项目。绍尔果德至哈内瓦尔段项目，二期工程（苟吉拉到绍尔果德段）由中铁一局等中方单位承建，已于2015年11月16日在巴基斯坦旁遮普省动工。中国交建旗下中国路桥工程有限责任公司建设者将用42个月的时间，在哈维连至塔科特间新建全长120公里、双向四车道（部分两车道）的高速公路及二级公路。喀喇昆仑公路是中国和巴基斯坦目前唯一的陆路交通通道。项目二期在对原有公路提升改造的基础上，将喀喇昆仑公路延伸至巴基斯坦腹地。同时，项目二期处于中巴经济走廊陆路通道的核心路段，是巴基斯坦公路网南北主要骨架的重要组成部分。交通基础设施的完善将极大推动中巴双方在人员以及贸易上的交流，并为双方下一步利用好瓜达尔这一深水良港提供交通支持。

2. 相继开工及运营能源项目

电力严重匮乏不仅是造成巴基斯坦经济发展落后的原因，而且也是巴基斯坦人民的生活水平落后于其他发展中国家的重要原因。能源基础设施项目建设被列为中巴经济走廊构建项目的重中之重，全力建设中巴经济走廊必须优先解决能源设施落后的问题。为解决巴基斯坦用电的问题，中国多个企业与巴基斯坦进行合作，包括水电、核电以及风能发电等项目的进展解决了巴基斯坦的燃眉之急。巴基斯坦以往的电力供应主要来源自国内以燃烧重油为主的火电站，而且火电站规模较小，发电能力差，仅仅能够提供1000多万瓦的电量，同时又给巴基斯坦带来了严重的空气污染。萨希瓦尔燃煤电站的建立可以充分利用巴基斯坦境内丰富的煤炭资源，结合中国先进的开采技术和煤炭发电技术，完成造福巴基斯坦人民的福利工程。中国将自身在基础设施建设、设备制造、服务体系、运营管理等方面的优势与巴基斯坦劳动力、资源、能源、市场等优势相结合，塑造了中巴能源合作的新的切入点。

3. 积极推进数字基建

2018年7月13日，中国和巴基斯坦首条陆上跨境光缆项目在伊斯兰堡举行开通仪式。该光缆北接中国新疆，从中巴边境的红其拉甫口岸进入巴基斯坦。再经吉尔吉特－巴尔蒂斯坦地区到达曼塞拉，经过穆扎法拉巴德，最终南接伊斯兰堡和拉瓦尔品第，与巴基斯坦现有光纤网络形成会合。中巴光缆高效连接了两国的资金流和信息流，在供应链中形成高效协作，进而推动商品和服务的跨境流通。这种数字基础设施建设可促进区域间经济合作，使中巴间信息技术集成服务得以实现。相应催生出的服务，如电子商务和电子政务，都可以支持工业园区、公路、铁路、机场和港口等硬性基础设施的建设和管理。同时，数字联通也为促进中巴两国的民心相通提供了前所未有的机会。巴基斯坦应用中国的地面数字多媒体广播（DTMB）技术，就是两国社会文化交融的重要体现。DTMB标准的落地，意味着巴基斯坦高清数字电视时代的到来，这不仅为当地媒体行业提供了创收的机会，还推动了中巴两国文化交流类电视节目以更高的分辨率播出。中巴光缆对于两国的贸易畅通也至关重要。所有通过红其拉甫口岸的货物都需要在苏斯特旱港清关。然而该港所在的吉尔吉特-巴尔蒂斯坦地区数字基建并不完善，极大地影响了中巴在红其拉甫口岸的跨境贸易效率。在苏斯特旱港，中巴光缆项目引入了线上一站式清关系统，该系统可以大大减少烦琐手续造成的货物遗漏和延误，整体提高中巴边境的贸易效率。此外，从瓜达尔港向外延伸的海底电缆将连接亚洲、非洲和阿拉伯国家；并且"太空丝路"也将为"一带一路"沿线国家和地区提供卫星导航支持。2017年，巴基斯坦首个北斗卫星基站已投入运营。截至目前，北斗已覆盖30多个"一带一路"沿线国家和地区。未来，北斗卫星和陆上及海底电缆将形成一个海、陆、空联动的巨型多维数字系统。对于巴基斯坦而言，"一带一路"数字基建可以弥合其与西方国家的数字鸿沟，实现技术互联互通的同时，也为技术生态的繁荣和发展提供更大的机会。

（四）孟中印缅经济走廊

近年来，孟中印缅四方在联合工作组框架下共同推进走廊建设，在机制和制度建设、基础设施互联互通、贸易和产业园区合作等方面规划研究了一批重点项目。中缅两国共同成立了中缅经济走廊联合委员会，签署了关于共建中缅经济走廊的谅解备忘录、木姐—曼德勒铁路项目可行性研究文件和皎漂经济特区深水港项目建设框架协议等一系列基础设施项目。

1. 优先推进航空联通

通航是孟中印缅经济走廊最先启动的领域。早在1956年中国民用航空局就与缅甸联邦航空公司开通了昆明—曼德勒—仰光的国际航线，这是中国也是云南最早的国际航线。2002年4月，云南航空公司开通了昆明—曼德勒航线，成为曼德勒机场开通的首条国际航线；2000年首架商务直航包机从昆明飞赴印度首都新德里，2002年北京—新德里、上海—新德里航线开通；2005年5月，中国东方航空开通了北京—昆明—达卡国际航线。至此，中国与孟加拉国、印度、缅甸三国已全部实现航空联通。之后，中国的北京、上海、广州、昆明、成都等城市又陆续开通了多条通往孟加拉国达卡，缅甸仰光、曼德勒以及印度新德里、孟买、加尔各答、班加罗尔等城市的直达航线。在孟、印、缅三国间，也都开通了首都和重要地区城市间的航线连接，如达卡—仰光、达卡—新德里和达卡—加尔各答等。航空的联通缩短了各国间的航行距离，节约了时间和成本，促进了各国间的人员往来与交流，也带动了当地的经济发展。

2. 大力推进中缅孟公路交通大通道建设

2013年3月，孟中印缅四国汽车集结赛成功举办，标志着孟中印缅地区首次实现陆上交通贯通，也说明了打造贯通孟中印缅的国际大通道的可行性。联通孟中印缅四国的最佳陆上通道有南、中、北三线：南线是从昆明到曼德勒，再到密铁拉和马圭，最后到达吉大港；北线是从昆明到大理、瑞丽后进入缅甸，从密支那经雷多进入印度；中线是由昆明经过曼德勒和德木到达印度。虽然当前孟中印缅经济走廊并没有形成一条畅通无阻的高水平陆上通道，但孟中印缅四国在双边公路联通建设方面已经取得了一定的成效。2005年云南实现全省各个地州均有高等级公路与昆明直接相连，其中昆明—瑞丽公路是连接孟中印缅地区公路的主干道，也是中缅陆水联运通道的重要路段。目前昆明—保山—龙陵段已贯通，联结保山腾冲—猴桥—缅甸密支那的公路已建成通车。昆明至瑞丽公路，可辐射至陇川（章凤）、盈江、片马等口岸，还可直接与缅甸公路对接连通印度或孟加拉国。

印缅、孟缅也加快了交通连接的建设。印缅方面，2001年印度援缅建了一条连接印缅的160公里的高等级公路。2002年4月，印度、缅甸、泰国三国外长又商定修建一条从印度莫雷经缅甸蒲甘至泰国湄索的公路。2012年12月，印度、缅甸、泰国、越南、柬埔寨和老挝共同发表声明，指出将共同协助完成印缅泰国际高速公路的建设，一期工程完成后，印度将与东盟合作扩展"印缅泰国际高速公路"至柬埔寨及越南。孟缅方面，2004年4月孟加拉国与缅甸正式签署公路计划建设协议，同时还在距孟加拉国东部城镇科克斯巴扎15公里的拉穆举行了开工仪式。这条"孟缅友谊公路"全长133公里，其中孟加拉国境内13公里，缅甸境内97公里，孟方已向缅方提供1000万美元建设资金。一旦该路修通，将大大改善孟加拉国与缅甸、中国的交通联系。由于中孟两国陆地不接壤，中孟两国尚无任何陆路交通基础设施联通，但孟加拉国对孟中印缅经济走廊的建设响应积极。中孟两国已经达成共识，将在公路、铁路联通方面共同努力，规划形成一条从中国云南经缅甸通向孟加拉国吉大港的横贯东南亚和南亚的国际交通廊道。2018年6月，时任孟加拉国外长的阿里访华时表示将与中国推动务实合作，加快推进中缅孟交通大通道建设。

3. 积极推进铁路联通

虽然"泛亚铁路"承担着孟中印缅四国主要铁路的运输连接作用，但由于缅、印国内民众的反对呼声以及政府的摇摆态度，孟中印缅四国铁路建设始终难以连接成网络。孟中印缅出境铁路通道主要有两条：即成渝—贵阳—昆明—大理—瑞丽—曼德勒—马圭—皎漂港—吉大港—加尔各答铁路和成渝—贵阳—昆明—保山—腾冲—密支那—印度阿萨姆邦的铁路。虽然境外段进展缓慢，但中国境内段铁路建设成效显著，成都至昆明、重庆至昆明的高铁已经建成通车；昆明至大理开行动车，运行时间缩短到两个小时；大理到瑞丽段铁路正在加紧推进，预计2022年12月通车。

4. 畅通孟中印缅间的陆水联运

经中国昆明—保山—瑞丽—缅甸八莫港的陆路运输，再经伊洛瓦底江走水路运输到仰光港，进入印度洋，其延长线从仰光港转口到孟加拉国吉大港、印度加尔各答港，形成连接孟中印缅四国的国际陆水联运系统。中国云南提出将优先援助缅甸八莫国际内陆港建设，在公路、港口等建设管理运营方面，探索组建中缅陆水联运联合公司，形成利益共同体。中国也在援建孟加拉国吉大港的深水港口以及通过缅甸连接中国的铁路、公路等建设工程。缅印两国共同开发的加拉丹河及边境跨境公路的水陆联运项目也已经在 2014 年完成。此外，缅孟之间皎漂港（实兑港）—吉大港、孟印之间吉大港—加尔各答港、中孟间吉大港至中国东南沿海各港口的海上交通联通顺畅。

优化油气管道联通网络。孟中印缅经济走廊途经地区油气资源丰富，四国积极合作开发，实现资源优势互补。2009 年 12 月，中缅两国政府签订了中缅石油管道和天然气管道合作协议。2010 年 6 月和 9 月中缅油气管道境外和境内段分别正式开工建设。2013 年 7 月中缅天然气管道工程进气投产。2015 年 1 月中缅原油管道及马德岛原油码头试投产。2017 年 4 月《中缅原油管道运输协议》正式签订，中缅石油管道投入运营。2017 年 2 月印度石油部长访缅，印缅两国讨论了石油和天然气在开发开采、冶炼和运输方面的合作。2017 年 10 月，中国政府与孟加拉国资源部签订协议，由中国银行提供贷款，帮助其修建一条约为 220 千米的石油管道，用于卸载进口油品。石油、天然气等资源的合作开发和利用将加强四国之间的经济联系，实现资源优化配置，促进区域经济发展。

积极推进电网联通合作。中国在电力基础设施建设方面有着先进的技术经验，一直以来，中国都在积极推进与孟印缅三国在跨境电网等方面的合作。在中孟合作方面，2016 年 10 月，中国新疆特变电工股份有限公司与孟加拉国达卡配电公司签署了超 111 亿元人民币的首都达卡地区智能电网和升级项目，所签署的输变电项目包括几十座变电站的新建和升级改造工作，是孟加拉国首都达卡地区最重大的电网系统扩容和升级改造项目。2020 年 3 月，亚洲基础设施投资银行批准了 2 亿美元贷款用于孟加拉国首都达卡及该国西部地区电网扩建项目，到 2025 年，达卡和西部地区电网扩建项目完成之后，年度断电次数有望从 60 次降到 15 次，输电损耗将从 2.76% 减少至 2.50%，并增加 7440 兆伏安的输电能力。在中缅合作方面，2008 年 12 月，220 千伏中国云南瑞丽至缅甸瑞丽江一级水电站线路投运，开启缅甸电力回送。2010 年，缅甸太平江一级水电站建成投产，中国南方电网云南国际公司通过 500 千伏缅甸太平江到云南大盈江四级线路从缅购电，实现境外清洁能源开发及回送云南，迈出了能源国际枢纽和电力交换中心的第一步。2020 年 1 月，在中缅两国领导人共同见证下，中国南方电网公司代表中缅联网项目中方工作组，与缅甸电力与能源部交换了《关于开展中缅联网项目可行性研究的备忘录》合作文件，明确由中方工作组负责开展项目的可行性研究。目前，中缅联网项目中国段已完成线路踏勘及收资工作。

（五）中国—中亚—西亚经济走廊

近年来，该走廊在设施互联互通领域合作不断加深，中国与哈萨克斯坦、乌兹别克斯坦、土耳其等国的双边国际道路运输协定，以及中巴哈吉、中哈俄、中吉乌等多边国际道路运输协议或协定相继签署，中亚、西亚地区基础设施建设不断完善。

1. 推进能源基础设施互联互通

能源合作是目前"中国—中亚—西亚经济走廊"建设的核心，且中国与中亚、西亚国家在能源领域具有强互补性，能源基础设施网络的联通将使能源的流通进一步加强。"中国—中亚—西亚经济走廊"沿线中亚、西亚国家具有丰富的能源储备，而中国具有成熟的工业制造技术以及广阔并且正在不断扩大的需求市场，加强中国、中亚与西亚之间的能源联通，着力构建区域能源合作共同体，有助于将中亚、西亚的能源富集优势与中国的能源需求市场结合起来，合作共赢，共同发展。中国与中亚国家之间不断推进输油、输气管道的建设。截至目前，中国—中亚天然气管道共包括 A、B、C、D 四条，年输气总能力达到 850 亿立方米，较之以往大有提升。其中 D 线工程是自"一带一路"倡议构想提出之后中国和中亚地区通力合作、计划实施的第一个重大战略投资项目，同时也是中国同中亚国家加强能源合作的重大工程。中国和中亚国家之间在能源设施联通方面所做的努力不仅有效保障了中国的能源安全，而且对于推动中亚国家的能源出口、发展相关产业、带动经济增长大有裨益。中国与中亚国家在电力能源方面的合作也在日益加深，双方开展跨境电力通道建设，为中亚国家的电力网络改造升级以及"中国—中亚—西亚经济走廊"建设添砖加瓦。杜尚别2号热电厂是中国和塔吉克斯坦两国为电力网络联通合作的重大项目，一期和二期工程已分别于2014年和2016年竣工。中国部分电力公司还积极参与中亚国家的电网建设，新疆特变电工股份有限公司曾参与吉尔吉斯斯坦输电线路建设、塔吉克斯坦国家电网改造升级项目，为中亚国家的电力畅通贡献中国力量。哈尔滨电气国际工程有限公司于2016年8月承建中乌两国的重大电力设施合作项目——安格连1×150兆瓦燃煤火电厂，现已成功并网发电。

2. 推进交通基础设施互联互通

中国与中亚诸多国家接壤，边界线长达3000多公里，这为中国与中亚国家之间围绕交通基础设施开展合作提供了巨大空间。自"中国—中亚—西亚经济走廊"建设启动以来，中国与中亚国家积极沟通，致力于实现交通基础设施之间的互联互通。2013年以来，中国和塔吉克斯坦之间的公路项目加快推进。2014年5月19日，中国和哈萨克斯坦国际物流基地在中国江苏连云港正式投入使用，这为中亚国家过境运输、仓储物流、参与国际贸易提供了重要平台。2014年9月，中国、哈萨克斯坦、俄罗斯、塔吉克斯坦、乌兹别克斯坦、吉尔吉斯斯坦六国代表共同签署了《上海合作组织成员国政府间国际道路运输便利化协定》。该协定签署后，上合组织六国将逐步形成国际道路运输网络，对中国同中亚国家之间实现交通基础设施互联互通产生积极影响，对"中国—中亚—西亚经济走廊"建设具有重要的推动作用。此外，中国同中亚国家还通过诸如"渝新欧""汉新欧""义新欧"等国际货运班列密切了交通联系。中国与西亚国家之间的交通也通过诸多铁路计划以及相关协议实现了互联互通。2013 年 11 月 11 日，伊朗与中国、俄罗斯达成合作协议，计划共同开发铁路运输线路，用来密切同中国、中亚、西亚之间的交通联系。在民航互联互通方面，中国与中亚、西亚多国开通了直线航班，基本实现了国际航线的全面覆盖。

3. 推进通信基础设施互联互通

中国加快同中亚、西亚国家之间通信网络设施建设，中国华为公司与哈萨克斯坦电信公司合作建设覆盖哈萨克斯坦全境的 4G 通信网络工程，为当地居民上网以及两国网络共享带来诸多好处。此外，中国与中亚、西亚国家之间的跨境光缆项目也在加速推进，跨境信息通道逐步完善，联通中国、中亚、西亚的"信息走廊"渐露雏形。

二、经验启示

（一）铁路联通经验启示

以"营满欧"为例，"营满欧"完全按照市场化运营，无政府补贴且实现盈利，在运作模式、货源招揽、物流对接、物流功能拓展等方面值得借鉴。

一是政府支持，企业运作。营口市全力支持班列开通，作为打造"东北亚物流之都"的重要抓手，将与"营满欧"沿线搭建对话渠道和协商平台，与韩俄欧建立全方位、宽领域城市联盟和企业联盟，整合辽宁红运、沈铁、哈铁、中海集运等公路、铁路、海运运输资源，成立由民企与国企组建的"营满欧"经营主体，推动市场化运作。营口港借助中俄博览会等平台积极推介"营满欧"，打造中俄欧物流大通道。

二是加强与中铁总、俄铁的合作。积极争取中铁总的支持，营口港被纳入中铁总推行的中欧班列线路，享受中欧班列最低"一口价"优惠政策，从营口港发至满洲里仅需 24 小时，口岸转关 4 小时，运行较快。深化与俄铁合作，在中俄两国元首见证下,营口港与俄铁签署备忘录,共同打造从东南沿海、东北亚、东盟经营口港至满洲里、后贝加尔口岸去往俄欧的大通道,协商采取少收场站费、代理费及压缩境外运费直接惠于出口企业。

三是建立全方位货源基地。向东巩固和发展日韩货源,向西在俄罗斯和欧洲发展,向南在苏浙粤闽乃至东盟国家建立货源基地。去程货物构成上,江浙粤区域货物占50%以上,韩国货物占1/3,主要是三星、LG电子产品;回程货物上,积极开发汽车零部件货源,运输沈阳华晨宝马、长春一汽大众汽车配件,向西在俄罗斯和欧洲建立货源基地,与物流商合作储备货源。

四是强化"营满欧"与现有物流体系的对接。依托营口港外贸直航航线和内支线,吸引南方货物、日韩等货物到营口港中转,韩国的电子产品通过海运至营口港后即可装车。将"营满欧"与已开通的"辽鲁陆海货滚甩挂大通道"对接,优化物流通道,降低物流成本,搭建起东北亚、东南亚与欧洲经济圈互联互通通道。

五是依托"营满欧"升级物流产业。与阿里巴巴合作,组建营口港控股的营口港(荟)公司,使之成为阿里巴巴1688全球货源平台运营商,依托"营满欧"打造跨境电商物流新通道,发展B2B、B2C新业态;营口港计划建设中俄跨境电商退换货仓库,解决中俄电商合作中的物流瓶颈;与俄铁合作在俄罗斯库页岛等物流节点建设物流中心,形成国际循环物流链。

(二)公路联通的经验启示

在全球新冠肺炎疫情下,国际运输呈现"海运慢、铁路难、空运贵"的特点。因此,依然开放的"第四种运输方式"——国际公路运输系统(TIR)成为特殊时期国际供应链的重要支撑。国际道路运输联盟(IRU)秘书长翁贝托·德·布雷托肯定了TIR运输在新冠肺炎疫情期间的重要性和所做出的贡献。他表示,新冠肺炎疫情是一场全球危机,需要全球层面的行动。TIR提供的正是这种全球解决方案,为保障新冠肺炎疫情期间的国际运输和疫情后的贸易重启提供了最佳工具。

TIR 运输也获得了联合国的认可。联合国在《共担责任、全球声援：应对新冠肺炎疫情的社会经济影响》报告中，强调了 TIR 对全球贸易的重要贡献，并鼓励各国在新冠肺炎疫情期间利用 TIR 及数字化解决方案，保障国际物流稳定通畅。TIR 系统及其他相关工具，无须人际接触即可实现电子信息交换，将便利货物通关，此类创新工具应在各国应用。

（三）航空联通的经验启示

一是加快航空物流企业兼并重组。长期以来，中国物流航空公司运营的规模和效果并不显著，导致其不具备较高的国际竞争力，而且没有办法提供丰富而功能齐全的物流服务，特别是没有办法提供包含运输储存、装卸搬运、加工包装、代收货款、信息查询、保险理赔、空路联运以及门至门派送等范围里的综合物流服务。国务院在 2014 年颁发的《物流业发展中长期规划 (2014—2020 年)》中清晰表明了，国家将会尽力扶持航空货运公司进行兼并重组，增强其自身能力，提升物流综合服务能力。在政策的引导之下，航空物流行业不断增强公司之间的协作，达到资源全面整合的水平。具备较强实力的航空物流公司利用兼并重组的方式以加强自身的能力，中国的航空物流市场渐渐建立起具有较强实力的航空物流公司占据领先地位以及绝大部分市场份额的格局。

二是应用信息技术和物联网技术。科技的进步和使用能够促进产业实现跨越式发展。物联网信息技术被视为新时代技术革命的核心因素，不仅能够处理中国航空物流当中的信息孤岛情况，还能够达到和现代商业模式并轨的目标。在物联网技术不断发展的同时，航空物联网技术将会在航空物流方面获得突破性的运用。海南航空在 2014 年和清华信息科学与技术国家实验室共同协作，建立了国家航空运输物联网应用示范工程，使用物联网技术提高航空运输服务质量，此项示范工程涉及了海航集团之下设立的 5 家机场以及海南航空、天建航空和首都航空等所有航行线路。在运用航空物流管理的过程中，加入物联网以及 RFID 技术具备下列三种优势：其一，在航空物流当中使用射频识别技术（RFID），能够主动识别目标对象并且得到有关数据资料，渐渐使物流构成更具备透明性以及清晰性；其二，利用 RFID 的物联网技术能够高效地使机场货站信息、货运代理人信息、航空企业信息进行衔接和分享，并且完成整体航空物流信息开放性整合；其三，物联网能够推动物流作业形式朝着自动化亦或是半自动化升级，继而提升整个物流运营效果和速度。

（四）信息网络联通的经验启示

一是 5G 网络不能一蹴而就，核心网是关键。构建分布式核心网是运营商提高自身竞争力的关键，分布式核心网的搭建少不了网络切片和边缘计算两项技术的支撑。从 1G 到 4G 的发展历程来看，5G 网络的搭建必然是一个长期的过程。从 4G 向 5G 过渡有非独立组网（NSA）和独立组网（SA）两种方案。其中，SA 方案是经 5GNR 直接接入 5GC，控制指令完全不需要依赖 4G 网络。而且，核心网互操作可以实现 5G 网络与 4G 网络协同。由此得知，核心网在 5G 时代的重要性。核心网从 2G 到 5G 都在不断地改革升级，5G 核心网为了便于快速部署、节省成本，便将部分功能下沉到城域网。而 5G 核心网便基于服务化架构，采用云化部署，控制面集中部署，最终实现分布式灵活部署。华为已经在分布式核心网上取得了关键技术的突破。华为的一键开站技术，已经实现用户面即插即用，从开发到部署、测试到升级的全流程自动化，传统安装时间从几个月减至几小时。

二是边缘计算激发 5G 产业链新潜能。作为 5G 核心网络技术之一，边缘计算可以克服核心网的性能瓶颈，使得大量的业务可以在网络边缘终结。5G 网络大宽带的特质将会给核心网的数据处理带来巨大挑战，如果对于数据的处理可以在边缘端完成，便可以满足高带宽和低时延的业务要求。在传统网络结构中，信息的处理主要集中在核心网的数据中心，需要所有的信息从网络边缘传到核心网，核心网处理完成以后再传回网络边缘；5G 时代，引入了边缘计算，在靠近接入侧的边缘机房部署网关、服务器等设备，增加计算能力，便无须将数据传输到核心网而是在边缘机房便可以进行处理和传输。这样能够大大地降低时延、提升用户体验。边缘计算已经逐步进入实质推进阶段,受益5G应用落地长期拉动,产业链各环节有望长期受益。首先,边缘计算可以激发网络设备增量需求,目前主设备龙头中兴通讯已经发布了边缘计算服务器产品。此外,边缘计算还可以推动小基站快速落地,如微信变现龙头三维通信,景观照明、智慧路灯龙头华体科技,5G站址运营中嘉博创、中国铁塔,港股小基站龙头京信通信均在为小基站落地添砖加瓦。

第四节 高质量推进中蒙俄经济走廊设施联通的对策建议

一、设立统一协调机构

国际经验表明,实现覆盖范围广泛的基础设施互联互通,需要满足各国自身发展要求,以互利共赢为导向,把握好各种需求与现实条件之间的关系,按照先"建"后"联"、先"硬"后"软"、先"予"后"取"、先"内"后"外"的优先顺序,着力推进与生产、生活密切相关的基础设施建设及互联互通。面对全球基础设施建设、区域联通和国际合作的新趋势和新要求,中国应着力以推进机制建设为核心,为中蒙俄经济走廊设施联通提供动力和保障,力促解决实际问题和突出瓶颈。三国应加快磋商,围绕铁路基础设施建设、联通、运营等环节,设立统一协调机构,并建议分为政府、产业与金融、智库三个对话工作组。其中,政府方面侧重国家(地区)之间的基础设施规划、政策、标准、法律等方面的协调,以及沿线地区地方政府之间就基础设施建设、运营及经济合作等开展对话协调。产业与金融方面主要推进基础设施建设的项目对接、融资对接以及行业协会对接等。智库方面应主要围绕中蒙俄经济走廊设施联通的经验分享、政策沟通和机制建设等，开展联合研究和多种形式的论坛讨论，营造良好氛围，并提供视野开阔、国际化的智力支持，扩大合作影响力。

二、创新投资运营模式

一是构建多渠道相互补充的投融资机制。基础设施投资规模大、周期长，加上市场的不确定性，社会资金进入意愿不强烈。为改善区域设施联通的市场投融资环境，应积极构建更为紧密的多层次区域金融合作机制，完善投融资平台，促进资金有效配置和高效利用。如充分利用亚投行、丝路基金等补充现有基础设施建设的市场融资缺口。其中，亚投行作为新型多边开发机构，并非一方主导，但中国可以发挥重要影响力，加之丝路基金、国家信用担保等，充分发挥其对市场的引导作用，构建吸引区域内外资金的多元化融资合作机制，以撬动更多社会资金参与，形成利益共同体，满足中蒙俄设施联通的综合性、长期性融资需求。

二是积极拓展投融资渠道，结合基础设施建设项目的规律和特点，探索行之有效的政府和社会资本合作（PPP）模式，吸引更多社会资本进入。把基础设施互联互通与产业园区、城市综合体建设等结合起来，让民间资本分享铁路、公路等建设的外溢效应，从单纯的建设运营商转变为基础设施的投资商（目前万达集团在印尼等地区就采取综合开发模式来推动新城、产业园区建设，取得了良好的经济效益和社会效益）。

三是推进基础设施建营一体化合作。探索在原有施工总承包和EPC总承包业务基础上，向产业链前后延伸，即采用"EPC+"包括EPC+F（融资）、EPC+O（运营）、EPC+M（维护）、EFC+TS（技术服务）、EPC+OM（运营和维护）等。或是开展中俄、中蒙双边基础设施投资和长期融资，以BOT、BOO、BOOT、PPP等方式，全流程参与基础设施项目的开发、运营和管理。以投资拉动和技术引领实现企业转型，即转变身份，从乙方向甲方转变。以中俄为例，将基础设施全产业链合作纳入两国基础设施业务合作范畴，重点发展高端价值链业务合作。以"共同资源、共同利益、共享成果"的方式建设基础设施，分配利益。建立中俄基础设施建设产业链的循环系统。中国企业通过整合国内资源，将要素优化配置后形成内部供应链，带动机械、建材等优质产能的转移。与俄罗斯企业进行包容性合作，增强双方的利益汇合点，共同开发国际基建市场。

三、加强与俄罗斯、蒙古国的技术、标准对接

加强与俄蒙交通建设规划、技术标准体系的对接，建立协同工作机制，推动铁路、电力、通信等基础设施标准对接与互认。加快研究构建中国铁路技术标准，全面涵盖规划设计、建设施工、运营管理、贸易通关、信息互联、资金结算等相关领域，形成科学合理、经济实用的技术标准体系。以中国高铁技术标准总结为着力点，逐步研究完善各种速度等级铁路技术标准，在中蒙俄铁路联通和中欧班列运行中应用和完善，逐步推动中国铁路标准的国际化。加强口岸基础设施建设，促进国际通关、换装、多式联运的有机衔接。

四、推进跨境通道建设

一是推进铁路重点项目建设。重点争取将满洲里—齐齐哈尔高速铁路、齐齐哈尔—乌兰浩特—通辽快速铁路列入国家铁路规划，协调完成白阿铁路乌兰浩特—白城段扩能改造工程，尽快实施集宁—二连浩特铁路扩能改造，抓紧推进白阿铁路乌兰浩特—阿尔山中蒙边境扩能改造项目建设工作。依托满洲里口岸，打造贯通东北地区陆海联动的"大哈满（大连—哈尔滨—满洲里）经济走廊"。积极与辽宁、天津等省市对接，深入实施陆海联动开放战略，推进融入东北铁路网、俄罗斯铁路和东北亚铁路的"大铁路网"建设，打造国际贸易大通道。境外项目重点推动中蒙俄跨境运输东线、中线通道建设。其中，东线重点推动满洲里—博尔贾铁路电气化改造、珠恩嘎达布其—乔巴山和阿尔山—乔巴山跨境铁路建设，

贯通陆海联运（滨海国际）运输走廊；中线重点推动二连浩特—乌兰巴托—乌兰乌德铁路电气化改造。加快推进策克—那林苏海图、甘其毛都—塔温陶勒盖跨境铁路建设，实现与蒙古国南向铁路连接。二是推进公路重点项目建设。境内项目重点建设海拉尔—满洲里、阿拉坦额莫勒—阿日哈沙特、二连浩特—赛汉塔拉、珠恩嘎达布其—乌里雅斯太等口岸公路，加快形成沿边地区功能完善、布局合理的干线公路网，连接主要口岸的公路全部达到二级以上标准，实现与国内高速公路网和国省干线公路网的联通。境外项目重点推进珠恩嘎达布其—西乌尔特、阿日哈沙特—乔巴山、阿尔山—乔巴山、乌力吉—达兰扎德嘎德等跨境公路建设。

五、推进口岸建设

一是优化口岸布局。发挥好"大沿边、中沿边、小沿边"的联动开放、协同发展的综合效应，进一步优化口岸经济发展的空间格局，重点支持开放条件好、发展潜力大、能够与对方有效衔接的地区完善口岸功能和扩大开放。按照《建设中蒙俄经济走廊规划》，依托铁路中央走廊、铁路北部走廊、AH3建设，扩大完善二连浩特公路口岸、铁路口岸建设。加快中蒙乌力吉—查干德勒乌拉口岸的建设，推进策克、甘其毛都、珠恩嘎达布其、满都拉铁路口岸建设，推动阿日哈沙特、额布都格口岸扩大开放。协调建设满洲里平行车进口口岸、二连浩特整车和平行车进口口岸。支持沿边重点地区设立进境粮食、水果、种苗、饲草、肉类、冻鲜水产品等指定口岸，推进黑山头和额布都格口岸成为对俄罗斯、蒙古国农畜产品指定进口口岸。将室韦、额布都格和阿日哈沙特口岸打造成对俄罗斯、蒙古国跨境旅游开发基地。大力发展保税物流、第三方物流、铁海联运物流、特色产品的大型批发市场和集散中心，加快满洲里综合保税区、满洲里国际物流产业园区基础设施建设。

二是完善口岸功能。以共享共用为目标，整合口岸监管设施资源和查验场地，加强边境口岸改造及查验设施建设。统筹使用援外资金，优先安排对国际运输大通道所涉及毗邻口岸基础和查验设施建设的援助，积极优先安排奥洛契、后贝加尔斯克、查干德勒乌拉等口岸基础设施、查验场地和设施建设。配合国家制定口岸查验场地和设施建设标准，支持口岸检验检疫、边防检查、海关监管等查验设施升级改造，建立查验监管设施、业务技术设施、公共辅助设施等建设和维护保障机制。加强与中蒙俄经济走廊沿线国家和地区口岸执法机构的机制化合作，推进跨境共同监管设施的建设与共享。创新口岸监管模式，通过属地管理、前置服务、后续核查等方式将口岸通关现场非必要的执法作业前推后移，支持满洲里、二连浩特等口岸建设多式联运监管中心。优化查验机制，开展关检联合检验、分类查验和查验分流，进一步提高非侵入、非干扰式查验的比例，对适宜机检的货物，优先采用机检方式。

三是提升口岸大通关效率。加强与俄罗斯、蒙古国对应口岸的协调工作，推进通关流程"去繁就简"，提升通关效率。深化国内口岸大通关合作，健全口岸、海关、边检等部门合作机制，共同推动中蒙俄三方信息互换、监管互认、执法互助等海关合作，以及检验检疫、认证认可、标准计量等多双边合作。加强与中欧班列开行城市、东三省、京津冀等重点地区的通关协作，全面融入全国通关一体化进程，全面实施检验检疫一体化。创新口岸协调机制，建立口岸与港口、内陆港通关协作机制，全面推广国际贸易单一窗口、一站式作业、一体化通关，实施"一次申报、一次查验、一次放行"通关模式，在条件成熟的情况下扩大关检联合查验区在货物通关领域的使用范围，提升口岸的货物通关速度。推动三国海关间"经认证的经营者"（AEO）互认合作机制，扩大货物暂准进口通关单证册（ATA）的适用范围。加快建设电子口岸，完善依法把关、方便进出、服务优良、与国际惯例接轨的口岸管理体系，加快建成覆盖全区所有口岸的、统一的电子口岸平台和口岸监控指挥系统，加快推动"互联网＋口岸"模式成熟定型。鼓励满洲里口岸与大连港、锦州港建立对口联系，二连浩特口岸与天津港建立对口联系，交流借鉴开放经验，提升口岸竞争力。

四是加快物流枢纽建设。以跨境战略通道建设为重点，大力发展国际物流和区域物流，尽快打通中国与蒙俄的国际大通道和其他重要通道，构建经满洲里、二连浩特、甘其毛都和策克口岸，连接腹地、对接蒙俄、沟通欧洲和中西亚的人流、物流、信息流国际大通道，有助于提高中蒙俄经济走廊沿线国家和地区的要素配置效率，加快推进中蒙俄经济走廊建设。以二连浩特—呼和浩特—包头—西安—重庆为基点，南北向对接"国际陆海贸易新通道"，向北连接"丝绸之路经济带""冰上丝绸之路"，向南连接"21世纪海上丝绸之路"，将中国西北地区和东南地区、中亚、欧洲和东南亚、北极等连接起来，实现陆海联动、地区协调发展。以天津—包头—乌鲁木齐为基点横向连接渤蒙新经济带，打造东西向大动脉，逐步建设连接环渤海经济圈和西北新疆地区的渤蒙新大通道，积极对接"京津冀"和雄安新区建设。加快完善呼和浩特沙良物流园与呼和浩特综合保税区、包头公铁海铁国际物流港、满都拉口岸物流中心、鄂尔多斯综合保税区和空港物流园区、乌兰察布中欧班列集结中心、天津港乌兰察布内陆港、巴彦淖尔农畜产品冷链物流中心、甘其毛都公路铁路物流园区、乌海蒙古煤生产加工基地和乌海国际陆港建设，打造国内外物流大通道。

六、推进航空网络建设

重点在于优化机场和航空网络布局。一方面构建以呼和浩特、满洲里、二连浩特支线机场为核心，沿边旗县通勤通用机场为支撑，连接俄罗斯和蒙古国与周边腹地的航空网络体系。加快支线机场建设和改造，完善国际航空港配套设施。加快呼和浩特新机场建设，并以呼和浩特机场为轴心，辐射区域性中心城市和口岸城市机场。扩建满洲里机场，完善国际航空港配套设施，扩大满洲里航空口岸辐射范围，启动运营国际货运航班。加快二连浩特国际航空港建设步伐，形成二连浩特至珠三角、长三角、环渤海经济区、东北地区、西南地区的国内空中航线布局。

七、推进跨境管道、电网建设

能源合作是"一带一路"建设的重点领域之一,油气管道、电网建设是其中的关键环节,不仅是中蒙俄三方的经济纽带,也是国家能源外交的重要桥梁。需要置于"一带一路"建设总体框架下进行谋划和布局,深入研究跨境油气管道面临的地缘政治和安全风险,按照"政府协调、企业主导"的模式,把握有利时机推进建设。一是完善跨境管道建设。依托西伯利亚的天然气、石油资源合作,建设东北亚天然气、石油供应网输送网。推进中俄原油管道二线建设,建设中俄东线天然气管道。二是完善跨境输电网络。发挥蒙西地区作为重要的清洁能源输出基地的作用,将其打造成为"中蒙俄能源集散中心"和"中蒙俄电力外送枢纽",加快推进俄罗斯—蒙古—蒙西的外送通道建设,形成"中蒙俄能源联合外送基地"。建设呼伦贝尔至辽宁中部输电通道,建设霍林河和赤峰煤电基地至辽宁省负荷中心的 500 千伏交流输电线路,大力开展区域电网升级改造合作。三是建立多方参与的融资模式。进一步拓宽投融资渠道,引导多方参与,设立境外能源风险勘探投资基金,支持相关油气风险勘探和开发合作。

八、推进跨境信息通道建设

信息是一切经济活动、人文交流的核心要素,也是"五通"的先导性领域。跨境信息通道建设具有复杂性、长期性等特点,需三国共同对各类型、区域、行业的信息基础设施联通做好科学规划,全面提升通信互联互通水平,构建畅通便捷的信息丝绸之路。一是推进光缆骨干网的互联互通。统筹跨境光缆新建、扩容、运维,处理好利用现有容量和增量容量的关系,建设时考虑未来线路改造、扩容和维护的便利性。支持运营商加快在蒙俄设立海外分支机构和建设 POP 点。二是推动应用基础设施的共建互通。国内应用基础设施市场尚处于发展阶段,相关企业尚未做大做强,需推动国内应用基础设施产业链上下游企业通力合作、加快发展，以国内试点示范带动国际应用推广。同步推动与蒙俄在新兴应用基础设施领域的合作探索，在云数据中心、物联网平台、工业互联网平台等领域共同研究、试验示范，推进三国数据标准一体化合作。三是推动基础互联网业务平台的互通共享。包括社交网络、跨境电商等各类基础性互联网服务。建立可持续机制，推动三国基础公共数据共建、共享、开放和互译。

第五章
高质量推进中蒙俄经济走廊贸易畅通

贸易畅通是中蒙俄经济走廊建设的重点内容。持续扩大的贸易往来可以为中蒙俄经济走廊建设提供强劲动力和广阔空间。近年来,内蒙古积极谋划,主动进取,协同推进货物贸易和服务贸易发展,以国际产能和装备制造合作为抓手提升投资合作水平,完善边境和跨境经济合作区功能,拓展经贸合作新空间,但在贸易质量和效益、贸易和投资便利化等方面也存在诸多问题,亟待解决。

第一节 中蒙俄经济走廊贸易畅通的主要成效

一、贸易规模稳步扩大

自中蒙俄经济走廊正式启动实施以来,经贸合作已经成为双边关系的"压舱石"和"推进器",中国稳居俄罗斯第一大贸易伙伴国,已连续十年以上保持蒙古国最大贸易伙伴国地位;投资合作日益紧密,中国是俄罗斯第四大投资来源国,是蒙古国第二大外资来源国。如表5-1所示,中俄双边贸易额由2016年的695.63亿美元增长到2019年的1107.95亿美元;中蒙双边贸易额由2016年的46.07亿美元增长到81.56亿美元。2020年1—9月,经内蒙古满洲里、二连浩特口岸进出境的中欧班列线路已达 55 条、2187 列，运输各类货物 19 万标箱，形成了全方位辐射全国的便捷高效洲际通道，正在逐渐成为内蒙古对外开放领域一张新的优势"名片"。在中俄、中蒙贸易规模稳步扩大的背景下，依托中蒙俄经济走廊建设和中欧班列，内蒙古与俄罗斯、蒙古国的贸易额也呈稳定增长态势。内蒙古与俄罗斯贸易额由 2016 年的 27.73 亿美元增长到 2018 年的 29.98 亿美元，2019 年略有下降。内蒙古与蒙古国贸易额由 2016 年的 28.07 亿美元增长到 2019 年的 51.30 亿美元。2019 年，内蒙古对俄罗斯、蒙古国双边贸易额达到 78.25 亿美元，占对"一带一路"沿线国家和地区进出口额的 75.6%，占全区外贸进出口总值的比重达到 49%，较 2015 年提高了 2.3 个百分点。

表 5-1　　　　2013—2019 年中国与蒙古国、俄罗斯贸易额　　　　单位：亿美元

年度	蒙古国			俄罗斯		
	进出口	进口	出口	进出口	进口	出口
2013	59.56	35.06	24.50	892.13	396.18	495.95
2014	73.09	50.93	22.16	952.85	416.07	536.78
2015	53.51	37.79	15.72	680.60	332.76	347.84
2016	46.07	36.19	9.88	695.63	322.29	373.34
2017	63.66	51.18	12.48	840.94	411.97	428.97
2018	79.87	63.42	16.45	1070.57	590.82	479.75
2019	81.56	63.29	18.27	1107.95	610.53	497.42

数据来源：国研网宏观经济数据库。

表 5-2　　　　2016—2019 年内蒙古与蒙古国、俄罗斯贸易额　　　　单位：亿美元

年度	蒙古国			俄罗斯		
	进出口	进口	出口	进出口	进口	出口
2016	28.07	23.98	4.09	27.73	21.45	6.28
2017	39.09	34.94	4.15	30.43	23.34	5.09
2018	49.66	44.98	4.68	29.98	25.92	4.06
2019	51.30	47.08	4.22	26.95	23.08	3.87

数据来源：内蒙古统计年鉴。

二、贸易结构逐步优化

内蒙古和俄罗斯、蒙古国在能矿资源方面差异性大、互补性强。例如，内蒙古的铁锌矿粉、铜精矿粉和原油等较为短缺，而俄罗斯的石油、天然气和森林资

源储量在世界上排在前列，蒙古国的有色金属矿藏丰富，这些为三方在矿产业和资源产业的合作发展创造了空间。从进出口商品结构看，2020年1—11月，内蒙古乳及奶油、矿物钾肥及化学钾肥等非资源型商品进口呈现正增长，煤炭、锯材、原木等资源型商品进口呈现负增长；前十大出口商品中，葵花子、乳品、抗生素、电力等优势特色商品出口呈现正增长。从贸易方式看，内蒙古一般贸易额占进出口总额的比重由2016年的56%上涨到2019年的61%，边境小额贸易占比由2016年的26%上升到2019年的28%（见图5-1、图5-2）。从口岸运输看，据内蒙古自治区统计局数据，内蒙古对蒙古国口岸进出境货运量由2016年1—11月的3867.95万吨增长到2020年1—11月的4345.74万吨。

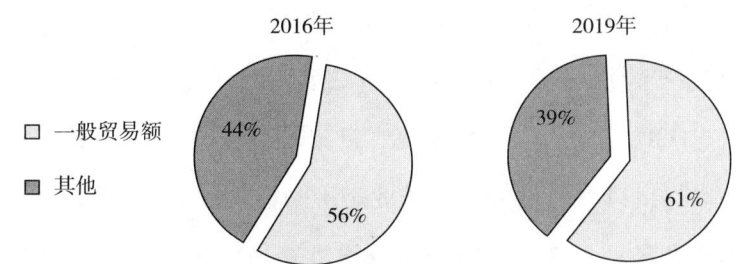

图5-1　内蒙古一般贸易额占比变化情况

数据来源：内蒙古自治区统计局。

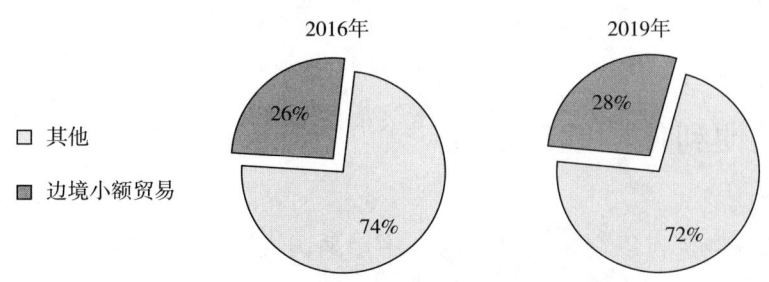

图5-2　内蒙古边境小额贸易占比变化情况

数据来源：内蒙古自治区统计局。

三、贸易平台支撑有力

内蒙古已形成了由开发开放试验区、跨境经济合作区、边境经济合作区、互市贸易区、综合保税区、保税物流中心、会展平台等组成的对外贸易平台体系。

2012年、2014年国务院分别批复满洲里、二连浩特国家重点开发开放试验区。2017年,内蒙古启动策克、甘其毛都、珠恩嘎达布其内蒙古重点开发开放试验区筹建工作。2019年,中蒙正式签署《中华人民共和国政府和蒙古国政府关于建设中国蒙古二连浩特—扎门乌德经济合作区的协议》。拥有二连浩特、满洲里2个边境经济合作区。满洲里综合保税区、鄂尔多斯综合保税区与呼和浩特综合保税区分别于2016年12月、2019年3月、2020年3月封关运营。拥有赤峰、巴彦淖尔、包头、乌兰察布七苏木4个保税物流中心(B型)。成功举办了3届中蒙博览会、11届二连浩特中蒙俄经贸合作洽谈会、15届海拉尔中俄蒙经贸合作洽谈会、16届中国(满洲里)北方国际科技博览会和2届阿尔山论坛。

中国"智能+"战略的深入实施,为内蒙古数字贸易平台发展提供了机遇与动力。自2016年中蒙俄跨境电商在内蒙古达成"国际物流合作备忘录"以来,跨境商品直购店、O2O体验店、平台零售、自建平台B2B出口或零售出口、通过知名第三方平台进行出口等跨境电子商务业态不断涌现。截至2020年5月,内蒙古呼和浩特、赤峰和满洲里3个城市被批准设立跨境电子商务综合试验区,并印发了《中国(呼和浩特)跨境电子商务综合试验区建设实施方案》。目前,内蒙古已有跨境电商企业入驻的园区数量达到15个。

四、通关便利化持续改进

近年来,内蒙古以立足促进中蒙、中俄两国人员和贸易往来为目的,以优化口岸营商环境为目标,以提升口岸通关效率为载体,以降低口岸进出口环节合规成本为手段,分阶段实施落实"三互"(即信息互换、监管互认、执法互助)措施,推进大通关建设,取得了积极成效。

中蒙两国口岸实行统一的《载货清单》试点,中俄两国将满洲里—后贝加尔斯克公路口岸确定为海关监管互认试点。海关区域通关一体化改革全面推进,区内报关企业实现"一地注册、全国通关"。协调联检部门间通过优化通关流程、减少监管环节、简化通关手续和建立联系配合机制等措施,提升通关速度。满洲里率先成为在全国"公铁空"三口岸同时开展落地签证业务的城市。

加强电子口岸建设。积极开展国际贸易"单一窗口"建设工作,为进一步提升口岸通关效率,在全区10个公路口岸启动运输工具"单一窗口"系统(即智能卡口)建设。开展国际贸易"单一窗口"标准版推广应用,实现国家标准版与内蒙古电子口岸平台的对接。二连浩特试验区全面推行国际贸易单一窗口、无纸化通关、旅客自助通关、载货清单电子化传输等作业模式,通关手续压减50%,人员、车辆通关时间平均缩减40%以上。公路口岸货运通道智能卡口试运行,中蒙海关载货清单实现电子化传输,国际贸易"单一窗口"标准版使用率达到100%。开辟果蔬粮油通关"绿色通道",对大宗货物实行"凭保放行"。

提升中欧班列通关效率。满洲里海关密切与地方政府、检验检疫及铁路部门加强合作,创新班列货物查验、换装等运作模式,优化过境货物监管流程,为班列常态化运营创造更好更便利的通关环境。二连浩特检验检疫部门依托中国电子检验检疫主干系统和全国检验检疫无纸化系统,积极创新检验检疫模式,减少单证传递和审核时限,设立专人专窗办理中欧班列业务,班列在口岸检验检疫时间缩短到20分钟左右。

开展中蒙数据交换。2019年4月1日起,珠恩嘎达布其口岸—蒙古国毕其格图口岸全面取消纸质载货清单,实现中蒙海关载货清单电子数据传输。中蒙电子载货清单上线后,企业将舱单数据上传后生成出口载货清单,蒙方可通过系统查询中方出口数据,可以与蒙方进口数据进行比对。同样,中方也可以通过蒙方传输的载货清单数据与进口申报数据进行比对,便于加强监管及防范风险。载货清单实现电子化传输改变了以往纸质载货清单人工传递的方式,通过信息化科技手段进一步提升传递效率、对接速度,为中蒙两国间信息核对提供了便利,进一步提升了通关效率,发挥了联合监管的效能,也进一步规范了企业的贸易行为,为打击伪瞒报和走私活动起到了积极的作用。

畅通中蒙俄食品安全大通道。加强与蒙古国、俄罗斯进出口食品安全交流合作，探索建立不合格信息通报机制，提升食品安全国际共治水平，帮扶更多企业取得进口粮食生产加工资质。

第二节　中蒙俄经济走廊贸易畅通存在的主要问题

一、对外贸易规模小

2019年，内蒙古进出口总额仅占全国的0.3%，居全国第25位，在9个沿边省（自治区）中排第7名，相当于黑龙江省的59%左右、广西壮族自治区的23%左右（见表5-3）。内蒙古对俄进出口额仅占全国对俄贸易额的2.43%左右，不足黑龙江省对俄进出口额的15%。2019年，内蒙古实际利用外商直接投资额20.62亿美元，仅占全国的1.5%，在9个沿边省（自治区）中排第2名（见表5-4和表5-5）。

表5-3　2019年全国各省（区、市）对外贸易情况　　　　单位：亿元

地区	进出口	出口	进口	排名
北京	28689.7	5172.5	23517.2	5
天津	7346.1	3017.7	4328.4	8
河北	4002.0	2370.5	1631.5	16
山西	1447.9	806.8	641.1	23
内蒙古	1097.5	376.8	720.7	25
辽宁	7259.2	3129.7	4129.5	9
吉林	1302.7	324.2	978.5	24
黑龙江	1866.9	349.6	1517.3	21
上海	34054.1	13724.9	20329.2	3
江苏	43383.1	27211.8	16171.3	2
浙江	30838.2	23076.3	7761.9	4
安徽	4737.2	2785.4	1951.8	13
福建	13309.3	8282.9	5026.4	7
江西	3510	2496.1	1013.9	19

续表

地区	进出口	出口	进口	排名
山东	20471.1	11130.4	9340.7	6
河南	5715.5	3756.1	1959.4	12
湖北	3945.9	2486	1459.9	17
湖南	4340	3076.6	1263.4	15
广东	71487.7	43415.4	28072.3	1
广西	4696	2597.6	2098.4	14
海南	905.8	343.7	562.1	26
重庆	5791.7	3713.2	2078.5	11
四川	6789.8	3903.6	2886.2	10
贵州	453.2	327.1	126.1	27
云南	2323.7	1037.3	1286.4	20
西藏	48.8	37.5	11.3	30
陕西	3514.9	1873.3	1641.6	18
甘肃	380.5	131.4	249.1	28
青海	37.6	20.2	17.3	31
宁夏	240.8	148.9	91.9	29
新疆	1640.8	1250.3	390.5	22

数据来源：2020年中国统计年鉴。

表5-4　　　　2019年9个沿边省区对外贸易情况　　　　单位：亿元

地区	进出口	出口	进口	排名
内蒙古	1097.5	376.8	720.7	7
辽宁	7259.2	3129.7	4129.5	1
吉林	1302.7	324.2	978.5	6
黑龙江	1866.9	349.6	1517.3	4
云南	2323.7	1037.3	1286.4	3
西藏	48.8	37.5	11.3	9
广西	4696	2597.6	2098.4	2
新疆	1640.8	1250.3	390.5	5
甘肃	380.4	131.4	249.1	8

数据来源：2020年中国统计年鉴。

表5-5　　　　2019年9个沿边省区实际利用外商投资情况　　　　单位：亿美元

地区	实际使用外资金额	排名
内蒙古	20.62	2
辽宁	33.2	1
吉林	5.34（1—11月）	6
黑龙江	5.4	5
云南	7.2	4

续表

地区	实际使用外资金额	排名
西藏	0.27（1—11月）	9
广西	7.5	3
新疆	3.31	7
甘肃	0.82	8
全国	1381.35	

数据来源：各省区统计局数据。

二、对外贸易质量低

贸易结构不合理。内蒙古与俄罗斯、蒙古国贸易以货物贸易为主，其中又以简单加工、初加工、技术含量和附加值较低的资源密集型和劳动密集型产品为主。贸易方式相对单一，2019年以原材料粗加工为主的一般贸易比重高达61%左右，而加工贸易比重不足3%，远低于25.2%的全国平均水平。进出口货物种类不匹配问题较为突出。内蒙古出口货物多用标准集装箱装运，而从中亚返程的货物主要是燃料、矿石及其他原材料，这就导致了运输出口货物的班列不能运输返程货物，为确保进口货物运输，还要从目的地车站调配大量罐装等其他类型空车来装运进口货物。

三、对外贸易政策环境有待优化

与东兴、瑞丽等开放试验区比较，支持满洲里、二连浩特国家重点开发开放试验区等对外开放平台建设和发展的政策落地效果欠佳。跨境经济合作区、跨境旅游合作区仍在探索推进，互市贸易区并未实现双向开通。国内通关流程不优、通关效率不高，部分口岸经营服务企业开展场内转运、吊箱移位等作业时间较长，重复检验、重复收费等现象不同程度地存在，部分口岸违法违规收费行为时有发生。俄罗斯、蒙古国口岸通关手续繁杂，在报检、报关整个过程中部门间可共享的数据信息需多次提交，手续重复办理，延误了通关时间，影响了通关效率；化验时间长，比如入境煤炭卸车后每天采样一次，每周统一进行化验，出具化验结果时间平均为 9 至 10 天；货物在海关监管场所存放时间过长，不能紧跟市场价格的波动变化调整交易，占用企业高额资金。

四、设施联通水平与贸易畅通要求不相符

目前俄罗斯、蒙古国使用 1520 毫米的宽轨，中国、欧盟使用 1435 毫米的标准轨，这就导致了去程和返程的班列要进行换装。例如，连接中国和蒙古国的二连浩特口岸设有联运检修车间换轮库，将有货物和旅客的车厢从原有的 1435 毫米轨距车轮换成 1520 毫米轨距车轮，使列车由标准轨转换成宽轨。俄罗斯、蒙古国与内蒙古铁路轨距不同，换装进出境方式大大降低了铁路过货能力。内蒙古部分口岸联检设施不完善，口岸现代化、信息化程度较低，管理服务还较为粗放。外向型产业依托的城镇和开发区基础设施建设相对滞后，口岸物流园区基础设施不完善，区间道路、出入境车辆服务区、待发区建设滞后，国门、互市贸易区、保税区等功能短缺，产业集聚和配套能力不强。

第三节　其他经济走廊贸易畅通的做法与启示

一、主要做法

（一）新亚欧大陆桥经济走廊

新亚欧大陆桥经济走廊是"一带一路"的重要载体。新亚欧大陆桥经济走廊东西两端连接着太平洋与大西洋两大港口城市，而其辽阔狭长的中间地带亦即亚欧腹地，除少数国家外，基本上属于欠发达地区，特别是中国中西部、中亚地区，地域辽阔，资源富集，开发潜力巨大。新亚欧大陆桥经济走廊建设方便了沿线国

家和地区的贸易往来，降低了运输成本及运输风险，极大地促进了亚欧大陆腹地的经济发展（见图5-3）。

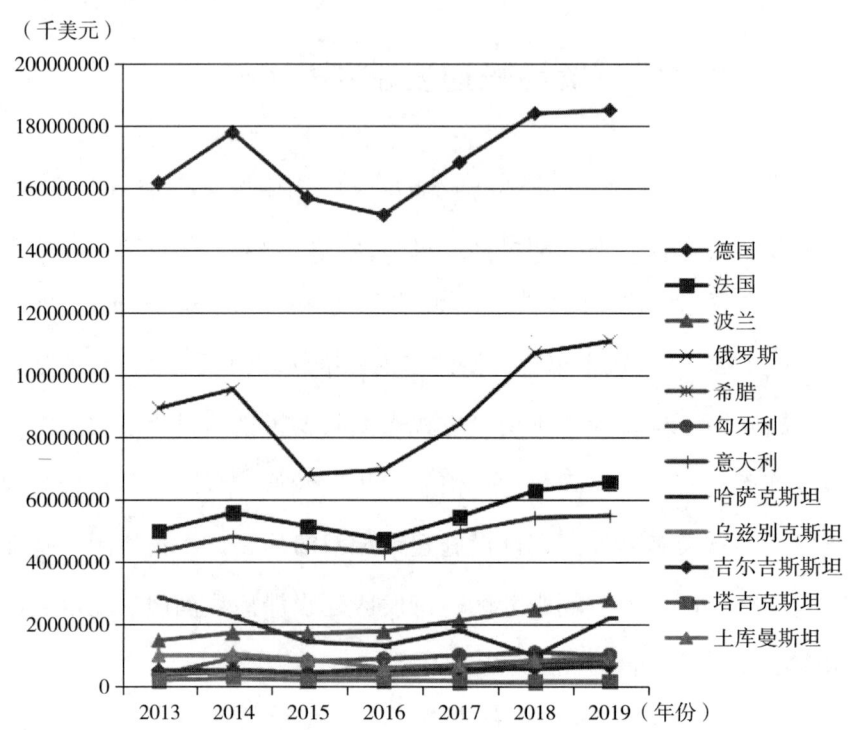

图 5-3　2013—2019 年中国与新亚欧大陆桥经济走廊部分沿线国家贸易数据
资料来源：中国海关。

第一，推进境外经贸合作区建设。2013—2019 年，中国与"一带一路"沿线国家和地区的货物贸易累计总额超过了 7.8 万亿美元，对共建"一带一路"国家直接投资超过 1100 亿美元，新签承包工程合同额接近 8000 亿美元。2013 年中国提出"一带一路"倡议至今，中国企业在新亚欧大陆桥经济走廊沿线国家和地区建设了一批境外经贸合作区，与 5 个主要欧亚国家，共建设了 23 个境外经贸合作区，其中俄罗斯 18 个，格鲁吉亚 2 个，白俄罗斯、乌兹别克斯坦以及塔吉克斯坦各 1 个。中国企业在建设上述所有合作区的过程中共投资了 14.2 亿美元；入区企业 219 家，总投资金额 23.5 亿美元；合作区总产值 46.3 亿美元，累计上缴东道国税费金额 5.2 亿美元，创造了 1.2 万个就业机会。

第二，不断拓展产业合作。当前中国在新亚欧大陆桥经济走廊沿线开展跨国产能合作的产业，既有以轻工、家电、纺织服装为主的传统优势产业，以钢铁、电解铝、水泥、平板玻璃为主的富余产能优势产业，又有以电力设备、工程机械、通信设备、高铁和轨道交通为主的装备制造优势产业。产能合作还带动了中国铁路、电力、通信等优势行业的相关技术和标准"走出去"，有利于提升中国在该区域产业链和价值链中的地位。目前，中国与新亚欧大陆桥经济走廊沿线国家和地区在 ICT、汽车、能源、化工、食品加工等产业领域表现突出，潜力巨大。

第三，促进经贸平台发挥更大作用。新亚欧大陆桥经济走廊建设，以博览会、洽谈会、论坛和研讨会等各种平台为载体推动合作交流进入常态化发展轨道，其促进贸易合作的作用越发凸显。新疆维吾尔自治区就围绕乌鲁木齐贯彻实行了"大会展"的发展策略，举办了（中国）亚欧商品贸易、食品、农产品等多种主题博览会。2018 年累计签订的内联项目金额将近 1 万亿元人民币，对外经贸的总金额多达 300 余亿美元；陕西接连举办丝绸之路国际博览会、国际旅游博览会以及"一带一路"国际产能合作博览会等展会活动，仅在陕西丝博会中签署的外资项目合同总金额就高达 57.18 亿美元，国内联合项目合同总金额 13612.36 亿元；河南顺利举办了十三届国际投资贸易洽谈会，2019 年共备案核实签约项目 463 个，投资总额 4226.6 亿元；宁夏回族自治区举办了两届中拉国际博览会及经贸论坛，第一届签约 253 个项目，投资预算 1806.5 亿元；青海省在清食展、青洽会、藏毯展中融入"一带一路"元素；甘肃举办了兰洽会与丝绸之路国际文化博览会，坚持探索新的交流合作渠道。

第四，打通丝路电商经贸合作新渠道。2019 年，"丝路电商"成为经贸合作新渠道和新亮点。从国家层面看，截至目前，与中国建立电子商务合作的国家将近 20 个，包括哥伦比亚、意大利、巴拿马、阿根廷、冰岛、卢旺达等。从区域发展看，根据商务部研究院电子商务研究所发布的《我国跨境电子商务发展报告 2019》，2018 年跨境电商区域分布不断优化，中西部地区成为新增长点，其中，郑州和重庆发展较好。西北五省区发展跨境电商的积极性不断提升，比如新疆《2019 年自治区商务工作要点》中明确要求落实《新疆维吾尔自治区跨境电子商务发展实施方案》，鼓励跨境电子商务试点产业园区建设，支持跨境电子商务企业建设海外仓、海外运营中心；2018年12月，中国（西安）跨境电子商务综合试验区实施方案出台，明确力争用3至5年的改革创新试验，将西安打造成为中西部跨境电子商务产业聚集中心、创新创业中心、综合服务中心，并与共建"一带一路"国家和地区多点合作，形成具有一定国际影响力的跨境电子商务聚集区和产业示范区。

（二）中国—中亚—西亚经济走廊

中国—中亚—西亚经济走廊主要依托国际大通道，以沿线中心城市为支撑，以重点经贸产业园区为合作平台，是"一带一路"的重要战略支柱与物质载体，是连接中国和欧洲的"一带一路"陆路通道之一。贸易畅通是"中国—中亚—西亚经济走廊"建设的重中之重，是中亚、西亚国家由经济相对封闭转向经济开放的重要推动力量，是"一带一路"倡议推进的应有内涵和必然要求。贸易投资便利化是畅通贸易的必然要求，是消除中国与中亚、西亚国家之间投资和贸易壁垒的关键要素。投资贸易便利化有助于不同国家之间构建良好有序的营商环境，提升经济走廊沿线国家和地区的投资贸易合作水平。中国与中亚、西亚国家在贸易畅通方面所做的努力主要集中在如下三个方面。

第一，协商建立双边、多边自由贸易区。自"一带一路"倡议提出以来，中国加快实施建设自由贸易区的步伐，搭建同中亚、西亚国家之间的自由贸易合作平台。中国和格鲁吉亚自贸协定谈判于2015年12月启动，2016年10月实质性结束，2017年5月13日，中国与格鲁吉亚正式签署了《中华人民共和国政府和格鲁吉亚政府自由贸易协定》（以下简称《协定》）。虽历时不长，但其间经历了密集的谈判和磋商，是中国在欧亚地区完成的第一个自贸协定谈判，也是"一带一路"倡议提出后中国启动并达成的首个自由贸易协定。《协定》涵盖了货物贸易、服务贸易、技术性贸易壁垒等17个章节，进一步完善了双边贸易规则，同时明确了未来加强合作的重点领域。《协定》的签署使中国与格鲁吉亚的经济贸易关系翻开新的一页，全面提升了两国务实合作水平，增加了两国人民福祉，对"一带一路"

倡议实施及中国—中亚—西亚经济走廊建设具有重要意义。中国与以色列关于自贸区也已经进行了多轮谈判,并取得了实质性的进展。

第二,签署有关经贸合作协议和备忘录。随着中国—中亚—西亚经济走廊建设的推进,沿线大多数国家建立了高层经贸合作委员会,并相继签署了关于经贸合作的协定。中国相继与伊朗、土耳其等沿廊西亚国家签署了共建"一带一路"合作备忘录,与哈萨克斯坦、乌兹别克斯坦、吉尔吉斯斯坦等中亚国家签署了共建丝绸之路经济带双边合作协议。2018年5月17日,中国与欧亚经济联盟各成员国共同签署了《中华人民共和国与欧亚经济联盟经贸合作协定》,旨在建设共同经济发展空间、促进双方在经贸领域开展互利合作和建设性对话。

第三,进一步提高贸易便利化水平。在"一带一路"框架之下,中国加快与中亚国家之间的政策协调步伐,消除贸易壁垒,简化通关手续。通过建立物流合作基地、农产品快速通关通道和边境口岸提升市场开放程度,提高贸易便利化水平。自2017年开始,中哈海关联合监管项目在中哈所有公路口岸全面推行,双方提供进出口货物载货清单,实行电子传输,单证互认,一次通过,提高了通关效率。此外,新疆已与哈萨克斯坦、塔吉克斯坦、吉尔吉斯斯坦3个国家的4个口岸开通农产品快速通关"绿色通道",这极大缩短了双边农产品的通关时间,降低了物流成本,提高了经济效率。

(三)中巴经济走廊

中巴经济走廊起点在中国新疆喀什,终点在巴基斯坦瓜达尔港,全长3000多公里,北接"丝绸之路经济带"、南连"21世纪海上丝绸之路",构成贯通南北丝路的关键枢纽,是一条包括公路、铁路、油气和光缆通道在内的贸易走廊。自中巴经济走廊建设正式启动以来,巴基斯坦经济贸易进入近十年来增速最快期,其发展速度位于亚洲前茅。从经济增长率看,2013—2018年,巴基斯坦国内生产总值从2312.19亿美元增加至3125.7亿美元,五年间GDP增加了813.51亿美元,年均增长率达7.04%。从双边贸易额看,2013—2018年,中巴双边贸易总额从142.19亿美元增加到 190.8 亿美元，年均贸易增长率为 6.84%。中国已连续 6 年成为巴基斯坦最大贸易伙伴国，也是巴基斯坦第一大进口来源国和第三大出口目的国。从吸引对外直接投资看，中国成为巴基斯坦最大外国直接投资来源国。2018 年，中国对巴基斯坦直接投资额高达 7.6 亿美元，是英、美、日、荷兰等前 4 位发达国家对巴直接投资总额 3.36 亿美元的 2.26 倍，约占巴基斯坦 2018 年全年外国直接投资总额的 58%。

第一，扩大中巴两国贸易开放。根据世界贸易组织统计数据，2013 年中国与巴基斯坦双边货物贸易额为 142.2 亿美元，2018 年双边贸易额达到 190.8 亿美元，5 年间增长了 34.2%，贸易规模显著扩大。2016 年 8 月 29 日，在伊斯兰堡举行的中巴经济走廊峰会暨走廊博览会上，巴基斯坦总理纳瓦兹·谢里夫着重提到了中巴经济走廊的重要地位，希望借助这个机遇，深化双边经贸合作，增强双边贸易，提高巴基斯坦经济实力。2019 年 12 月，两国共同签订了关于自由贸易协定的议定书，议定书的降税安排于 2020 年 1 月 1 日起正式施行，中巴两国间相互实施零关税的产品税目数比例从 35% 增至 75%，大幅扩大两国贸易市场开放，提高中巴贸易便利化程度。

第二，促进中巴贸易畅通。自"一带一路"倡议提出后，"丝路电商"也在不断发展，逐渐成为贸易畅通的重点和亮点。2017 年巴基斯坦总理访华并参观了阿里巴巴总部，和中国签署了电子商务合作备忘录。2018 年 5 月，阿里巴巴收购了巴基斯坦最大的电商平台 Daraz.PK，巴基斯坦的电子商务市场迅速发展，在 2017—2018 财年财务收入翻了一倍。为了促进巴基斯坦网络的全面覆盖和普及，中国联合"一带一路"沿线国家和地区建设大数据平台，形成丝路网络，为用户提供针对性有效的决策服务。中巴两国不断提高双方便利化程度，中巴自贸区降税协议在经过了双方十多轮的谈判后，降税也得到了积极落实。

第三，推进瓜达尔港产业园区建设。2016 年 9 月 1 日中巴合作建设的巴基斯坦瓜达尔港自由区奠基仪式在瓜达尔港港区隆重举行，标志着瓜达尔港建设从港区向工业园区扩展，进入新的发展阶段。中巴双方签署了瓜达尔港自由区第二批土地移交和中方援建的法曲尔小学移交协议，巴基斯坦总理谢里夫还为首批入园的 3 家中方企业颁发了营业执照。第二批土地移交后，约 92% 的自由区土地将正式交付开发运营。中巴双方的深入合作为盘活这一港口提供了物质基础。

2017年5月13日习近平主席会见来华参加"一带一路"国际合作高峰论坛的巴基斯坦总理谢里夫时指出：双方要扎实推进中巴经济走廊建设，稳步推进瓜达尔港及周边配套项目，加快研究走廊沿线产业园区建设规划，加紧完成走廊远景规划，推动并实施好交通基础设施建设、能源、民生等合作项目①。国家层面的支持为瓜达尔港产业园区的开发提供了强劲的动力。

2018年1月底巴基斯坦瓜达尔自由区举行开园仪式，并举办首届国际商品展销会。这些活动的举行标志着瓜达尔自由区投入实际运营。目前瓜达尔自由区已建设成为一个道路交通、水电通信、安全防护、垃圾处理等功能齐全的现代化园区。2018年3月7日巴基斯坦瓜达尔港首条集装箱班轮航线正式开航，这标志着中巴经济走廊重点项目瓜达尔港向实现商业化运营又迈出重要一步。这条名为"卡拉奇瓜达尔中东快航"的航线提供着瓜达尔港与波斯湾之间的集装箱运输服务。

（四）孟中印缅经济走廊

自从孟中印缅地区合作倡议提出以来，孟中印缅四国间的经贸合作关系日益密切，区域间的贸易往来总体呈现增长态势，贸易合作水平不断提升。得益于"一带一路"的提出和孟中印缅经济走廊的建设发展，中国同孟、印、缅三国的经济往来与经贸合作日益深化，实现了多方位的互利共赢。

第一，推进中孟经贸合作。1983年11月，中孟两国成立了经济、贸易和科学技术联合委员会，原则上轮流在两国首都开会。2014年6月中孟第13次经贸联委会在昆明举行。2016年8月中孟第14次经贸联委会在达卡举行。2006年1月起，中国在《曼谷协定》框架下向孟加拉国84种商品提供零关税待遇，同时中国正在积极落实给予孟加拉国95%税目输华商品零关税待遇。

孟加拉国虽然经济落后，但其开放、旺盛的市场需求，为中国企业开展经贸合作提供了便利和商机。近年来，中孟双边贸易呈现稳步增长的态势。据中国海

---

① 白洁、任峰：《习近平会见巴基斯坦总理谢里夫》，新华网，http://www.xinhuanet.com/politics/2017-05/13/c_1120966806.htm，2017年5月13日。

关数据，2018年中孟双边贸易额为187.3亿美元，同比增长16.8%，其中中国出口额177.5亿美元，进口额9.8亿美元。2019年前9个月中孟之间的双边贸易额也达到了136.1亿美元，其中中国出口额128.2亿美元，进口额7.9亿美元。现阶段，中国已经成为孟加拉国最大的贸易伙伴和进口来源国，孟加拉国则是中国在南亚地区的第三大贸易伙伴。孟加拉国是中国主要受援国之一，也是中国在南亚对外承包工程的传统市场。

第二，推进中印经贸合作。近年来，中印经贸合作领域在不断拓展。据中国海关数据，2017年，中印双边贸易额为844.11亿美元，同比增长20.5%，其中，中国对印度出口680.67亿美元，同比增长16.5%，中国自印度进口163.44亿美元，同比增长38.9%。2018年，中印双边贸易额为955.43亿美元，同比增长13.2%，其中中国对印度出口767.05亿美元，同比增长12.7%，中国自印度进口188.38亿美元，同比增长15.2%。2019年，中印双边贸易额为928.1亿美元，同比下降2.8%，其中中国对印度出口748.3亿美元，同比下降2.4%，中国自印度进口179.8亿美元，同比下降4.5%，虽然有所下降，但仍保持在较高的水平。中国已成为印度第一大进口贸易伙伴和第三大出口贸易伙伴。

第三，推进中缅经贸合作。中缅双边贸易历史悠久且发展迅速，经贸合作取得了长足的发展，合作领域从原来单纯的贸易和经济援助扩展到工程承包与多边合作。此外，为扩大从缅甸的进口，中国先后两次宣布单方面向缅甸共计220个对华出口产品提供特惠关税待遇。近年来，中缅双边贸易额在逐年递增。据中国海关数据，2017年，中缅双边贸易额为135.4亿美元，同比增长10.2%，其中中国出口额90.1亿美元，同比增长10.0%，进口额45.3亿美元，同比增长10.5%。2018年，中缅双边贸易额为152.4亿美元，同比增长13.1%，其中中国出口额105.5亿美元，同比增长17.9%，进口额46.9亿美元，同比增长3.6%。2019年，中缅双边贸易额为187亿美元，同比增长22.8%，其中中国出口额123.1亿美元，同比增长16.7%，进口额63.9亿美元，同比增长36.4%。2020年1—3月，中缅双边贸易额为42.4亿美元，同比增长4%，其中中方出口额27.3亿美元，同比增长

2%，进口额 15.1 亿美元，同比增长 7.8%。中国已成为缅甸第一大贸易伙伴、最大的进口来源国以及最大的出口市场，同时也是缅甸第二大投资来源国，双边经贸合作互补性强，市场潜力巨大。

（五）中国—中南半岛经济走廊

第一，促进贸易规模和对外投资规模逐年增长。随着"一带一路"及中国—中南半岛经济走廊建设倡议的提出，中国同中南半岛国家的贸易增量和对外直接投资都得到有效推动（见图 5-4）。中国多年来一直是东盟第一大贸易伙伴，也是东盟主要外资来源地。中国和中南半岛七国贸易往来频繁，各类贸易进出口额呈显著增长趋势。2018 年中国与走廊内七个国家的进出口总额约为 4527 亿美元，相比 2010 年增长 204%。其中，中国同越南的进出口贸易额达 1478 亿美元，占比 32%，中国与泰国、新加坡、马来西亚的进出口贸易额各占 20% 左右，与缅甸、老挝、柬埔寨的进出口贸易额总计约为中南半岛地区的 6%。越南在 2014 年之前与中国贸易额一直低于泰国，但从 2015 年开始，中国与越南的贸易总额迅速增加，2018 年，中越贸易总额已经是中泰贸易总额的 1.7 倍。自 2017 年起，越南和泰国成为中国十大进口来源国之一，越南也是中国十大出口市场和十大贸易伙伴之一。中国同中南半岛国家的贸易逆差逐步缩小，贸易平衡趋势明显，特别是越南和柬埔寨等国，对中国的贸易出口额度增长幅度近 20%。

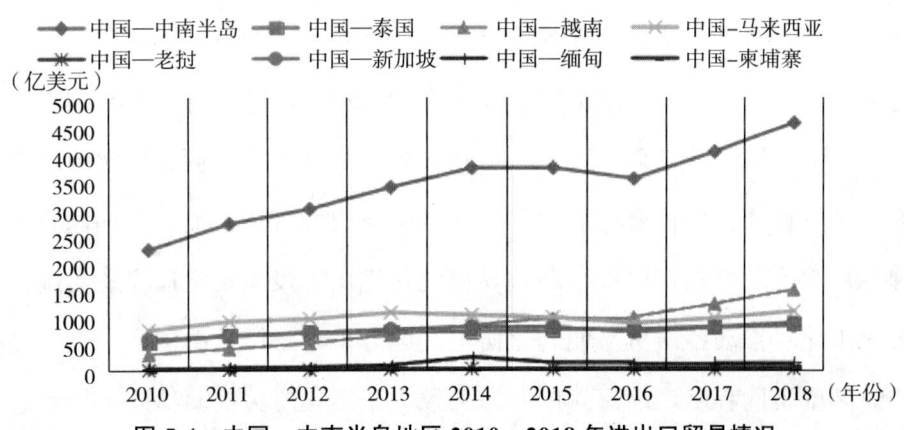

图 5-4 中国—中南半岛地区 2010—2018 年进出口贸易情况

数据来源：中国海关。

中国对中南半岛地区的对外直接投资金额总体呈增长趋势（见图5-5）。2018年中国对中南半岛经济走廊内7个国家的直接投资额总计约为83亿美元。其中，中国对新加坡对外直接投资约占77%，投资金额从2010年的11亿美元上升至2018年的64亿美元，增长近580%。2018年中国对马来西亚、老挝和越南的对外直接投资较2010年分别增长1017%、396%和377%，增长趋势显著。中国对缅甸、泰国和柬埔寨的对外直接投资则受不同年度项目预算影响呈较大波动，整体增长趋势不明显。

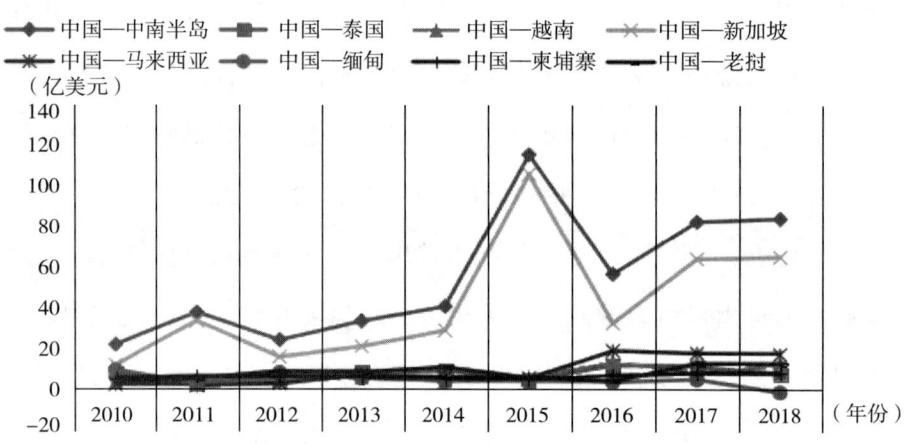

图5-5　中国面向中南半岛地区2010—2018年对外直接投资情况

数据来源：中国海关。

第二，改善贸易便利化水平。一是"一带一路"倡议实施后，中国与中南半岛国家之间不断完善双边贸易条件和投资环境，贸易便利化水平逐年提高。在2018年"一带一路"六大经济走廊贸易便利化测评中，中国—中南半岛经济走廊的贸易便利化水平在六大经济走廊中位列第2，2018年得分相比2013年上升近6个百分点。中国同中南半岛地区不断加强在减少贸易壁垒、创新海关边境管理形式等促进贸易畅通方面的合作。例如，在海关与边境管理方面，中国国家市场监督管理总局为推动中国—中南半岛贸易便利化推出了设立指定口岸、实施检验检疫证书无纸化、推动各国贸易便利化协定实施等多项举措，中国同中南半岛各国进出口时间都不同程度地缩短。广西海关致力于简化海关检验检疫手续和进出口文件要求，减少通关成本，实行"两国一检"。2018年中新签署《自由贸易协定的升级议定书》，提出了建设单一窗口与货物放行具体时限等促进贸易便利化的相关承诺，实现原产地电子联网及信息技术平台升级，通过实时传输优惠贸易原产地数据和证明提升通关时效，采用电子认证和电子签名、在线消费者保护等技术手段切实提升双边贸易便利化水平。中国和东盟国家之间跨境电子商务发展较迅速，正在成为中国与东盟贸易发展的新引擎。

二是中国积极同中南半岛国家建立信息互换和服务平台。2017年马中关丹产业园在吉隆坡设立办公室，专门为中马企业提供经商和投资信息。2018年，中国—东盟信息港正式成立，国际陆海贸易新通道综合信息服务平台、中国（广西）国际贸易单一窗口平台、北部湾航运交易所、中国—东盟港口城市合作网络平台、中国—东盟经贸大数据平台等网络信息平台先后上线，大幅提升了中国同中南半岛国家在贸易信息及物流信息领域的交换效率。2020年6月，中国经济信息社与老挝中华时报社合作打造的"新华丝路"双语信息专栏上线，为老挝政府、企业、媒体了解中国企业和投资项目提供信息，为中国企业赴老挝投资、与当地企业开展合作搭建了平台。

第三，推动产业园区多元化、深层次转型。中国政府和企业在中南半岛国家投资的产业园区、跨境经济贸易合作区和经济特区正在向多元化和深层次发展。贸易合作和投资领域不再局限于传统能源、农业和基础建设等领域，正不断向新能源、制造业和高新产业等领域拓展延伸。其中，马来西亚关丹产业园自2013年开园以来，已吸引投资超过71亿美元，大部分投资项目都和节能环保、高端设备制造以及高级材料制造相关。2015年12月，中信企业联合体中标缅甸皎漂经济特区工业园和深水港项目。工业园项目占地约1000公顷，入园产业主要包括纺织服装、建材加工、食品加工、近海服务等劳动密集型产业及科技资本密集型产业。柬埔寨西哈努克港特区截至2018年底已引入中国企业102家，以纺织服装、五金机械、轻工家电等为主导产业，集出口加工区、商贸区、生活区于一体。截至2019年3月，泰中罗勇工业园吸引了近60家中国企业入园，园区实现工业总产值90亿美元，以汽车摩托车配件、五金、机械、电子等产业为主导。老挝万象赛色塔综合开发区截至2018年底基础设施投资近10亿美元，引入企业共59家，投资超过10亿美元。越南龙江工业园截至2018年底已吸引45家企业入驻，企业总投资额超过15亿美元，涉及生物制药、橡胶加工、新材料和人工纤维等产业。

第四，丰富完善区域经济特区建设。自"一带一路"倡议提出以来，中国同中南半岛国家建立了多个次区域和跨境经济合作区，已成为中国—中南半岛经济走廊互联互通的示范项目。例如，广西壮族自治区与越南政府共同设立中国龙邦—越南茶岭跨境经济合作区，面向中南半岛、贯通"渝中新"，构建以贸易为基础、以产业为主体、以金融为特色、以信息化为支撑的贸、产、融一体化跨境开放合作先行区。该经济区于2015年开放靖西万生隆国际商贸物流中心，设有中南半岛和内陆自由贸易港、中越边境大型国际物流港和边境财富金融管理中心等。2018年该经济区建成并运营边民互市贸易区、一般国际贸易服务区、国际多式联运转口贸易区、国际保税加工分拣区、东盟自由贸易区和东盟跨境电子商务区等六大功能区。

老挝磨丁经济特区在跨境投资中也取得了显著成果。2014年中老两国签署《关于建设磨憨—磨丁经济合作区的谅解备忘录》，磨憨—磨丁经济合作区正式纳入中老国家项目。2015年以来，该区建设速度明显加快，迎来飞速发展，先后建成磨丁国际商业金融中心、国际保税物流加工园区。磨憨—磨丁口岸进出口货运量年均增长30%以上，进出口货值年均增长近60%。2017年连接中国磨憨口岸与老挝磨丁口岸的货运专用通道建设完成，中国和老挝的贸易互通进一步得到强化。

二、对中蒙俄经济走廊的启示

（一）重视发展观念的连通

外交要求同存异。"一带一路"合作实践是参与国之间学习和建立共识的过程。在高质量推进中蒙俄经济走廊建设过程中，不应盲目追求同一化标准和短期经济指标，而要以一种包容、平等、开放的观念展开合作，坚持把中国传统"和合"文化理念以及"与邻为善、以邻为伴"的周边外交基本方针与蒙古国、俄罗斯进行有效对接。

（二）优化发展组织形式

在高质量推进中蒙俄经济走廊建设过程中，借鉴中国—中南半岛经济走廊的经验，解决蒙古国在中俄两个大国中间的贸易壁垒，拓宽贸易渠道，优化贸易形式，降低多边经贸合作成本，依托基础设施的互联互通推进区域内资源共享的便利化，促进区域产业分工体系形成，优化区域贸易与生产资料配置，重构区域生产网络，塑造区域经济体系。

（三）提升贸易便利化水平

在高质量推进中蒙俄经济走廊建设过程中，借鉴新加坡的自动化边境管理系统和"单一窗口"建设方案以及泰国的电子海关等项目运营经验。在贸易监管理念和模式的转变与创新层面，增强对贸易转型升级的制度支撑和政策供给，特别是要增强对服务贸易、新经济和新业态便利化需求的针对性和适应性。

（四）重视贸易主体发展

在高质量推进中蒙俄经济走廊建设过程中，逐步形成政府主导、民间参与的模式。在政府层面，形成高层互访会晤机制。渠道上，形成中蒙俄三方相对固定的合作机构，形成政府间不同层级的交流合作机制。内容上，形成宽领域产业合作呈多面开花、齐头并进的态势。

（五）搭建贸易合作平台

在高质量推进中蒙俄经济走廊建设过程中，借鉴新亚欧大陆桥经济走廊经验，建立多种区域和次区域合作机制、诸多专业领域的多边对话合作平台，如世界互联网大会、世界人工智能大会、中国国际智能产业博览会、数字中国建设峰会、中哈跨境电商合作论坛等专业平台，以促进合作落到实处。

（六）创造公平贸易竞争环境

在高质量推进中蒙俄经济走廊建设过程中，借鉴目前发展得比较成功的中国—东盟自由贸易区和大湄公河次区域经济合作的相关经验，出台相应的关税政策，对农产品等进口产品实施零关税或降低关税，以解决目前中蒙、中俄之间贸易不平衡的问题。

（七）建立双边自由贸易的合作模式

在高质量推进中蒙俄经济走廊建设过程中，内蒙古企业要主动融入俄罗斯、蒙古国，真正做到与东道国进行多方合作、跨国运营。另外，提升中蒙俄经济走廊的贸易便利化水平，不一定拘泥于现有框架下，可以探索中国与俄罗斯、蒙古国建立双边自由贸易的合作模式，改善目前三国双边贸易不平衡的现象。

（八）设立自由贸易区

在高质量推进中蒙俄经济走廊建设过程中，借鉴中巴经济走廊经验，申报设立中国（内蒙古）自由贸易试验区。推动顶层沟通，争取三国建立成熟有效的贸易规则，形成贸易洼地，吸引国内外投资，带动边境贸易进一步发展。

（九）打造双边贸易中心

在高质量推进中蒙俄经济走廊建设过程中，借鉴中巴经济走廊贸易中心建设经验，考虑在沿线口岸建设金融中心、文化中心、商贸中心、医疗中心。积极探索发展利用中国经济社会发展优势带来的社会文化辐射作用，以文化、医疗、金融等为途径，深化三国经贸合作，提升合作品质。

（十）优化产能合作

在高质量推进中蒙俄经济走廊建设过程中，充分发挥内蒙古在三国资源能源合作中的战略枢纽作用，进一步加强与俄罗斯、蒙古国产能合作，拓展中国能源进口渠道，降低中国与俄罗斯、蒙古国产能合作成本，推动区域资源能源合作利益共享。

第四节　高质量推进中蒙俄经济走廊贸易畅通的对策建议

一、培育贸易竞争新优势

（一）夯实贸易发展产业基础

贸易畅通，产业是基础。贸易是产业的国际化，贸易又连接着产业和市场，是产业发展的重要推动力，二者互相支撑。从出口看，出口企业通过加强贸易的国际合作，参与国际分工，推动了国内产业升级和技术进步。一批有实力的企业在全球进行生产和研发布局，加深了中国产业链与世界经济的融合。从进口看，国内企业引进了先进技术、装备和关键零部件，有力促进了国内产业创新发展。因此，要发挥市场机制作用，推进贸易和产业协调发展，更好地发挥贸易对产业的提升带动作用，促进贸易与产业互动。

一是巩固外贸传统产业优势。围绕内蒙古建设国家重要能源和战略资源基地、农畜产品生产基地的定位，大力推进产业基础高级化、产业链现代化。支持传统优势产业运用高新技术和先进适用技术改造提升能源、化工、冶金、建材、农畜产品加工业，延长产业链，提升价值链，提高劳动密集型产品质量、档次和技术含量，增强传统产业产品出口竞争力。构建绿色、友好、智慧、创新现代能源生态圈，推动煤炭清洁生产与智能高效开采，推进煤炭分级分质梯级利用，推进风、光等可再生能源高比例发展，壮大绿氢经济，推进大规模储能示范应用，提升能源全产业链水平。推进煤制油、煤制气、煤制烯烃、煤制乙二醇等现代煤化工产业升级示范，发展煤炭深加工精细化学品和合成材料，走高端化精细化路线。促进化工产业横向耦合、纵向延伸,推进钢铁、铝、有色、建材等行业绿色改造升级。坚持绿色兴农兴牧,增加优质绿色农畜产品供给,延伸农畜产品加工产业链条,提升农畜产品精深加工水平。

二是培育外贸新兴产业和先进制造业优势。加快新兴产业和先进制造业国际化发展,推动新兴产业参与国际市场竞争。立足产业资源、规模、配套优势和部分领域先发优势,实施高端化、智能化、绿色化、服务化战略性新兴产业培育工程,建立梯次产业发展体系。大力发展现代装备制造、节能环保、生物医药、电子信息、新型化工、临空等产业,积极培育品牌产品和龙头企业,构建一批各具特色、优势互补、结构合理的战略性新兴产业。推进互联网、大数据、人工智能等同各产业深度融合,实施工业互联网创新发展工程,促进制造业绿色化转型、智能化升级和数字化赋能,推动先进制造业集群发展。大力发展数字经济,推进数字产业化和产业数字化。培育发展大数据、区块链、人工智能、云计算、物联网等新一代信息技术产业。促进平台经济、共享经济健康发展。推动"互联网+教育""互联网+医疗""互联网+旅游"等新业态发展。推动数字经济和实体经济深度融合,实施数字化转型伙伴行动、上云用数赋智计划,加快传统产业数字化网络化智能化改造,推动平台企业面向国际用户提供在线技术支持、远程诊断、数据分析等高附加值服务。

三是拓展外贸现代服务业空间。围绕发展服务贸易,推进服务技术、理念、业态和模式创新,提升服务业发展能级和绿色发展水平。加强与俄罗斯、蒙古国在虚拟现实(VR)、增强现实(AR)等技术领域的合作,带动文创产业创新融合发展。扩展跨境运输服务范围,简化货运代理、通关等程序,逐步拓展内贸外运航线,承接跨境运输服务。依托和林格尔新区、赤峰云计算产业园、乌兰察布中关村科技产业园和鄂尔多斯高新技术产业园等大数据中心,构建大数据产业链,推动大数据和云计算等云服务业务发展,满足俄罗斯、蒙古国发展需求。大力发展工程设计服务,承接俄罗斯、蒙古国电力、水利等基础设施类工程设计项目,接轨国际标准,向系统解决方案服务商转变。开展外贸信贷、保险、结算和仲裁、信息领域的合作。

（二）提高出口商品质量

一是提升出口商品创新能力。创新是提升出口商品价值链增值水平的关键。构建开放、协同、高效的共性技术研发平台，鼓励企业开展面向国际市场的研发创新，扩大出口商品科技含量和附加值，强化制造业创新对贸易的支撑作用。积极参与中俄蒙三国间质量技术基础建设领域交流，推动标准、认证认可等经验共享与合作，提升相关标准一致性认同程度。支持外贸加工企业以技术创新为引领，全面促进产品创新、业态创新和商业模式创新。完善加工贸易企业的研发、设计、营销等服务体系，提升工业设计对产品个性化、多样化、国际化的支撑能力，推动由加工制造向委托设计和自主品牌转型。推动互联网、物联网、大数据、人工智能、区块链与贸易有机融合，加快培育出口产品发展新动能。

二是提高出口商品质量。加强出口商品质量管理，积极采用先进技术和标准，提高出口商品质量。推动一批重点行业产品质量整体达到国际先进水平。支持农畜产品加工业发展，延长产业链，提升价值链，推动重点消费品质量安全与国际标准接轨，增强国际竞争力。支持企业开展认证活动，推动一批重点行业产品质量整体达到国际先进水平，加快推进与俄罗斯、蒙古国重点市场认证和检测结果互认。深入实施内外销产品"同线同标同质"工程。完善检验检测体系，加强检验检测公共服务平台建设。建立健全食品、农产品、药品等重要产品追溯体系。

三是培育自主品牌。实施品牌带动战略，开展自主品牌出口增长行动计划，大力培育行业性、区域性品牌。搭建品牌宣传平台，推动内蒙古品牌产品走向世界。在境内外重点展会开展内蒙古品牌和地理标志产品宣传活动，在俄罗斯、蒙古国重点市场宣传内蒙古自主品牌。创建线上内蒙古品牌体验中心，鼓励自主品牌企业利用"跨境电商＋海外仓"模式拓展海外市场。支持企业开展境外专利申请、商标国际注册、品牌推广、市场开拓活动及"蒙"字标认证，提升"蒙字号"产品的国际影响力和市场竞争力。加强商标、专利等知识产权保护和打击假冒伪劣工作，鼓励企业开展商标和专利境外注册。强化品牌研究、品牌设计、品牌定位和品牌交流，完善品牌管理体系。

二、提高贸易发展质量效益

（一）优化贸易结构

一是大力发展高质量、高技术、高附加值产品贸易。鼓励企业优化出口商品结构，形成以传统骨干产品为基础、以高新技术产品及机电产品的出口为引领的出口产品体系。支持机电产品、高新技术产品、高成长性化工产品、装备制造、生物制药等产品出口。支持企业加快智能制造发展，逐步从加工制造环节向研发设计、营销服务、品牌经营等环节攀升。不断提高劳动密集型产品档次和附加值，推动纺织、服装、箱包、鞋帽等劳动密集型产品高端化、精细化发展。引导纺织服装、农畜加工产品、机电高新技术产品生产企业在品牌出海、市场营销、产业链延伸等方面抱团发展、良性竞争。

二是大力发展服务贸易。复制推广国家服务贸易创新发展试点经验，大力发展新兴服务贸易，加大金融、保险、旅游、物流、会展等领域"引进来"力度。支持教育、文化、蒙中医药、数字服务等特色服务出口基地建设。培育数字贸易展览会、洽谈会等促进服务贸易发展的公共服务平台，提高服务贸易在对外贸易中的比重。扩大康养服务入境消费，提高俄罗斯、蒙古国消费者接待能力，鼓励有条件的地区打造以蒙中医养生保健为特色的国际康养服务社区，推动康养服务国际化发展。扩大教育培训入境消费，鼓励高等教育机构加强与俄罗斯、蒙古国国际交流合作，提升国际教育服务能力，扩大来蒙留学生规模。

三是积极扩大进口。稳固能源资源性产品进口。支持关系民生的产品进口，适应消费升级和供给提质需要，支持与人民生活密切相关的日用消费品、医药和康复、养老护理等设备进口。鼓励企业扩大新材料、节能环保、高端装备、大数据云计算、生物科技等战略性新兴产业及产业转型升级所需先进技术、设备和服务体系的进口。支持有条件的口岸增加进口商品品类，申建进口指定监管场地。创新满洲里口岸汽车平行进口监管服务体制，发展汽车保税仓储。积极参加中国国际进口博览会，加强进口分销渠道的合作与建设，完善分销体系。大力发展新兴服务贸易，促进建筑设计、商贸物流、咨询服务、研发设计、节能环保、环境服务等生产性服务进口。落实降低部分商品进口税率措施，减少中间流通环节，清理不合理加价，切实提高人民生活水平。

四是优化外贸经营主体。继续激活优化一批外贸企业、巩固提升一批外贸企业、承接引进一批外贸企业、鼓励支持一批外贸企业，既要发挥中小企业的灵活、创新与补充作用，更要吸引大企业、跨国公司等参与其中，形成由大企业为龙头、中小企业广泛参与的梯次结构。鼓励外贸企业强强联合，提高国际化经营水平，培育大型龙头企业和企业集群。鼓励钢铁、羊绒、乳制品、生物医药等行业领军企业提高国际化经营水平。大力发展中小外贸企业，推动中小企业转型升级，聚焦主业，走"专精特新"国际化之路。

（二）优化贸易方式

一是做强一般贸易。一般贸易是全产业链，供应链条长、行业范围广、涉及就业人数多，是外贸竞争力的核心指标。要提升一般贸易出口产品附加值，提高企业盈利能力，加快由简单的产品供给商向产品组合供给商转型，实现货物贸易与服务贸易相互促进。

二是加快发展加工贸易一体化。推动加工贸易由组装向技术、品牌、营销转变，促进加工贸易生产制造与服务贸易融合发展，逐步变"大进大出"为"优进优出"。鼓励企业以更加开放的姿态，积极融入全球产业分工合作，更好地利用国际国内两个市场两种资源，努力提升加工贸易在全球价值链中的地位。大力引进一批产业关联度高、出口带动能力强的加工贸易项目。鼓励现有加工贸易企业向产业链两端延伸，积极发展维修、再制造、检测等业务，利用互联网、大数据等信息技术完善监管，推动产业链升级。用好综合保税区、跨境电商综试区等平台优势,积极承接京津冀、长三角地区加工贸易转移,重点承接高新技术、先进制造、节能环保、新能源、新材料、现代农牧业、农畜产品加工等产业,扩大加工贸易规模。

三是创新发展边境贸易。培育一批特色边境商贸中心,鼓励发展"互联网+边境贸易",支持建设边贸结算中心。培育发展边境贸易商品市场和商贸中心。扩大边民互市贸易区进口规模,推动二连浩特边民互市贸易区进口商品落地加工业务,加强粮食、钾肥等大宗商品进口落地加工,推进木材加工提档升级和有色金属仓储物流平台建设。支持满洲里市、二连浩特市开展边境小额贸易出口增值税无票免税试点,推动建设两个市场,发挥龙头企业带动作用,提升边境贸易综合竞争力。推动鄂尔多斯市二手车出口试点工作。

(三)发展贸易新业态

一是加快发展跨境电子商务。以促进产业发展为重点,引导传统外贸企业利用跨境电子商务拓展海外营销渠道,提升出口效益。推进跨境电商载体平台建设,构建良好的跨境电商产业链和生态圈。推动呼和浩特、赤峰、满洲里跨境电子商务综合试验区建设,支持跨境电子商务综合试验区完善信息共享、智能物流、金融服务、电商诚信、线上综合服务平台、风险防控、市场开拓、人才培育和营销等服务体系建设。积极争取鄂尔多斯市获批跨境电子商务综合试验区,形成东、中、西跨境电商辐射区。推动鄂尔多斯实现1239网购保税进口业务模式。推动已开展零售进口业务的城市对接更多跨境电商企业,探索线下体验店、分类监管、退货入区等创新举措,落实"无票免税"政策,构建便利化退税、结汇机制,促进"9610"模式出口。打造"标杆式"跨境电商产业园区,加快建设具备便捷通关、快速结汇和退税等服务功能的跨境电子商务园区。

二是加快发展外贸综合服务。扶持发展外贸综合服务企业,认真落实外贸综合服务企业代办退税管理办法,持续加快退税进度,营造外贸综合服务企业发展的良好生态。加强外贸综合服务培育企业与中小企业的双向对接,扩大外贸综合服务企业的服务对象，丰富服务内容，提高服务水平。加强信用分类管理，推动信息共享和联合监管，使更多符合认证标准的外贸综合服务企业成为海关"经认证的经营者"（AEO）。

三是发展市场采购贸易。市场采购贸易方式，是适应商品市场国际化发展建立的一种贸易方式。2013年以来，商务部会同有关部门在浙江义乌等市场开展市场采购贸易方式试点，在业务流程、监管方式、信息化建设等方面先行先试，量身定制支持政策，实现了增值税免征不退、简化申报等政策突破，逐步形成一套较为适应的管理模式，有效激发了市场主体活力，提升了贸易便利化水平，带动了地方开放型经济发展。要支持满洲里市、二连浩特市等条件相对较好的边境口岸城市发展市场采购贸易，推动满洲里市满购中心市场采购贸易方式试点工作，规范边境贸易管理秩序，把小、散、杂等旅贸商品纳入出口商品监管范围。

四是推动贸易数字化。结合数字丝绸之路建设，加快形成以数据驱动为核心、以平台为支撑、以商产融合为主线的数字化、网络化、智能化发展模式。通过提供数字贸易起航补助的方式鼓励传统外贸企业开展营销渠道数字化改造。例如，对首次完成跨境电商业务并形成相应实绩的传统企业，按照其出口额的大小给予一定的奖励。鼓励金融产品创新，设立数字贸易发展专项资金。积极推动金融机构与跨境电商平台合作，增强金融机构对数字贸易企业的授信力度。借鉴世界海关组织AEO制度，基于企业信用评级给予不同类型企业差异化的通关便利，促进数字贸易通关便利化。与跨境电商平台合作整合海外物流仓储资源，培育具有数字化服务功能的平台型海外仓。

三、完善贸易平台体系

（一）建设开发开放试验区

加快满洲里、二连浩特国家重点开发开放试验区建设，推进甘其毛都、策克和珠恩嘎达布其自治区开发开放试验区建设,"种好"试验田,做好"样板间",为内蒙古推动全方位对外开放注入活力与动力。积极打造泛口岸经济区,以满洲里为枢纽,加快建设满洲里国家开发开放试验区,辐射内蒙古东部地区;以二连浩特、集宁为枢纽,加快建设二连浩特国家开发开放试验区,推动建设集宁物流中心,辐射内蒙古中部地区;以策克为枢纽,加快建设额济纳内蒙古开发开放试验区,辐射内蒙古西部地区,形成东中西各具特色、功能齐全、产业配套、服务完善的综合性经济区域。

(二)建设跨(边)境合作区

支持边境经济合作区、跨境经济合作区推进"小组团"滚动开发,提升投资贸易促进、园区及产业发展规划、信息化应用、人才培训等公共服务水平,与国家级经济技术开发区等园区、内地省份开展区域合作,推动形成协同发展新格局。重点推进二连浩特—扎门乌德跨境经济合作区建设,促进直接投资,发展配套产业,形成跨境旅游、过境贸易、跨境物流、进出口加工、新兴产业、电子商务、对外投资等相互促进的合作新格局。推动设立以国际贸易、边境互市贸易、过境加工、口岸物流、跨境旅游为主的中蒙策克—西伯库伦跨境经济合作区,以互市贸易、综合保税、进出口资源加工、商娱旅游、物流集散为主的中蒙乌力吉—巴音戈壁跨境经济合作区和敖伦布拉格国际保税物流园区,使之成为带动周边地区经济发展的重要引擎。积极争取建设中蒙国际产能合作示范园区,拓展与蒙古国能源资源合作,实现煤炭、石油、萤石、油页岩、石墨、有色金属等矿产资源落地加工转化,加快"通道经济"向"落地经济"转变。推进中国(呼和浩特)跨境电子商务综合试验区在建立跨境电子商务政策体系、数据化监管方式、供应链综合服务体系等方面先行先试,培育外贸竞争新优势。加快呼伦贝尔中俄蒙合作先导区建设,把先导区建设成为欧亚大陆桥的重要枢纽、国家沿边开放合作发展的重要区域以及睦邻友好和边疆稳定的示范区。支持策克口岸申报互市贸易区及边境经济合作区,改变策克口岸"一煤单一"的局面,推动"互联网+边境贸易""互市+加工""直营+平台"经营模式,拓宽边境贸易渠道,扩大边境贸易规模,推动新业态、新模式与边境贸易融合发展。

(三)建设外贸转型升级基地

内蒙古目前获批 10 个国家级外贸转型升级基地,在 19 个中西部地区中位列第一。分别是:呼和浩特市羊绒制品基地、包头市黑色金属材料基地、包头稀土高新技术产业开发区稀土新材料基地、鄂尔多斯市羊绒及制品基地、通辽市肉牛基地、巴彦淖尔市番茄基地、巴彦淖尔市籽仁产业基地、巴彦淖尔市脱水蔬菜产业基地、赤峰市羊绒制品基地、赤峰市杂粮杂豆基地。

一方面,加快推进外贸转型升级基地建设。面对复杂的国际经济贸易形势,尤其是在全球经济下行趋势明显的背景下,内蒙古应借助各类外贸转型升级基地来进一步推动高水平对外开放,利用好企业集聚所产生的产业链效应进一步优化营商环境,制定更多投资促进政策,积极回应外资企业关切,打造公平透明可预期的投资环境。重点在羊绒加工、农畜产品、装备制造、生物医药、冶金制造、化工产品等领域培育产业链条完整、产品特色鲜明、公共服务体系完善、国际市场竞争优势明显的外向型产业发展集群,打造基地出口龙头企业,发挥基地在培育技术、品牌、质量等方面的载体和示范作用,形成区域优势特色集约集聚发展。各盟市要根据区域产业特点,积极壮大现有基地和培育新基地,发挥基地企业外贸转型升级带动作用。

另一方面,创新外贸转型升级基地发展新模式。作为产业集聚区和吸引外资、做大外贸的重要平台,内蒙古各类外贸转型升级基地要更多引进研发、结算等功能性机构,嫁接外贸新业态,特别是主动建设外贸公共服务平台,从而在培育先进制造业产业集群的同时为实现对外贸易的高质量发展提供充足的后劲。各类外贸转型升级基地要更加主动地复制推广自贸试验区改革试点经验,加大"放管服"改革的力度,努力创新管理制度,为产业和贸易高质量发展提供新路径。鼓励以政府购买服务方式委托基地行业商协会或专业服务机构负责基地的管理服务。

（四）发展会展平台

提升中国—蒙古国博览会国际化水平，着力办好内蒙古味道等重点展会，完善服务体系和整体功能，吸引更多的海外客商前来参会。与俄罗斯、蒙古国知名展览机构建立战略合作关系，全方位合作，促进更多国际性展会项目落户内蒙古。优化会展发展环境。加快国际平台设施建设，提高大型国际展会承载能力。优化政务服务，坚持"一站式、专业化、人性化"的服务理念，提高综合协调、交通保障、氛围营造等政务服务水平，广泛应用5G、云计算、大数据、人工智能等新一代信息技术，提高运营效率和服务质量，降低会展成本。规范会展市场秩序，加强备案登记管理和市场监管，引导各类会展平台错位错时竞争。

（五）申建中国（内蒙古）自由贸易试验区

中俄已正式签署《中华人民共和国与欧亚经济联盟经贸合作协定》，中蒙已正式启动自贸协定联合可行性研究，为中蒙俄自由贸易区的建设打好了基础。目前，中国自贸区数量已经扩大到21个，覆盖从南到北、从沿海到内陆，多点开花。内蒙古抢抓时机，积极跟进自贸区申报进展，依托呼包鄂区域产业经济发展优势，发挥二连浩特、满洲里等口岸的对蒙、对俄开放合作作用，形成3个片区的沿边自贸区，助力中蒙俄经济走廊建设。在争取与蒙古国、俄罗斯签署自贸协定（FTA）时，可借鉴蒙古国和日本签署的《蒙日经济伙伴关系协定》（EPA）部分经验，适当对中蒙拟签订的自贸协定部分条款进行微调，尽快推进自贸协定的签署，为今后构建中蒙俄自贸区奠定基础。

（六）推进国际营销体系建设

制定出台有关国际营销网络建设项目申报指南，设定境外贸易型分支机构项目、技术培训中心和售后维修服务中心项目、营销展示中心和批发分拨中心项目三个支持方向，对项目实际发生地为俄罗斯、蒙古国的企业给予一定资金，并支持有实力的大型企业在"一带一路"沿线重点市场建设集展示销售、品牌推广、仓储物流和售后服务等功能于一体的国际营销公共平台。引导鼓励中小企业与平台企业对接,开展基于产品、信息和渠道的互利合作。鼓励有实力的跨境电商企业在俄罗斯、蒙古国建立国际贸易中转海外仓和分拨中心。创新开展基于跨境电商海外仓的信保业务,建立外贸综合服务平台,为跨境电商提供申请授信—国内采购—报关出口—国际物流—信保融资—结汇退税等全流程整体供应链解决方案。

(七)搭建国际交流合作平台

充分利用国内外重大商贸活动,加强对接交流,不断扩大内蒙古知名度和影响力。组织企业参加中国国际进口博览会,用足用好广交会、华交会等国内高端展会平台。完善重点市场、重点行业、重点采购商三类数据库,不断扩大和深化内蒙古与俄罗斯政府、蒙古国政府、贸易促进机构以及行业组织之间的交流合作,整合商协会、海外企业及分支机构等资源,多渠道、多模式创建经贸合作机制与平台。

四、促进泛口岸经济发展

(一)增强中欧班列辐射带动作用

推动满洲里、二连浩特铁路口岸基础设施升级改造,完善中欧班列运营平台,推进经内蒙古主要枢纽和口岸节点始发、到达的国际货运班列常态化运行,促进中欧班列通关便利化。以满洲里和二连浩特口岸所在盟市为中心,建设中欧班列货物大型集散基地,吸引外省市、内蒙古以及回程班列货物集中到口岸进行集散,扩大内蒙古中欧班列货物的辐射张力,带动相关产业在周边聚集和发展。配套建设口岸班列集散基地,建设多式联运监管中心,以公路运输补充部分铁路运力、以航空运输加快物流速度,推动量小价高的高附加值、高精尖技术产品通过班列走出国门。以中欧班列为依托,在已有的乌兰察布、乌蒙欧、蒙连欧班列三条线路基础上，进一步探索中欧班列在内蒙古的发展运行模式，将更多的内蒙古品牌产品和特色资源通过中欧班列输送出去。积极面向全国，增加中小企业参与中欧班列的可能性，拓宽内蒙古班列市场的深度、广度。

（二）促进进口资源落地加工转化和价值提升

培育面向入境蒙古国煤炭的区域性交易中心，不断提高进口煤炭场内交易比例，完善现货交易各项制度，探索进口煤炭的现货连续交易、中远期交易、期货交易等新模式，促进蒙古国煤炭在内蒙古完成价格发现和价格形成，助力内蒙古逐步掌握入境蒙古国煤炭定价权。以满洲里、甘其毛都、策克、满都拉、黑山头等地为重点，发展以进口木材、煤炭、黑色和有色金属为对象的进口资源精深加工产业。以满洲里木材加工园区、北方（乌兰察布）家居产业园为重点，重点帮助支持相关企业发展木质地板、门窗、家具、木质房屋等精深加工产品。加快推进满洲里国际木材交易中心健全保税仓储加工以及交割等服务功能，使其尽早成为辐射次区域的国际性木材及其制品综合交易中心。

（三）打造依托口岸的中蒙俄国际供应链组织中心

以口岸集疏运等基本物流服务为基础，拓展中蒙俄国际贸易、供应链组织、产业合作等服务领域，打造中蒙俄国际物流供应链组织中心。境外依托俄罗斯、蒙古国国际合作物流基地，延伸商品贸易、区域分拨配送、保税仓储、供应链金融等服务链条，以强化进口商品的贸易组织和货物集结，出口商品的区域分拨配送，培育具有通道化辐射能力的国际供应链和产业组织中心。例如，针对俄罗斯、蒙古国粮食合作，依托境外加大对粮食种植地区的铁路场站等设施整合力度，构建俄罗斯粮食收储体系，采用粮食专用车与集装箱相结合运输方式，畅通粮食铁路干线大运量通道，实现大规模粮食进口，并在满洲里等口岸进行集散、交易、加工。

五、加强国际产能合作

（一）明确产能合作共生目标

一体化模式是共生模式中组织程度的最高形式，能够深化中俄经贸合作关系，提高双边或多边市场一体化程度，降低双边或多边在合作过程中的不确定因素，提高双边或多边资源配置效益和投资效益。因此，为了形成长效的互利共赢合作机制，推动构建中蒙、中俄一体化的产能合作组织，绘制中蒙、中俄产能合作需求图，明确产能合作目标。

（二）优化产能合作共生环境

深入了解俄罗斯、蒙古国市场需求，"量身定做"中俄蒙产能合作方案。中国与俄罗斯、蒙古国开展产能合作要满足中国的比较优势和俄罗斯、蒙古国的产能需求、合作基础等条件。通过掌握俄罗斯、蒙古国经济发展规划、发展基础和市场准入政策等，才能有效针对俄罗斯、蒙古国市场需求制定其产能合作需求图。推动中俄蒙产能合作还需要政治、制度、智力、专业服务的支撑，即通过完善支撑体系来保证中俄蒙产能合作在顶层设计、政策框架、风险防控、法律保障、咨询服务等方面得到充分的支持，从而推动产能合作项目顺利开展。同时积极对接俄罗斯和蒙古国标准，促进产能深入合作。

（三）建立产能合作协调机制

中俄蒙三国之间经济政策、相关部门、企业的协调能够提高产能合作的效率。推动中俄、中蒙通过首脑外交、部省协调和高层签署合作协议来加强政府间合作与交流。建立中蒙俄多层级政府沟通机制，共同规划和实施产能合作项目。为保证国际产能高质量合作，三国应该升级双边投资保护协定，充分利用上合组织等多边协调机制，促进产能项目合作顺利进行。

（四）探索产能合作共生模式

中国企业应积极寻找有影响力的俄企、蒙企进行合作，同时高度重视在俄罗斯、蒙古国的社会责任意识，及时回馈当地民众。如果中国企业是以独资的方式进入俄罗斯、蒙古国市场，要聘请俄罗斯、蒙古国有经验且有实力的顾问。在俄罗斯、蒙古国注册的企业最好聘请当地资深律师和法律顾问。主要原因是在注册过程中企业需要提供大量文件和需要一定审批程序，律师能够协助准备注册文件，正确履行相关程序。此外，聘请当地律师还能够避免遭受损失。这是由于俄罗斯、蒙古国的企业是严格按合同进行合作，如果对合同条款不够了解，就有可能产生一定损失。俄罗斯不同地区的税务优惠政策不同，所以中国企业还应该充分考虑企业税费、生产条件、销售、运输、气候和民族风俗等各种因素，积极融入当地社会文化。

六、营造法治化国际化便利化贸易环境

（一）完善知识产权保护和信用体系

一是健全知识产权管理协调保护机制。对海关出入境货物，知识产权管理部门要在现有知识产权行政管理体制的基础上，制定针对海关进出口货物的知识产权保护监督管理措施。统筹推进知识产权"严保护、大保护、快保护、同保护"，构建知识产权大保护工作格局。联合打击侵犯知识产权和制售假冒伪劣商品的行为，加强重点地区、重点领域、重点环节集中检查和专项整治。建立和完善跨境、跨部门执法协作长效联合机制。

二是及时开展与俄罗斯、蒙古国之间的海关国际合作。中国是最大的货物进口来源地，欧盟统计数据显示，近年来出口至欧盟的侵权货物主要来源是中国。解决问题的关键在于防止侵权产品的制造和分销。内蒙古要及时开展中蒙、中俄双边海关国际合作，建立专门的网络连接机制，通过便捷的知识产权执法互动与

合作，与俄罗斯、蒙古国交流经验，共享风险信息，打击造假行为。

三是进一步发挥知识产权研究部门和行业协会的作用。建议三国政府相关部门或公共服务组织，依托知识产权公共资源为公民和法人提供与知识产权有关的公共服务。联合三国知识产权研究部门和行业协会，在知识产权领域广泛开展决策咨询、人才培养，充分发挥研究部门和行业协会的作用，向三国政府部门提供决策信息。支持知识产权服务综合研究机构整合发展，提升知识产权服务的创新能力和战略研究能力。

四是推进 AEO 互认。近年来，中国海关着力推进国际海关 AEO 互认，将其作为加强进出口信用体系建设，参与"一带一路"和"走出去"战略的重要抓手。AEO 互认后，中国 AEO 企业在境外查验率平均降低 50% 以上，通关时间平均缩短 50% 以上。截至目前，中国海关已同蒙古国等 36 个国家和地区海关实现了 AEO 国际互认，与俄罗斯正在积极磋商中。

五是加强信用体系建设。充分利用"互联网＋信用"及大数据技术，汇聚、整合各部门主体登记、行政许可、执法检查、行政处罚、年度报告、信用红黑名单等信息，建立商务、知识产权、海关、税务、外汇部门信息共享、协同执法的监管体系。实施失信联合惩戒，努力打造公平、开放、统一、高效的市场环境。

（二）促进贸易投资自由化便利化

一是加强国际贸易"单一窗口"建设。将"单一窗口"功能覆盖至海关特殊监管区域和跨境电子商务综合试验区等相关区域，对接内蒙古跨境电商线上综合服务平台。加强"单一窗口"与银行、保险、民航、铁路、港口等相关行业机构合作对接，共同建设跨境贸易大数据平台。2021 年底前，除安全保密需要等特殊情况外，"单一窗口"功能覆盖国际贸易管理全链条，打造"一站式"贸易服务平台。

二是推进口岸物流信息电子化。制定完善不同运输方式集装箱、整车货物运输电子数据交换报文标准，推动在口岸查验单位与运输企业中应用。实现口岸作业场站货物装卸、仓储理货、报关、物流运输、费用结算等环节无纸化和电子化。

三是加强口岸通关和运输国际合作。加快制定、修订与俄罗斯、蒙古国的国际运输双边、多边协定，推动与俄罗斯和蒙古国在技术标准、单证规则、数据交换等方面开展合作。扩大海关 AEO 国际互认范围，支持和指导企业取得认证，加快实施检验检疫证书国际联网核查。

四是降低进出口环节合规成本。严格执行行政事业性收费清单管理制度，未经国务院批准，一律不得新设涉及进出口环节的收费项目。清理规范口岸经营服务性收费，对实行政府定价的，严格执行规定标准；对实行市场调节价的，督促收费企业执行有关规定，不得违规加收其他费用。鼓励竞争，破除垄断，推动降低报关、货代、船代、物流、仓储、港口服务等环节经营服务性收费。加强检查，依法查处各类违法违规收费行为。全面实行外商投资准入前国民待遇加负面清单管理制度，妥善处理涉企政策落实不到位、招商承诺不兑现等问题。

五是实行口岸收费目录清单制度。落实内蒙古优化营商环境行动方案，营造透明高效的政务环境。深化"放管服"改革，深入推进"证照分离"改革，加强事中事后监管。全面落实减税降费政策，清理和规范进出口环节收费。建立价格、市场监管、商务、交通、口岸管理、查验等单位共同参加的口岸收费监督管理协作机制。加强行业管理和行业自律，引导口岸经营服务企业诚信经营、合理定价。

六是完善信用保险制度。扩大出口信用保险规模和覆盖面，进一步降低出口信用险平均费率。加强对中小微外贸企业的投保支持，提高对企业投保费用的扶持比例。引导保险机构履行出口信用保险理赔服务承诺，提升保险理赔服务质量。

（三）更广领域扩大外资市场准入

一是加强分类指导、精准帮扶，优先保障在全球供应链中有重要影响的外资龙头企业和配套企业投资生产，协调推动汽车、电子等领域外资企业向上下游企业延伸产业链。

二是保护外资企业的合法权益,保障各级政府出台的支持企业帮扶政策,对内外资企业同等适用、一视同仁。

三是落实国家区域发展战略,推动内蒙古加大承接外资产业转移力度,指导企业用足用好中西部地区鼓励类外资企业减免企业所得税、进口关税等一系列优惠政策,吸引东部沿海成本高的外资企业向内蒙古转移。

四是做好招商、安商、稳商工作,落实好外商投资法、实施条例和国家及内蒙古的相关政策,持续优化营商环境。

第六章
高质量推进中蒙俄经济走廊资金融通

中蒙俄经济走廊建设离不开全方位、多元化的金融支持,走廊建设蕴含着大量的金融服务需求。高质量推进中蒙俄经济走廊资金融通,不仅有助于为中国经济提供强劲发展动力、推动中国主导的开发性金融拓展国际金融业务、促进人民币国际化、加快中国金融业数字化转型、为中国外汇储备寻找新的出路,而且也是内蒙古金融业成熟化发展、商业银行发展多元化金融服务和企业"走出去"的现实需要。

第一节　中蒙俄经济走廊资金融通的主要成效

中蒙俄经济走廊下的资金融通随着三国经贸投资合作的深化不断取得成效。2017年,内蒙古出台《内蒙古自治区金融业发展"十三五"规划》,规划坚持开放发展理念,深化金融对外交流与合作,推进金融业双向开放,促进国内国际要素有序流动、金融资源高效配置、金融市场深度融合。2017年,内蒙古出台《内蒙古自治区人民政府关于进一步加强金融支持全方位对外开放的指导意见》,指出要加速内蒙古金融系统的升级发展,以便更好地支持对外开放。在此背景下,内蒙古同俄、蒙两国在跨境贸易本币结算、本币互换、基础设施融资、跨境投资、纸币跨境调运、新型支付合作等方面均取得了积极的进展。

一、中俄资金融通主要成效

（一）本币结算与融资规模持续扩大

近些年，人民币储备货币地位逐步提升。根据国际货币基金组织（IMF）数据，截至 2019 年末，已分配外汇储备份额占全部的 93.65%。其中美元占分配外汇储备份额的 60.89%，欧元占 20.54%，日元占 5.7%，英镑占 4.62%。全球人民币储备规模为 2176.73 亿美元，占已分配外汇储备总额的 1.96%，居于美元、欧元、日元及英镑之后，居第 5 位，这是 IMF 自 2016 年开始公布人民币储备资产以来的最高水平。人民币支付方面，根据环球同业银行金融电讯协会（SWIFT）数据，10 年前人民币在全球支付货币中排名第 35 位，金额比重不足 0.3%。截至 2020 年 4 月末，人民币成为全球第六大支付货币，占全球所有货币支付金额的 1.66%，排名仅次于美元、欧元、英镑、日元及加元。

随着人民币在国际贸易和投资领域中的地位提升，越来越多的国家和中国签订货币互换协定，其中俄罗斯表现尤为积极。如表 6-1 所示，从 2016 年到 2019 年人民币在俄罗斯外汇储备篮子里的比重大幅增加，达到 14.2%。俄罗斯是最早同中国签订货币互换协议的国家之一。2014 年 10 月中俄两国央行签署了为期 3 年 1500 亿元人民币与卢布互换协议，2015 年俄罗斯央行将人民币纳入储备资产中，2016 年 9 月中国人民银行与俄罗斯中央银行签署在俄建立人民币清算安排的备忘录。跨境贸易本币结算方面，2009 年 7 月跨境贸易人民币结算正式试点，之后该试点进一步扩大，2017 年 10 月中国推出了专门针对人民币和卢布的支付对支付（PVP）系统，之后中俄本币结算业务规模不断扩大。

表6-1　　　　　　　　　　俄罗斯外汇储备篮子比重

占比	2016年6月	2019年3月
美元	48%	23.6%
欧元	36%	30.3%
人民币	—	14.2%
英镑	—	6.6%
其他货币	16%	25.3%

资料来源：俄罗斯央行官网，https://cbr.ru/。

改革开放40多年来，内蒙古与俄罗斯的经贸关系从边境的易货贸易发展成为集边贸、经贸合作、投资、金融于一体的全方位、多元立体的经贸合作形式。伴随经贸需求的扩大，内蒙古同俄罗斯在金融领域的合作日益深入。

一是跨境本币结算进展迅速。作为"走出去"战略的重要组成部分，内蒙古金融机构与俄罗斯的一些银行开始建立本币结算和银行卡业务。2005年8月，中国农业银行满洲里分行与俄罗斯联邦外贸银行赤塔分行开设双边本币账户。2006年9月，中国农业银行满洲里分行与俄罗斯储蓄银行贝加尔分行签署本币结算协议，实现了内蒙古同俄罗斯真正意义上的本币结算。截至2020年8月末，内蒙古对俄罗斯人民币跨境收支累计118.7亿元，其中收入31.4亿元，支出87.3亿元，对俄人民币跨境收支逐年提升。呼伦贝尔市是内蒙古中俄跨境本币结算的主要实施地区，满洲里口岸中俄双边本币结算量增长迅速。根据表6-2的人民银行呼伦贝尔市支行统计，2016年满洲里口岸双边本币贸易结算量占地区对外贸易额的42%，2017年为63%，2018年为65%，2019年为58.6%。根据2019年的数据，内蒙古口岸商业银行开办的卢布业务包括卢布存取、卢布兑换、卢布汇款。

表6-2　　内蒙古满洲里口岸双边本币贸易结算量占地区对外贸易额占比

年份	2016	2017	2018	2019
占比	42%	63%	65%	58.6%

资料来源：人民银行呼伦贝尔市中心支行官网。

二是代理行服务不断拓展。2019年内蒙古各商业银行与俄罗斯商业银行建立代理行结算关系6个，开立金融同业往来账户5个，俄罗斯境外参加行已经覆盖俄罗斯东北亚地区主要商业银行，双边本币结算已经成为中俄贸易结算的重要渠道①。

三是率先开展卢布现钞使用试点。2013年10月，国务院指定呼伦贝尔满洲里市为卢布现钞使用的试点城市，2015年正式启动。兑换业务落地后，俄罗斯货币在满洲里市可以自由使用，大大促进了俄罗斯公民在中国境内特别是内蒙古的消费、经商行为。试点以来，卢布现钞兑换业务在呼伦贝尔市有序展开，满洲里市共有8个银行营业网点办理卢布兑换业务。呼伦贝尔市商业银行同俄罗斯银行建立7个账户行关系，2019年结算金额3.53亿美元，现钞兑换业务推动了中俄双边经贸往来，支持了边境口岸地区旅游、商贸发展。

四是其他金融业务也有所突破。从2007年开始，在俄罗斯开通银联卡业务，俄罗斯境内的许多银行卡可以在满洲里使用，促进了双边金融服务水平和边民互市贸易发展。内蒙古不断探索发展对俄股权融资、质押贷款、进出口信贷等新型金融业务服务。积极鼓励内蒙古新型互联网支付结算行业参与，为中蒙俄经济走廊建设提供便捷的金融支付结算服务。

（二）跨境投资合作进展顺利

《建设中蒙俄经济走廊规划纲要》提出，要充分发挥各地比较优势，推动地方及边境地区合作，建设一批地方开放合作平台，共同推进中蒙俄经济走廊建设。截至2020年8月底，内蒙古新设对俄罗斯、蒙古国境外投资企业270家，协议投资总额25.65亿美元。内蒙古对俄投资行业以煤炭开采、木材加工和批发等行业为主。

毗邻地区的跨境投资是内蒙古的对外投资重点区域。在中蒙俄经济走廊沿线，作为同内蒙古唯一接壤的俄罗斯联邦主体，同外贝加尔边疆区的跨境投资合作契合了中蒙俄经济走廊资金融通的宗旨。如表6-3所示，内蒙古对俄跨境投资同中

---

① 冯建功：《"一带一路"倡议背景下内蒙古对蒙古国、俄罗斯金融合作的思考》，《内蒙古财经大学学报》，2019年第1期，第50页。

国对俄外商直接投资的主要领域吻合，在开采加工、木材加工、加工制造业、住宿业、批发零售业、农业种植、仓储业和园区投资方面，以内蒙古为代表的中国省份同外贝加尔边疆区跨境投资合作进展顺利（见表6-4）。

表6-3 中国对俄罗斯外商直接投资主要领域及占比（2018年）

投资领域	开采加工	农业及木材加工	加工制造业	商业租赁服务	金融	批发零售
占比	48%	19%	11%	7%	4%	3%

资料来源：《中国在俄罗斯的直接投资动态：结构、影响因素》，《欧亚科学通报》，2019年第11期，第2页，https://esj.today/ PDF/78ECVN219.pdf。

表6-4 俄罗斯外贝加尔边疆区主要贸易伙伴及贸易份额（2019年）

国家	中国	瑞士	乌兹别克斯坦	委内瑞拉	韩国	蒙古国	其他国家
百分比	81.1%	3.3%	1.1%	8.5%	2.1%	0.6%	3.3%

资料来源：《外贝加尔边疆区2020年投资战略》，第27页。

2013年中国内蒙古神华集团同俄罗斯的En+集团组建合资公司对外贝加尔边疆区扎舒兰露天煤矿进行投标，成交金额为2.45亿卢布。该煤矿于2018年正式开采，并将在2022年达到600万吨年开采量，总投资额达到300亿卢布。外贝加尔边疆区打算在2022年之前建立阿金斯克和普里阿尔贡斯克两个工业园区，分别投资7.67亿卢布和56亿卢布，其中阿金斯克工业园以吸引私人投资为主。自2005年以来，内蒙古积极推动在俄外贝加尔边疆区建立中俄经济技术合作区，不仅能得到俄罗斯方面的税收优惠，还可以形成产品加工的规模效应，集中压低中上游成本，并且利用口岸资源来承接内蒙古企业产业转移。例如，内蒙古蒙西水泥公司在外贝加尔边疆区投资开展了年产300万吨水泥熟料项目，内蒙古运筹工贸公司与俄贝加尔林业公司、瑞尔惠工贸公司与乌兰乌德东西伯利亚公司、满洲里嘉禾经贸公司与赤塔州格林莱公司开展合作。同时内蒙古企业积极进入俄外贝加尔工业经济园区、赤塔州华商贸易加工合作园区、阿金斯克工业经济园区等。

从内蒙古境内发展中俄投资项目角度来看，《中国东北与俄罗斯远东及东西伯利亚合作规划纲要（2009—2018）》中有21项在内蒙古筹备建设，其中呼伦贝尔市 8 项、赤峰市 5 项、霍林郭勒市 4 项、锡林郭勒盟和通辽市分别为 2 项，涉及机械制造、牲畜养殖、蔬菜种植、化工产品制造和金属加工等项目[①]。2018 年中俄两国推动的地方合作文件《中俄在俄罗斯远东地区合作发展规划（2018—2024 年）》是对《中国东北地区同俄罗斯远东及东西伯利亚地区合作规划纲要（2009—2018）》的有效衔接，重点同样是投资合作，为内蒙古对俄罗斯地方合作提供了重要政策支撑。

（三）金融支付合作形式不断深化

随着中国电商企业在俄罗斯市场的发力，中俄跨境电子商务发展迅猛，2018 年俄罗斯对华跨境电商贸易总额为 37 亿美元，同比增长 23%[②]，而支付结算渠道的通畅是跨境电商顺利运营的保障。支付方式的形成，为中俄跨境电商完成了最后一块拼图，形成物流、仓储和支付的完整系统。目前，俄罗斯发行的"和平"（Мир）银行卡可以用于银联的支付系统，为中国在中俄边境城市及俄罗斯大城市扩大银行卡业务创造了条件。中俄双方将继续拓展两国银行间支付系统和支付服务及保险领域合作，同意在遵守现有监管框架和世界贸易组织义务基础上促进双方金融机构和金融服务网络化布局与金融市场的整合。

内蒙古结合自身的特点和竞争优势，也在不断探索发展股权融资、质押贷款、进出口信贷等新型金融业务服务。积极鼓励内蒙古新型互联网支付结算行业参与，为中蒙俄经济走廊建设提供便捷的金融支付结算服务，逐步建立金融跨境支付结算的金融服务体系。内蒙古通过建立综合保税区、跨境电子商务综合实验区，加速构建现代开放形势下的金融服务，以申请建立自贸试验区为目标，推进以投融资便利化为目的的金融改革。突出"立足俄蒙，放眼欧亚"的大方向，进一步完善和深化中蒙俄经济走廊下的资金融通创新机制。

---

① 《中国与远东和东西伯利亚的合作：平等吗？》，http://www.1sn.ru/35602.html。
② 《俄罗斯和中国之间的电子商务同比增长 23%》，2019 年，https://news.myseldon.com/ru/news/index/205035343。

二、中蒙资金融通主要成效

（一）本币互换与结算规模逐步增加

为便利中蒙双边贸易及直接投资，中蒙两国央行于 2011 年签订了规模为 50 亿元人民币的双边本币互换协议。2017 年 7 月，中蒙央行续签了双边本币互换协议，规模为 150 亿元人民币，为缓解蒙古国经济和债务困境发挥了至关重要的作用，本协议于 2020 年到期。在本币结算方面，随着中蒙贸易的不断发展，对蒙人民币跨境结算稳步增长。据中国人民银行内蒙古分行数据，截至 2020 年 8 月，内蒙古对蒙人民币跨境收支 1043.6 亿元，其中收入 438.5 亿元，支出 605.1 亿元，有力地促进了边境口岸地区对蒙跨境贸易。

（二）货币兑换业务深入发展

2010 年以来，内蒙古各商业银行人民币对蒙古国图格里克（简称"蒙图"）现钞与现汇柜台交易快速发展，主要商业银行及地方法人金融机构均在二连浩特口岸开办了人民币与蒙图柜台兑换业务。2017 年 8 月 11 日，人民币对蒙图银行间市场区域交易在内蒙古正式启动，标志着人民币对蒙图银行间市场区域交易实现了中蒙两国货币的直接兑换。截至 2019 年 3 月末，发生同业交易 65.78 亿蒙图，代客交易 24.35 亿蒙图。

（三）纸币跨境调运继续推进

现钞调运是中蒙银行间涉外业务顺利开展的重要保障。2016 年 4 月，中国银行二连浩特分行从蒙古国郭勒莫特银行调入 1 亿图格里克，蒙图跨境现钞调运取得零的突破，中蒙双边本币现钞跨境双向调运渠道正式建立。2019 年 1 月，蒙图和人民币实现现钞双向跨境调运，2 亿蒙图现钞和 3000 万人民币现钞经二连浩特口岸同时分别顺利入境和出境。截至 2019 年 3 月末，蒙古国商业银行从内蒙古相关商业银行累计调出人民币现钞 271.65 亿元，调入人民币残损券 3000 万元；内蒙古辖内两家商业银行与蒙方商业银行开展蒙图现钞跨境调运业务，累计调入 3 亿蒙图，调出 3000 万蒙图。

（四）电子支付初见成效

随着人民币跨境支付系统运行和人民币清算安排体系的不断完善和推进，人民币清算效率不断提高，跨境清算网络不断健全。蒙古国多家商业银行已成为人民币跨境支付系统（CIPS）的间接参加行。截至 2018 年 9 月末，中国银行内蒙古分行通过 CIPS 清算人民币 8.29 亿元，满足了客户跨境人民币的结算需求；中国银行推行人民银行 CIPS 间参与银行的营销工作，成功营销蒙古国 6 家主要商业银行及内蒙古银行成为中国银行内蒙古分行 CIPS 间参行，截至 9 月末中国银行作为 CIPS 直参行，代理间参行共有 223 家，分布在全球 37 个国家和地区，其中代理境内间参行 177 家，代理境外间参行 46 家，境内行占比 79%，境外行占比 21%，进一步扩大了跨境人民币清算网络优势。

（五）银行合作继续拓展

截至 2019 年 7 月末，内蒙古各商业银行与蒙古国商业银行共建立代理行结算关系 55 个，开立金融同业往来账户 142 个，蒙方人民币境外参加行覆盖了蒙古国内所有商业银行。双边代理行成为中蒙跨境人民币结算的主要渠道。据中国人民银行呼和浩特中心支行数据，在内蒙古开通了国际业务结算的 19 家银行中，已有 18 家开办了对蒙跨境人民币结算业务，累计实现跨境人民币收支 901.33 亿元，年均增长 19.03%，占中国对蒙跨境人民币结算总量的 84.4%，占内蒙古跨境人民币结算量的 33.2%，占全区对蒙本外币结算的 68.44%。

（六）对走廊实业建设的多样化融资支持

中国银行内蒙古分行组织内蒙古上百家企业参加两届进口博览会，开展 400 多场洽谈，达成业务合作 70 多项；截至 2019 年，已累计组织内蒙古 500 多家中小企业，参加中国银行跨境撮合活动 20 余场，达成业务合作 100 多项，助力内蒙古中小企业"走出去"。中国银行内蒙古分行与多家海外机构联动，为企业办理短融中票等各类融资 85 亿元，为近百家企业提供汇率保值服务，举办境外直融与债务保值交流会，向 55 家重点集团企业推介海外债业务；先后为内蒙古 600 多家企业累计办理跨境人民币结算业务 900 多亿元，办理人民币直投 170 亿元、跨境担保 1 亿元，帮助企业规避汇率波动风险，担当人民币跨境流通主渠道。

2017 年，国家开发银行内蒙古分行向蒙古国贸易发展银行授信项目发放贷款 2000 万美元，该项目为 2016 年 7 月国家领导人访问蒙古国期间两国总理见证签约项目，发放资金用于支持 9 家当地企业采购中国原材料、机械及通信等设备。自 2006 年成立蒙古国工作组以来，国开行累计支持在蒙古国项目 10 个，累计发放外汇贷款 5.03 亿美元，重点支持了金融合作、建筑材料及矿业开发等领域，对促进中蒙经贸合作做出了积极贡献。2019 年，蒙古国开发银行子公司"DBM leasing"有限责任公司同中国国家开发银行、出口信贷保险公司启动了合作项目和计划。

（七）直接投资合作成果丰硕

根据 2019 年的数据，中国是蒙古国最大的投资来源国，中国在蒙古国直接投资占蒙古国外国直接投资的 34% 左右，这是由两国地缘、经济互补、人文、矿产开发等合作优势决定的。2018 年举办的中国内蒙古—蒙古国投资贸易合作推介会，签约项目总计 4.6 亿美元。2019 年在乌兰巴托举办的中国内蒙古—蒙古国投洽会现场签约项目 15 个，金额 75 亿元人民币。2019 年第三届中蒙博览会签约项目总计约 410 亿元。在第三届中蒙博览会期间，中蒙两国达成合作协议 168 项，协议金额约 436 亿元。

国有企业方面，2017 年内蒙古电力集团设立了国合电力公司驻蒙代表处，参与蒙古国南部电力工业规划投资建设。包头市承担的援蒙棚改项目通过了国务院立项，两家公司对外援助承包资质通过商务部认定。2019年上半年内蒙古对蒙古国投资项目达226个，协议投资额超19亿美元。2019年11月4日，在第二届中国国际进口博览会上，中国北方工业公司分别与蒙古国ETT公司、TTJV公司及我国包头市政府、包头市达茂旗政府签订合作框架协议，总投融资额超过5亿美元。

第二节　中蒙俄经济走廊资金融通中存在的主要问题

内蒙古同俄罗斯、蒙古国在资金融通中所遇到的问题同三国间金融合作中的问题具有同一性。自身的金融发展程度不够、国家及地区间的金融纽带缺乏灵活性以及一些国际因素都导致了中蒙俄经济走廊在资金融通中所面临的问题。从根本上讲，这些问题很大程度上反映了跨境贸易投资缺乏有效的金融支撑，内蒙古作为金融业欠发达省份在对外合作中表现得愈加明显。

一、中俄资金融通中存在的主要问题

（一）本币结算业务仍有增长空间

经过中俄双方多年的努力，两国间本币结算业务的开展一直在探索中前行，尽管已经取得了很大进展，但不可否认的是，目前中俄间本币结算仍处于初级阶段，未来仍有很大提升空间。

首先，跨境本币结算业务趋势放缓。本币结算方式相对单一，人民币结算、清算渠道不畅。本币结算范围有待扩大，目前中国银行、中国农业银行等商业银行能够实现人民币跨境划转，但人民币与卢布的直接清算体系尚未建立，因此，两国直接通汇的实际规模仍然很小。由于在俄罗斯境内尚未建立人民币离岸市场，通过贸易流到境外的人民币难以消化，阻碍了人民币跨境结算业务的推广。

内蒙古与俄罗斯、蒙古国跨境贸易结算中，人民币实际收付总额仍旧低于同期美元结算占比，更低于同期卢布结算占比。受中美贸易摩擦和新冠肺炎疫情影响，人民币和卢布的汇率出现趋势性下滑，这影响到了跨境贸易本币结算的推进速度。例如，据中国人民银行呼和浩特中心支行数据，2018年满洲里口岸双边本币贸易结算量占地区对外贸易额的65%，2019年下降到58.6%。对此，国内出口商更倾向于使用美元结算支付，这会进一步压缩人民币的使用空间。由于卢布贬值加剧，中方企业接受卢布作为结算货币的意愿降低，特别是满洲里口岸传统上使用卢布作为结算货币的服装、果蔬出口企业受影响最大。

其次，对俄账户行通道狭窄。内蒙古只有满洲里口岸地区的商业银行建立了对俄账户行关系，双边合作的金融通道狭窄，辐射区域小，在一定程度上影响了中俄双边企业结算。内蒙古企业间本币结算业务以汇款为主，信用证、保函等工具使用尚不普遍，这在一定程度上制约了商业银行本币结算业务的拓展和边境贸易发展。

最后，企业需求相对较弱。对于内蒙古来说，如果没有企业的需求，单纯通过政策来推动很有可能达不到预期的效果。例如，有俄罗斯学者认为，卢布在俄罗斯贸易商品的进出口中，暂时很难代替中国商人对美元的青睐①，这就需要另辟渠道拓展卢布的"中国市场"，所以我们也要考虑到俄罗斯企业的诉求。同时，非能源贸易合同的参与者绝大多数为私人企业，从其自身利益角度看，比较倾向在交易中使用更加稳定的货币，不愿意承担本币结算带来的潜在风险成本，特别是在人民币和卢布表现都不稳定的经济周期。所以，推动大规模本币结算，不仅需要技术上的设计，也需要两国高层的政治意志。

（二）双边投资总体处于低水平

观察中国的对外投资情况，近些年出现了较快的增长，但在总体对外投资扩张的背景下，中国对俄罗斯投资却意外下降。多年以来，中俄关系中一直存在

---

① 斯坦尼斯拉夫·克拉西尔尼科夫：《中国正在抓住时机》，2018年，http://expert.ru/2018/04/16/kitaj polzuetsya-momentom/。

这样一种现象,即贸易落后于政治和战略合作,外商直接投资落后于贸易合作。2009—2017年对俄直接投资存量在中国对外直接投资存量中的占比始终徘徊在1%左右,中国在俄罗斯设立境外企业近1000家,雇用外方员工两万人,这样的数据同中国对美国、欧盟甚至东南亚相比都不可同日而语。2018年初中国对俄罗斯外商直接投资额为41.89亿美元,到10月却急速下降到29.9亿美元,1—10月中国从俄罗斯抽走了24%的外商直接投资,而整个2018年中国对外直接投资增长了14%[①]。俄罗斯方面认为统计困难是造成难以真实衡量中国对俄罗斯投资的重要原因,统计难点是,俄罗斯央行只统计了来自中国地区的公民及法人的投资额,但事实上很大一部分中国投资者是通过"离岸法人"或隐瞒法人真实国籍来对俄罗斯进行投资活动的,这就大大增加了统计的复杂性。

表6-5　　　　　　　　2018年内蒙古实际利用外资情况

国别（地区）	金额（万美元）	排名
中国香港	253444	1
法国	18881	2
瑞士	12800	3
英属维尔京群岛	4387	4
爱尔兰	2834	5
日本	2717	6
英国	2420	7
中国台湾	793	8
西班牙	755	9
美国	709	10
韩国	366	11
泰国	122	12
巴巴多斯	52	13
马来西亚	50	14
蒙古国	41	15
俄罗斯	7	16

资料来源:内蒙古统计局。

近年来,受中国对俄罗斯的直接投资的不稳定,内蒙古对俄直接投资也受波

---

① 米哈伊尔·科罗斯蒂科夫:《友好的距离力量》,2019年,https://www.kommersant.ru/doc/3984186。

及。部分原因是俄罗斯在电网、航运、公路铁路运输等产业经营活动和区域限制外资进入，存在投资壁垒。如表6-5所示，俄罗斯对内蒙古外商直接投资额也处于非常低的水平，2018年仅利用俄罗斯外资7万美元，排在利用外资国别（地区）的第16位。

如果从深层次上寻找中国包括内蒙古对俄外商直接投资下降的原因，主要归结为三个方面：对俄罗斯投资环境的预期不乐观；法律文件的更迭速度过快（包括税收制度文件）。类似的案例有很多，从环保标准到国有企业歧视再到税收优惠承诺的不履行，例如，在很多基础设施建设合作中，俄罗斯认为中方投资者的要求苛刻，包括必须使用中国员工、使用中国技术以及贷款必须由国家担保等。深层原因是对俄罗斯的宏观经济环境、法律体系、金融体系和人文土壤没有一个精确的判断和评估，在投资过程中容易碰到相关壁垒，导致增加投资成本甚至其他不必要的额外成本。

（三）金融合作深化不足

一方面表现为账户行结算整体下滑，账户行下降原因包括俄罗斯经济下滑、受账户行地域限制结算优势锐减、满洲里人民币体外循环以及俄罗斯银行在2014年后不再与中国的二级、三级银行签署账户行关系，上述原因导致内蒙古对俄账户行数量呈现萎缩状态。另一方面，由于卢布现钞调运成本高，卢布现钞兑换在内蒙古满洲里开办以来出现停滞，不具备可持续性。同时，银行系统现钞兑换不能实现浮动加点兑换，加之受卢布汇率影响，银行兑换成本较高。

（四）金融合作风险较高

由于俄罗斯金融环境不佳、金融体系发展仍处于初级阶段，中国银行和企业对俄开展金融合作的风险相对较高。具体表现在五个方面：第一，俄罗斯金融政策变化较大，导致中俄企业间经济活动和金融活动面临较多不确定因素。第二，俄罗斯银行体系发展欠成熟，相关制度法规尚未完善，银行信用等级低，资本市场和保险行业均不发达。第三，俄罗斯银行业整体服务水平低。第四，中俄金融合作缺乏风险管控机制。第五，在经济形势恶化的条件下，对俄合作的金融风险加大。

从内蒙古看，对俄金融合作的风险也相对较高。目前，口岸地区尚未与俄罗斯金融监管部门建立合作关系，也没有建立监管信息共享机制，对跨国金融风险的控制监管措施尚处空白期。风险之一是，较难把握对俄边贸企业的资金流与物流匹配度，商业银行无法把控边贸企业的资金路径。由于无法掌握企业资金流向及销售收入，判断企业的真实状况及为企业核定授信额度就比较困难，在无法判断企业贸易真实性的前提下为其办理贸易融资业务，极容易引发信贷风险。不理想的金融环境将延长项目周期，增加投资成本，阻碍中蒙俄经济走廊建设推进的金融支持效果。

（五）银行业合作发展空间受限

中俄两国的贸易规模决定了两国金融合作的水平。由于两国贸易规模有限，与之相关的授信、出口信贷保险、套期保值作用的外汇远期交易、供应链融资等金融服务缺乏发展空间。对内蒙古而言更是如此。内蒙古同俄、蒙以边境贸易、小额贸易为主，与之相关的金融合作也基本以常规的贸易结算为主，较少涉及其他类型的金融服务。在空间上，加之内蒙古的商业银行在俄罗斯分支机构较少，在对俄贸易交易频繁的俄远东地区并未设立分支机构和网点。中俄金融合作的数字化水平有待于进一步提升，原因在于银行或者金融科技公司，企业则对互联网的理解依然不够深刻，内蒙古企业绝大部分依然没有摆脱传统的贸易模式，进而传导到银行领域，影响了金融数字化深入发展。

（六）国际因素导致的负面冲击

自2014年以来，由于地缘政治问题俄罗斯连续受到美国及欧洲国家的各项制裁，再叠加2020年的新冠肺炎疫情及国际油价下跌，俄罗斯金融市场及卢布汇率受到很大的冲击，卢布出现了2015年以来最严重的贬值。这些因素对中俄资金融通带来了较多负面影响。

第一，受风险影响，俄罗斯银行开具的信用证已得不到中国贸易公司在国内开户行的认可。以前俄罗斯企业可通过欧美的银行开具信用证，但后来欧美银行取消对俄企业做担保，因此信用证业务急剧萎缩。例如，满洲里口岸2015年对俄付汇信用证结算量为768万美元，而2019年结算量为207万美元，下降73.04%。第二，卢布贬值对中俄边境贸易冲击较大。卢布大幅贬值对边境贸易企业产生较大经营压力，使中方企业接受卢布作为结算货币的意愿降低，也造成中国对俄出口产品价格上升，影响俄罗斯消费者购买能力。例如，满洲里口岸的边贸服装经营者受卢布贬值影响，出现大规模关门倒闭现象。以卢布结算的果蔬出口也大幅度下滑，致使很多经营果蔬生意的边贸企业举步维艰。第三，大宗商品贸易结算受到限制。由于部分俄罗斯银行在欧美制裁之列，通过这些银行进行转汇遇到不便，因此一些企业从俄罗斯大宗进口，采取绕道第三方进行付汇。

二、中蒙资金融通中存在的主要问题

（一）投资合作面临阻碍

2009年起，境外直接投资开始在蒙古国迅速增加，主要是为了开发蒙古国丰富的地下矿藏，蒙古国经济因此进入投资主导的快速发展阶段，并在2011年创下了GDP增长纪录。然而大量、快速、不规范的开发在刺激经济的同时也为蒙古国社会与生态环境带来了相当程度的混乱，这种状况引起了蒙古国内部的严重关注。2012年5月，蒙古国议会通过并在短期内生效了《关于外国投资战略意义领域协调法》，将矿产、银行、通信等行业划入了战略领域，并规定涉及战略领域企业的外国投资占比超过49%且投资额超过1000亿蒙图（约合3.2亿元人民币）时，需要由政府交由议会讨论决定，加大了蒙古国对外商投资的门槛限制，导致外商投资大幅减少。2013 年,蒙古国外商直接投资额为 23.72 亿美元,同比下降了 55%。鉴于法规的突然实施和内容考量不够周全造成的后果,蒙古国议会在 2013 年又出台了较为谨慎全面的《投资法》。在《投资法》中依然有关于外国投资安全审查的规定,即外国国有资产法人在矿业、金融、新闻通讯领域开展经营活动且其持股比例达到 33% 或以上的,须报主管投资事务的中央行政机关(即外国投资局)进行审批。而具体在矿产行业,蒙古国曾在 2012 年、2013 年和 2014 年频繁修改矿产法律,逐步确立了较为严格的税收、矿产权和环境要求和投资限制,给在蒙古国进行矿业投资的中国企业造成了负面影响。据《2018 年度中国对外直接投资统计公报》数据,2018 年中国对蒙古国直接投资流量为 –4.57 亿美元,连续 4 年负增长,投资存量为 33.65 亿美元,比 2017 年减少约 2.57 亿美元。

(二)金融合作水平有待提升

内蒙古与蒙古国金融合作领域仅限于资金结算等业务,合作方式仅限于账户行关系。融资形式单一、服务网点稀少,尚未有正式的子行开设,中蒙银行互设子行的计划长期未能落实。中国银行 2013 年即设立了乌兰巴托代表处,并早已做好开设子行的准备,但至今依然未获得营业资格。不开设子行,中国的商业银行便无法开展正常的金融服务,更别提服务形式的多样化与范围的扩大。

(三)投融资存在汇率风险

人民币对蒙图汇率波动性大一直是影响中蒙边贸发展的重要因素。从近 5 年汇率走势看,2012 年人民币与蒙图年均兑换比率为 1∶203.68,随着蒙图持续贬值,到 2020 年 8 月兑换比率为 1∶415 左右,近 5 年蒙图相对人民币贬值超过 50%,而近 10 年超过了 100%。一方面,蒙图贬值相对提升蒙古国的进口成本,导致了其国内物价水平持续上升,蒙古国消费者对产品和服务的实际支出能力下降,抑制中方企业对蒙古国出口业务,现有的部分出口企业在出口订单方面面临违约风险,新增订单大幅减少,少数企业已暂停签署订单。另一方面,中蒙贸易结算风险凸显，蒙图贬值以来，中资银行对蒙业务办理趋于保守，部分银行调高对蒙业务办理风险等级，压缩或暂停对蒙进出口相关的贸易融资业务。

第三节　其他经济走廊资金融通的做法与启示

他山之石可以攻玉。在资金融通方面，其他五条经济走廊的主要经验值得中蒙俄经济走廊在政策设计、实践操作中学习和借鉴。学习借鉴，通过吸收、学习融入走廊资金融通政策设计、实践操作的运用中。

一、新亚欧大陆桥经济走廊

（一）创新投融资模式

以亚投行、丝路基金为首的国际性投融资机构为新亚欧大陆桥经济走廊的建设提供融资保障。同时，中资银行、非银金融机构、资本市场直接融资为新亚欧大陆桥经济走廊建设的资金融通提供更多可能性。此外，积极探讨并创新投融资模式，鼓励中资基建企业对新亚欧大陆桥经济走廊区域的市场开发工作。例如，单独或联合设立新亚欧大陆桥经济走廊沿线区域投资开发基金，鼓励产能合作与投资。扩大现有的中东欧合作项下的"中东欧100亿美元专项贷款"以及"中国—中东欧投资合作基金"的涵盖范围，解决项目推动过程中存在的相关担保难以落实的问题。

（二）推广应用人民币跨境支付系统

金融互联互通不断深化，中国先后与20多个"一带一路"沿线国家和地区建立了双边本币互换安排，与7个沿线国家和地区建立了人民币清算安排，与35个沿线国家和地区的金融监管当局签署了合作文件。人民币国际支付、投资、交易、储备功能稳步提高，人民币跨境支付系统（CIPS）业务范围已覆盖近 40 个沿线国家和地区。截至 2019 年末，CIPS 系统共有 33 家直接参与者、903 家间接参与者，分别较上线初期增长 74% 和 413%，覆盖全球六大洲 94 个国家和地区，CIPS 系统业务实际覆盖 167 个国家和地区的 3000 多家银行法人机构。

二、中国—中亚—西亚经济走廊

（一）推进本币互换

随着"一带一路"倡议提出以及"中国—中亚—西亚经济走廊"的不断推进，中国与沿廊国家高层加强沟通，积极推动融资平台之间的合作，加快推动双边本币互换和贸易本币结算，为各国之间的资金融通提供便利。就目前发展情况来看，中国与中亚、西亚国家之间的双边或者多边金融互联互通主要通过双边本币结算、货币互换协议、开设境外金融企业、落实直接汇率机制的形成等四个层面体现出来。中国分别与哈萨克斯坦、乌兹别克斯坦、土耳其、亚美尼亚、阿联酋签署了双边货币互换协议，为国家之间的资金往来提供便利。

（二）加快建设跨境融资机构

2015 年 4 月，卡塔尔在首都多哈成立了中东地区首个人民币清算中心，致力于促进中国与海湾阿拉伯国家之间贸易和投资的发展。2015 年 12 月，丝路基金出资 20 亿美元建立了中哈产能合作专项基金，重点支持中哈产能合作及相关领域的项目投资。中国与中亚、西亚国家之间还借助境外银行与合作中心来实现资金的融通。2005 年 10 月，上海合作组织银行联合体在莫斯科成立，2012 年 4 月开始运营的中哈霍尔果斯边境合作中心，以及 2016 年 1 月亚洲基础设施投资银行的成立均主要服务于"中国—中亚—西亚经济走廊"基础设施与工业项目的资本运作。

三、中巴经济走廊

（一）促进两国金融机构合作

随着"一带一路"的推进，中巴金融合作也在不断深化。在项目融资方面、证券合作、双方银行境外合作和货币结算、互联网金融等都有长足发展。2015年，中国国家开发银行与巴基斯坦签订金额为35亿美元的项目融资协议。2016年，亚洲基础设施投资银行的首个融资项目是位于巴基斯坦境内的64公里的高速公路，项目总成本约为73亿美元。亚投行作为巴基斯坦重要的合作伙伴，对能源、交通、水源供给等项目都提供了融资贷款，为巴基斯坦基础设施、民生发展提供资金支持。2017年11月，中国开发银行对巴基斯坦胡布燃煤电站项目提供了15亿美元融资，该项目是巴基斯坦最大的煤炭发电项目之一。

在证券交易方面，2017年中国金融期货所、上海证券交易所、深圳证券交易所与巴基斯坦哈比银行和中巴投资公司联合收购了巴基斯坦证券交易所40%的股份，助力发展巴基斯坦证券市场。2018年8月，中国最大证券公司——中信里昂证券收购巴基斯坦阿尔拉法银行旗下证券公司25%的股份，该公司在巴基斯坦大力发展"一带一路"沿线业务，帮助中国投资者在巴基斯坦收购企业或者投资项目。2019年11月，深交所和巴基斯坦证券交易所签署了技术输出协议，深交所以自主研发的交易和检查系统为向导，结合巴基斯坦市场行情，帮助建设和升级巴交所运行系统，进一步提升巴交所运行效率和风险防控能力，为巴基斯坦金融市场提供坚实保障。两国银行跨境合作也在进行升级，2017年11月，中国银行在巴基斯坦卡拉奇设立的分行正式开业，是中国银行在南亚地区的第一家分支机构。

（二）深化国际结算领域的合作

为了进一步提高两国投资便利化，在2011年12月，两国签署价值100亿元人民币的双边本币互换协议，2018年1月，巴基斯坦国家银行发表批准贸易商在和中国的双边贸易中使用人民币作为结算货币的声明，进一步标志着人民币结算将推动中巴双边贸易发展，实现两国利益长远发展。2019年，支付宝在巴基斯坦推出了区块链跨境汇款项目，明显改善了之前汇款难和慢的难题，为巴基斯坦当地人带去了便捷的金融体验。

四、孟中印缅经济走廊

（一）推动投资发展

2018年，中国对孟加拉国投资增量居首，深沪交易所联合体战略入股达卡交易所，帕亚拉电站、艾萨拉姆电站等重大投资项目火热建设。中国在孟加拉国通过设立专属工业园便利本国企业对孟加拉国投资，孟加拉国积极推进PPP模式为基础设施项目引入国际投资，也吸引了众多跨国企业的目光。在印度政府逐步放宽外商直接投资的背景下，中国对印投资增长迅速。据中国商务部统计，2018年中国对印度直接投资流量2.06亿美元，截至2018年末，中国对印度直接投资存量46.63亿美元。中国阿里巴巴、腾讯、小米、vivo、OPPO、复星医药、上海汽车、海尔、华为、特变电工、青山钢铁、三一重工等企业在印度投资较大，主要投资领域包括电子商务、手机、电信设备、家用电器、电力设备、钢铁、工程机械等。对缅投资方面，中资企业在缅甸投资主要注册独资或合资公司，投资领域主要集中在油气资源勘探开发、油气管道、电力能源开发、矿业资源开发及纺织制衣等加工制造业等，到缅甸考察加工制造业并投资建厂的中资企业逐渐增多。投资项目主要采用建设—经营—转让（BOT）、政府和社会资本合作（PPP）或产品分成合同（PSC）的方式运营。据中国商务部统计，截至2018年底，中国对缅甸直接投资存量46.8亿美元。据缅方统计，截至2019年3月底，共有49个国家和地区在缅甸12个领域投资1694个项目，总投资额796.05亿美元，中国内地及中国香港以205亿美元和81.22亿美元，位居缅甸第二和第四累计直接投资来源地。

（二）拓宽基础设施建设融资渠道

孟中印缅经济走廊的基础设施建设融资需求巨大，为了解决资金短缺、融资困难等问题，中国倡导成立了亚洲基础设施投资银行。亚投行重点支持基础设施建设，成立宗旨在于促进亚洲区域的建设互联互通化和经济一体化的进程，并且加强中国及其他亚洲国家和地区的合作，孟加拉国、印度、缅甸都是亚投行的创始成员国。截至2019年4月，亚投行已展开39个投资项目，项目贷款总额为79.4亿美元，主要涉及能源、交通、城市基础设施等领域。这些项目都位于亚洲，包括孟加拉国、印度、缅甸、菲律宾、巴基斯坦、印尼等国，内容涉及贫民窟改造、防洪、天然气基础设施建设、高速公路/乡村道路、宽带网络、电力系统等方面①。

五、中国—中南半岛经济走廊

资金融通主要体现在金融合作、信贷体系、金融环境等方面。近年来，中国与中南半岛国家的金融机构展开广泛合作，相继推出新型金融产品和业务，金融市场日益扩大，金融体系不断完善，资金融通已经成为中国—中南半岛经济走廊"五通"的重要支撑。资金融通可在金融合作进展和金融支撑环境建设等方面有所体现。

（一）加强金融合作

一是人民币跨境结算覆盖范围不断扩大。近年来，中国不断加强同中南半岛地区的金融合作，全面落实双边本币互换协议，不断扩大人民币跨境结算的覆盖范围。2015年1月1日，人民币正式加入特别提款权（SDR），人民币国际化进程加快，也促进了资本在中国与中南半岛国家间的自由流动，提振了中南半岛国家持有人民币的信心。中国与中南半岛国家开始陆续签订货币互换协议。截至2019

---

① 《亚投行已投入79.4亿美元为高质量互联互通提供融资支持》，搜狐网，2019年4月21日，https://www.sohu.com/a/309351111_417672。

年，中国已与泰国、越南、老挝、马来西亚、新加坡等国签订了双边货币交换协议。人民币对马来西亚吉林特和越南盾直接挂牌交易，马来西亚、泰国和柬埔寨将人民币列为官方储备货币。

二是跨境人民币结算规模及数额不断扩大。新加坡、马来西亚、泰国和越南设立了指定的人民币清算行。新加坡作为人民币国际化的重要支点，已成为全球第二大离岸人民币中心。2019年缅甸央行宣布增加人民币为官方结算货币。2019年，广西跨境人民币结算量1570.34亿元，较2018年同期增长20.5%，与东盟10国发生人民币跨境收付614亿元，占同期广西跨境人民币结算总量的42%，人民币成为广西与中南半岛国家之间第一大跨境支付货币。截至2019年12月末，广西银行累计完成越南盾现钞调运752亿盾，现钞跨境累计调入金额较2018年增长24倍[1]。2019年，云南省跨境人民币实际收付627.01亿元，同比增长9.76%。截至2019年9月末，云南省累计实现跨境人民币结算金额突破5000亿元，相继推出了人民币与泰铢、越南盾、老挝基普等挂牌兑换业务和近20种东南亚国家货币的特许兑换业务，全国首个中缅货币兑换中心在德宏州挂牌成立[2]。

三是中南半岛国家积极加入亚洲基础设施投资银行（亚投行）、丝路基金等多个融资平台。《2019亚洲基础设施融资报告》显示，亚投行共批准39个项目，总投资79.4亿美元，撬动近400亿美元的总投资，覆盖中南半岛国家交通、能源、电信和城市发展等多个领域，带动各类公共和私营资本。除亚投行外，中国—中南半岛经济走廊的融资平台还包括400亿美元丝路基金、100亿美元中国—东盟投资合作基金、3亿美元的澜湄合作专项基金、优惠性质贷款和专项贷款等，主要投资于基础设施、资源开发、产业合作和金融合作等领域[3]。中国同中南半岛国家开展的金融合作有效解决了基础设施建设中的资金融通障碍，为互

---

[1] 谭卓文：《广西跨境人民币结算量超1570亿元》，《广西日报》，2020年1月22日，第3版。
[2] 钟国华：《我省跨境人民币结算额突破5000亿元》，《春城晚报》，2019年10月25日，第A11版。
[3] 骆永昆：《"一带一路"倡议在东南亚的进展、成果和前景》，《国际研究参考》，2017年第5期，第40页。

联互通建设提供了资金支持与保障,为中国企业到中南半岛国家投资、收购与兼并等提供了帮助。

(二)改善金融支撑环境

中资银行和券商在中南半岛国家设立多个海外分支机构,同外资银行积极开展合作,中南半岛地区广泛加入人民币跨境支付系统中,人民币境外支付渠道拓宽,双方金融监管水平也逐步提升。

一方面,中国同中南半岛国家展开金融市场合作。2013年11月,中国在境外设立的首家合资证券公司老中证券有限公司在万象正式挂牌成立,开始中国与中南半岛国家的金融市场合作。2014年老中合资的富滇银行在老挝万象正式开业,中国银行柬埔寨奥林匹克支行成立。2015年中国银行获准担任马来西亚吉隆坡人民币清算行,老挝万象分行开业,在缅甸设立仰光代表处,在泰国新开设3家分行。中国工商银行获准担任泰国曼谷人民币业务清算行,缅甸仰光分行正式开业。截至2018年,中国农业银行已与东盟国家103家银行建立了合作关系,为东盟国家银行同业设立了45个人民币清算账户,办理国际结算业务185亿美元,与泰国央行、马来西亚银行、星展银行等多家银行开展银行间债券市场交易450亿元。截至2019年9月,中国工商银行在东盟9个成员国设立了67家分支机构,成为该区域经营网络覆盖面最广的中资银行之一,"一带一路"银行间常态化合作机制逐渐形成[①]。2015年10月人民币跨境支付系统正式投入使用,采用实时全额结算模式,满足了中南半岛客户汇款和金融机构汇款等支付业务和跨境人民币贸易、投融资业务等结算要求。近年来,中国的移动支付服务在中南半岛地区迅速展开市场,支付宝和微信支付已在中南半岛全部国家开展业务,当地商户使用中国的移动支付服务已成为一种普及的支付形式[②]。

---

① 《中国—东盟:共建金融开放门户共享金融合作未来》,搜狐网,2019年9月23日,https://www.sohu.com/a/342694123_175647,访问时间:2020年6月18日。

② 张沛、徐友仁:《从东南亚到中东,看中国跨境支付海外发展之路》,中国移动支付网,2019年4月15日,http://www.mpaypass.com.cn/news/201904/15193334.html,访问时间:2020年6月20日。

另一方面，中国与中南半岛国家不断加强金融监管合作，为资金融通提供制度保障。中国银保监会先后与新加坡、泰国、越南、马来西亚金融监管当局签署双边谅解备忘录，就市场准入、日常监管、现场检查、双边互访、信息交换等内容达成共识。中国证监会与新加坡、越南、马来西亚等国的证券期货监管机构签署监管合作协议，促进双方在证券期货领域的跨境监管合作与信息互换。中国保监会同中南半岛地区建立了亚洲区域保险监管合作机制，签署了保险监管谅解合作备忘录。

第四节　高质量推进中蒙俄经济走廊资金融通的对策建议

对于解决中蒙俄经济走廊建设中的资金融通问题，需要综合性的政策措施，既包括传统金融合作的深化，也包括新型金融合作模式的开拓。同时要借鉴其他地区的先进经验，根据内蒙古的特点有侧重地推进几个方面的政策设计，当然这也需要同俄、蒙两国开展有效的政策协调，在达成一致的基础上共同推进中蒙俄经济走廊资金融通。

一、中俄资金融通对策建议

（一）在人民币国际化战略下继续深化本币结算

中俄两国的金融合作相比贸易与投资领域基本处于发展的初期，但合作进展迅速。在美国金融制裁下，俄罗斯可能会遭遇美元结算限制，对此俄罗斯提出"去美元化"战略，这同中国的"人民币国际化"战略找到了一定的契合点，其中贸易本币结算就是最易推动的领域。从2018年开始，俄罗斯央行积极加配人民币储备资产，显示出全球外储体系的"网络外部性"约束被逐渐打破①。2018年俄罗斯政府宣布在同主要贸易伙伴的结算中分阶段地脱离美元，目前中俄两国在货币结算中卢布与人民币所占的比例分别是18.3%和16.9%②，根据曹远征的研究，新冠肺炎疫情下，俄罗斯货币出现同人民币同涨同落的迹象，预示着卢布有"锚"定人民币的倾向，这意味着有很大的潜力扩大本币结算比重，所以，在贸易和投资领域，对于中国有谈判能力和定价权的情况，应争取更多使用人民币计价和结算③。目前，中俄本币结算也仅仅处于初级阶段，况且还面临两国经济调整背景下的贸易下滑倾向，所以如何继续深化贸易本币结算，通过其他方式向俄罗斯释放人民币资本是需要考虑的战略方向。

内蒙古须发挥政策引导和金融职能作用，帮助企业利用境内境外两种资源，加快发展人民币对俄跨境结算业务，支持企业境外发债、跨境并购。在国家加速人民币国际化战略的目标下，应在俄罗斯积极布局人民币离岸市场，争取国家同俄罗斯探讨在西伯利亚及远东地区开展人民币跨境融资、发行人民币债券，为当地提供居民开设人民币存款账户服务，方便离岸人民币回流，使拥有人民币的境外企业可以在这一市场上融出资金，获得收益，实现以金融带动内蒙古产业发展。从拓展边境贸易及深化内蒙古金融市场方面考虑，这很大程度上提高了境外企业使用人民币结算的积极性，也会推动内蒙古在跨境资本流动方面取得实质性的进展。

在具体策略选择上，充分利用新冠肺炎疫情防控与经济重启来推动国际合作，立足大宗商品交易、重大项目和产业园区建设融资、货币互换和储备等货币国际化关键环节，统筹建立人民币区域性闭环回流机制。一是以能源、矿产等大宗商品为载体，构建以人民币计价、支付和结算的大宗商品交易市场；二是在重大项目及境外产业园区建设中，引导市场主体扩大融资安排中的人民币规模；三是深

---

① 邢自强：《外资流入：中国资本市场变局》，《财经》，2019年第5期，第38页。
② Владислав·Гринкевич：Доллар не спешит прощаться//Профиль，2019，https://profile.ru/economy/sobytiya-nedeli-v-ekonomike-3-9-iyunya-2019-goda-148141/。
③ 曹远征：《人民币是否进入升值通道》，《财经》，2020年第26期，第78页。

化货币互换，引导互换人民币进入当地授信系统，增加俄、蒙基础设施建设的资金来源。

（二）多层次推动跨境基础设施建设融资

基础设施融资成为近些年很多区域及国际金融机构的重点融资对象，特别在中国倡导的亚投行成立以后，基础设施融资业务的开展在全球范围内呈加速之势。在中蒙俄经济走廊建设中，俄、蒙两国对基础设施建设融资的需求量很大，这就要求中国在合作过程中寻找互利双赢的金融合作模式，其对快速消化国内产能、以互联互通实现经贸融合的作用不可低估。俄罗斯科学院远东研究所副所长乌亚纳耶夫提出建议，在外贝加尔边疆区和内蒙古的接壤地区可以建立享有特殊待遇的专门经济发展区域，该区域内新成立的外资企业可免除5年的利润税、矿产开采税和土地税等其他税费，并在建筑许可、电网接入、海关通关等方面享受便利服务。对此，跨境基础设施建设需要多层次、全方位的融资支持。

首先，以开放性金融带动基础设施建设。中俄基础设施项目很多带有公共产品属性，社会效用较高，但投资周期长、经济效益偏低，需要发挥开发性金融的力量。一是要加大开发性金融机构资本金补充力度。进一步完善国家开发银行、中国进出口银行等开发性金融机构的资本金补充机制，利用外汇储备充实资本金，提高以上缴税收、利润作为资本金再投入的比例。二要引导商业银行与国内、国际开发性金融机构紧密合作，采用银团贷款、委托贷款等方式支持中蒙俄经济走廊基础设施项目投资。

其次，完善多元化筹资机制。基础设施建设资金需求量巨大，政府难以包办，必须创新筹资机制，鼓励社会多元化投资。一是要鼓励民间资本参与中俄信贷项目，进一步激发民营资本的参与热情，结合混合所有制改革、发展以民营资本为主导的中蒙俄经济走廊股权投资基金。二是要加快PPP投融资模式的配套制度建设。由规划部门和相关管理部门有意识地设计多个PPP创新方案，尽快进入招标实际操作，发挥范本的引领带动作用。三是要吸纳境外资金支持战略性基础设施项目。

引导外汇储备、社保、保险、主权财富基金参与中蒙俄经济走廊基础设施建设。

最后，发展人民币基础设施建设融资。在中蒙俄经济走廊建设过程中，三国之间的陆路通道、交通枢纽与内地城市的互联互通、中心城市与经济腹地之间的互联互通，为以人民币为主要结算单位的融资模式提供了重要条件。通过人民币贷款、债券以及其他形式的人民币金融工具为跨境基础设施建设注入充足的资金，也为人民币国际化创造了更多的投融资机遇。

内蒙古参与基础设施建设融资主要分为两个方面。首先，以多层次融资方式参与对外能源基础设施领域开发建设。内蒙古要以优势产业为依托、大力实施对俄能源开发战略，采取在靠近高端战略矿产资源储备的地区布置自己的生产制造基地，通过收购、股权投资和参与"政府与私企伙伴关系"的方式，获得俄罗斯特别是远东和西伯利亚地区资源的开采权和产品分配权。融资上，对于需要进口能源的企业特别是有资质的内蒙古能源企业，开发性金融机构应该以低利率为他们提供美元贷款，鼓励企业去俄罗斯远东参与能源竞争，这样一方面可以解决国内企业融资难的问题，另一方面又可以为过剩的外汇储备寻找可靠的投资方向。

其次，内蒙古跨境地区的基础设施融资需求。在跨境交通基础设施建设方面，内蒙古对俄跨境地区的交通基础设施建设需要大量的资金。满伊铁路建设进展缓慢，绥满高速公路海满段没有贯通，公路口岸货运通道与俄方未直接对接，这些基础设施项目均不同程度上受到资金的掣肘，限制了对俄贸易发展潜力的释放。目前对中蒙俄经济走廊相关基础设施建设的资金主要来源于中国中央及地方国有金融机构，接下来项目的融资模式和参与主体要更加市场化，让更多的市场化主体参与。如内蒙古可以探索通过项目融资的方式对俄基础设施融资，即以项目自身现金流、项目本身资产或股东增信作为偿债保障，目的是降低融资成本，用更加市场化的融资模式，才能更加优化成本与收益，且更具包容性。

（三）为企业提供多元化金融服务

十九届五中全会提出的构建国内国际双循环新格局背景下，企业"走出去"

是中国实现经济外循环的重要组成部分。

第一，在"走出去"过程中，内蒙古应鼓励企业加大对俄投资力度。拥有丰富矿产能源的远东和西伯利亚地区是潜在的重要投资区域。目前，俄罗斯远东和西伯利亚是整个俄罗斯投资回报率最高的地区，每年新增的外商直接投资（FDI）有30%集中到了远东地区，俄罗斯不断改善的营商环境能给外国投资者带来更丰厚的回报。在俄罗斯投资的成本优势体现在土地、税收、能源等方面，俄罗斯的土地价格、工业用电价格和税收都比中国要低，人工成本目前也和中国相差无几，具有较强的吸引力。对此，内蒙古应积极培育具有国际竞争力的跨国公司作为投资俄罗斯远东及西伯利亚地区的主体，通过直接投资、参股或者建立合资企业的方式来开发该地区的资源，同时在资源储备区建立自己的生产制造基地，将当地资源转化为产品。这样，既发展了俄罗斯当地的经济，又获得自己的利益，还可以免除获得对方资源的嫌疑。这一方面给远东和西伯利亚地区带来发展所需的资金，同时又会缓解内蒙古的产能过剩。

第二，内蒙古应为"走出去"企业提供多元化融资服务。通过有效途径争取国家丝路基金等战略性投融资机构的资金支持，或积极申请国家开发银行、进出口银行等政策性银行的项目支持。引导地区金融机构在风险可控、商业可持续的前提下为"走出去"企业和国际产能合作提供优质金融服务。创新商业保理、金融租赁和定向信托等多层次融资服务，满足"走出去"企业金融服务需求。推动中俄机动车辆保险、货物运输保险、工程保险、旅游保险等合作，发展跨境投资贸易信用保险。争取国家支持，与俄罗斯地方政府签署协议，给予其政府低利息贷款或经济援助乃至债务减免，条件是允许人民币投资，资金援助或贷款是人民币。支持在俄境外企业的国内投资主体通过内保外贷、转贷款、项目融资、授信额度等方式在风险可控前提下对境外投资企业提供银行信贷支持。地区商业银行通过出具保函等担保方式积极解决对俄投资企业境外融资难问题。地方各级政府可动用专项补贴等有关资金，对在境外投资优势企业或具有战略性项目企业给予财政支持，或通过财政资金增信来撬动信贷资金。同时，由企业出面去谈股份、股权等，生产的产品可以出口到中国，把目前的进出口贸易转变为跨国公司的内部贸易。

第三，内蒙古应加速优化服务和创造新的金融工具，特别在开拓俄罗斯市场方面更需要形成合力，才能实现中蒙俄经济走廊下的各个战略目标。在投资过程中发掘和应用新的跨境金融手段，将传统的债权融资转变为股权融资，即按照现代企业治理方式构建恰当的股东结构和管理层，通过引入市场化民营经济的混合所有制（PPP），实现国有和民营各自发挥优势，风险共担。内蒙古应在资金、税收等方面对涉外企业给予优惠和政策扶持，鼓励有实力的企业参与对俄合作。在鼓励企业"走出去"过程中，一定要注重"品牌"企业的社会效益与影响力，提高品牌企业知名度，一方面靠宣传营销，另一方面还需从根本上提高品牌企业的"硬实力"，让更多的企业去竞争国际市场。

第四，内蒙古要充分利用海外资金，拓展多元化的融资手段。无论是国企还是民企都应该借助跨国资本市场，降低融资成本和投资风险，而上市公司作为项目投融资载体更要优先考虑。内蒙古相关企业如果在俄罗斯设立子公司，还可以利用"内保外贷"的方式，将人民币资金以定期存款形式抵押给国内银行，国内银行可以据此存款向俄罗斯开出人民币备付信用证，以担保企业在俄罗斯的子公司从当地银行获得融资。

第五，学习国内其他地区新型跨境融资经验。内蒙古可以借鉴广西和云南两省区的"沿边金融改革试验区"政策，建立诸如"财政引导基金""境外转贷基金"等政策性资金池。利用跨境资本服务优势，协助内蒙古政府构建"跨境产能合作基金"，对合作项目前景进行市场化评估，积极引入国际化、多元化的财务投资者，不完全依赖中国资本，实现多赢①。同时，可以借鉴黑龙江省同俄罗斯的合作经验，成立地方合作基金。合作基金可以由内蒙古政府的国有独资投资公司设立，以向对俄投资的本地投资者作为融资服务对象，该类基金可以充分发挥对俄

---

① 许维鸿：《混合所有制金融创新路径》，《财经》，2016年第8期，第46—47页。

地方投资合作助推器的作用，服务于中蒙俄经济走廊建设。

（四）加强金融风险管控

首先要加强金融监管合作。一是强化区域监管当局间的协调一致。进一步加强与俄罗斯监管当局间的沟通互动，扩大信息共享范围，提升在重大问题上的政策协调性和监管一致性，逐步建立高效监管协调机制。二是构建金融风险预警体系。实现对中俄间各类金融风险的有效分析、监测和预警，及时发现风险隐患，确保区域金融安全稳健运行。三是形成应对跨境风险和危机处置的交流合作机制。完善共同应对风险和处置危机的制度安排，协调双方行动，维护双方金融稳定。其次要强化企业金融风险抵御能力。在跨境投资过程中，要不断提升企业抵御金融风险的能力。一是完善企业金融风险管理体系。引导企业加快构建对外投资金融风险控制和防范机制，建设中俄统一风险管理平台，实现内外风险战略的统一、政策制度的统一、风险计量的统一以及风险评估的统一。二是发起海外投资风险补偿基金。按照"政府引导、市场运作、利益共享、风险共担"的原则，针对海外投资风险特点，设立援助性基金，提升企业海外投资风险的缓释能力。三是加强金融风险信息服务和咨询服务。商务部、人民银行等部门和社会专业咨询机构要充分利用其经济信息资源优势、专业能力，为企业提供海外投资金融风险信息服务和解决方案。

（五）加快双边金融开放

多年以来，中俄大部分经济活动都集中于边境地区，但两国边境线距离双方的经济金融中心都有很长的距离，这将导致金融难以为实体经济提供有效支持。中俄两国金融机构应结合双方的经济金融发展状况进行合理的规划和布局，在符合中俄两国监管要求的前提下，充分考虑支持经济往来的需要，设置分支机构，从而更优质、更便捷地为企业提供金融服务。优化中俄金融机构布局。一方面，鼓励中国金融机构"走出去"，通过在俄罗斯设立银行分支机构配合装备产能输出,增进对当地经济金融环境、投融资政策的了解,与当地金融机构开展银团贷款、并购债券、融资代理等金融合作,以银行的跨境一体化经营服务于跨境产业链。另一方面,欢迎俄罗斯金融机构"走进来"。俄罗斯金融机构来华设立分支机构,将为中国企业利用其海外丰富网点资源和地缘优势"走出去"提供直接触点,为跨境商业合作提供跨境结算、资金池、内保外贷等金融服务,丰富中国跨境金融支持载体。

(六)发展数字化跨境金融服务

发展数字化金融,需要金融机构同企业协同,一起打造新型的对俄 B2B 模式。随着对俄合作企业对线上化、数字化的需求提升,银行机构 ToB 端的金融科技业务亦能发展起来。例如,针对外部投资企业,可以通过建立信息化系统来为企业控制风险带来便利,借助大型通信支撑平台,实现项目运作中的信息及时反馈与管理,达到国内外沟通流畅及时,做到国外账务定期报告国内总部;还可以通过银行的先进管理平台对海外资金进行管理。国内几大主要银行都有现金管理平台系统,为企业提供现金的查询、管理、授权等一系列服务,以便企业总部对海外项目现场进行管理。发展数字化跨境金融服务,在客观上要求必须大力推进 5G、卫星网络及设施、工业互联网、数据中心、物联网等新型基础设施的建设。从中国自身角度讲,可以助推"新基建"投资拉动经济增长。所以,发展中蒙俄经济走廊下的资金融通,除了企业自身的开拓进取、国家政策的有力引导,如果没有电信基础设施的大发展是绝无可能的。而大力投资建设 5G 基站,实现 5G 商用特别是在国际金融领域的使用,会大大减少交易成本。同时要协调好政府、企业、社会三方在信息、数据方面的协同发展,形成更强的合力,最终促进资本有效快速融通。

那些受新冠肺炎疫情影响较小,且在金融科技等业务上走得比较积极、准备比较充分的银行,会有新的机遇。当然,这考验着内蒙古金融服务机构适应新形势、开发新技术的能力,无疑会加强内蒙古在中蒙俄经济走廊下深化金融服务体系的动力，拓展对俄资金融通合作。从俄罗斯方面观察，新上任的总理米舒斯京未来势必会大力推动俄罗斯"数字经济"发展。在该领域，中国内蒙古自治区同俄罗斯的战略导向实现对接，有利于内蒙古开展对俄跨境电商贸易及其他新型贸易方式，资金融通模式也会随着新型贸易模式的兴起而发生根本性变革。

二、中蒙资金融通对策建议

（一）推动中蒙金融行业协调和标准统一

积极争取国家相关部委，加强与蒙古国在法律和金融行业的交流沟通，达成双方金融行业政策、标准和法律协议，建立统一的监管标准和相互协调的监管体系，以防范金融风险和金融犯罪。重点监管涉外金融机构及金融市场环境，为两国相互的金融服务铺平道路，进而继续对相互开设分行、相互建立统一信用评级等实质性问题展开探讨。内蒙古因为长期的业务实践，有与蒙古国金融及相关行业沟通合作的大量经验，在中蒙两国制定统一标准和协调行业共识的过程中可以发挥重要的信息提供、决策参谋作用。同时内蒙古应扩大金融业交流内容和共享信息，与蒙古国同行业建立常规及特殊的交流沟通机制，运用大数据与云计算的优势与便利，建立双边交流的跨境金融分类数据库和资讯云平台，进而形成信息交流、环境监测、管理处置、突发应急、征信评级的综合合作体系。根据总体政策的变化为社会提供最新的参考信息，总结社会反馈与最新实践动态，提交决策层面，为进一步改善决策提供积极反馈，形成良性循环。

（二）鼓励内蒙古金融机构开发多样化金融服务

内蒙古金融业需提升自身实力，开发市场导向的多样化金融服务。在与蒙古国共同建设中蒙俄经济走廊的过程中，中国金融企业面对拥有差异化需求的市场与潜在市场，如何利用自身优势满足市场需求并以此同时增加服务者与被服务者双方的信用，是具有挑战性的创新目标。

对于参与中蒙俄经济走廊建设的中方企业，针对企业的避险需求与蒙古国国情，适宜创新发展贸易信用和海外投资保险。结合中国对外工程承包企业的实力与特点，发展股权融资、质押贷款、进出口信贷、融资租赁等金融业务服务。扩大包括内蒙古在内的中方企业的资本体量并增强其收益保障能力，从而进一步增强其在国际市场中的竞争力。通过金融服务获得的资金可以以债权、股权、股债结合、私募基金等方式应用于中蒙俄经济走廊建设的其他领域，进而达成一个资金充分利用的良性循环，并使内蒙古的金融企业成为国内国际市场融资周转的新核心。

对于蒙古国的企业，针对蒙古国国情和行业特点进行总体风险收益评估，再研究个体企业的资质与投资前景，不可因为部分因素的潜在盈利诱惑而忽视了客观的运营缺陷和营商环境差异。对于具有潜质的企业，需研究针对同行业企业的自身优势和国际运营成熟度，做到有的放矢。在同蒙古国企业合作过程中，通过政策协调，以保险、信托等形式将金融服务对接在涉及双边贸易与合作的不同重点产业项目上，从而一方面助力中国企业更加积极地参与中蒙俄经济走廊建设，另一方面可以直接吸收蒙古国资本，并促进人民币的循环流动。

（三）深化中蒙金融机构合作

增强与蒙古国本土的金融机构合作以实现双赢。中国金融业进入蒙古国本地市场是两国金融业合作发展成熟稳定的标志，为确保双赢局面的产生，必须有合作形式的发展和创新。

一方面，通过综合实测达成利益协调。尽管中国的金融企业希望可以通过直接扩大在蒙古国的服务网络、增加服务内容来提升金融能力，但中国金融企业未来更加切实地参与蒙古国本国金融服务的方式可能是在政策协调的基础上，通过综合利用设立合作机构、战略并购、投资入股等多种形式达成与蒙古国金融机构的利益协调。这种方式更加有利于中国金融企业真正触及面向普通民众的金融服务，如人身、财产保险等。而针对蒙古国方面担心中资金融机构的开设对蒙古国自身金融体系造成冲击的可能性，双方可以商讨出资共建股份制商业银行，在协调决策的原则基础上展开合作。与有市场经验的蒙古国本地金融企业和国际金融企业合作，在蒙古国寻求证券、基金、期货等多样化交易模式，灵活和有规划地运用蒙图进行蒙古国境内投资。

另一方面，通过技术创新优势拓宽市场。中国金融企业以技术创新为引领，与蒙古国本地企业共同探寻新的金融市场是很好的利益协调方式。比如进出口银行内蒙古分行已经在内蒙古开展了区块链融资业务，有效降低了中小微企业融资门槛和融资成本，是金融创新支持实体经济发展的一次有益尝试。通过加大可行性研究的探索力度，这一实践可以推广至中蒙俄经济走廊，尤其可以助力参与跨国经营和蒙古国本地的中小型企业摆脱融资困难的窘境，真正实现建立于民心相通基础上的资金融通。继续发展新型互联网支付结算业务，将中国便利扩大至蒙古国，配合蒙古国最新的电子税收申报体系，完成蒙古国储蓄基础和税收基础的透明化与效率升级，帮助蒙古国金融业实现规范化管理并打击金融犯罪，间接助力蒙古国的经济改革，并帮助蒙古国民众获得简单便捷的收入—消费—投资综合数字终端。

（四）统筹推进内蒙古政策性融资与市场性融资

发挥内蒙古金融机构和市场主体各自的优势，丰富资金融通的层次和方式，做到政策性融资与市场性融资"统筹布局、各显其能、并行不悖、相互促进"。一方面，在内蒙古与蒙古国的金融合作中，政策性融资占据主要地位，这展示了中蒙俄经济走廊建设坚实的政策基础与国家层面统筹协调、提升建设效率的优势。应当积极争取亚洲基础设施投资银行、金砖国家开发银行、丝路基金等开发性金融机构的支持，同时进一步促进国开行内蒙古分行等政策性融资与中蒙俄经济走廊建设协调一致，确保跨境基础设施项目顺利进行。

另一方面，市场性融资体系的健康稳定发展反映了市场主体对区域性发展的积极态度和乐观的盈利预期，是真正发挥融资行为促进经济活跃特性的舞台。多元化国内融资渠道、加强国际融资合作和开放金融市场是中国正在进行的金融改革的主要内容，而将金融领域改革领域延伸至中蒙合作，创新建立中蒙俄经济走廊的特色金融模式将极大地刺激市场积极性。例如，可以将地产信托投资基金（REITs）等模式扩大至基础设施领域，结合政策性融资和市场性融资、结合国家战略投资和个人投资，实现跨国项目的资产证券化。

第七章
高质量推进中蒙俄经济走廊民心相通

第一节　中蒙俄经济走廊民心相通的主要成效

近年来,在"一带一路"倡议框架下,内蒙古充分发挥与俄蒙相邻的地缘、拥有跨境民族间的文化相似和语言相通的人缘优势,与俄蒙开展了领域广泛、内容丰富、形式多样的人文交流与合作。

一、教育交流新格局基本形成

（一）教育合作机制和平台建设成效显著

内蒙古积极发挥中蒙博览会等平台作用,与俄蒙开展互派语言文学、蒙医、法律、艺术等专业留学生,开展培训工作。推动中蒙俄三国毗邻省区中小学结成友好院校,互派语言、艺术、足球、搏克、蒙古象棋等骨干教师,开展教学经验交流。2015年,内蒙古在首届中蒙博览会时举办"中蒙高等教育发展论坛"。2016年,内蒙古举办"中蒙俄经济走廊建设与高等教育科技合作发展国际论坛"。2017年,第二届中蒙博览会时内蒙古举办了"中外大学校长教育合作发展论坛""2017丝绸之路国际那达慕'金通杯'国际大学生足球邀请赛""'一带一路'文物展（敦煌壁画）"和"中蒙教育科技展"4项活动，来自18个国家的73所高校、740余名教育界代表参加，共签署14个协议，达成12个合作意向；内蒙古师范大学牵头发起，14所国内高校、11所蒙古国学校、13所俄罗斯高校、41所"一带一路"沿线及有关国家高校，共同倡议成立了中蒙俄"丝绸之路"沿线大学联盟。2019年，第三届中蒙博览会时内蒙古开展"中蒙俄教育科技合作展"等。

（二）教育"走出去"合作办学稳步推进

内蒙古落实国家《关于做好新时期教育对外开放工作的若干意见》《推进共建"一带一路"教育行动》等文件要求，鼓励高等院校和职业院校依托自身优势，"走出去"开展境外办学。目前，内蒙古高校有18个专业取得教育部中外合作办学许可，其中7个本科教育项目，11个专科教育项目。从内蒙古与蒙古国合作办学情况看，内蒙古财经大学与蒙古国商学院、蒙古国财经大学联合成立了中蒙联合国际学院，并从内蒙古财经大学市场营销、国际贸易及会计三个专业蒙汉双语授课班选派学生赴中蒙联合国际学院学习，培养了一批具有国际视野、服务中蒙经贸合作的高素质专业人才；内蒙古师范大学在蒙古国乌兰巴托市设立了基础教育学校项目；内蒙古民族大学与蒙古国国立医科大学合作共建了内蒙古民族大学附属医院乌兰巴托分院等项目；锡林郭勒职业学院设立了对蒙职业教育培训基地，在现代畜牧业、汽车检修、园林技术、传统蒙医等13个专业领域开展了培训。从内蒙古与俄罗斯合作办学情况看，内蒙古大学与俄罗斯卡尔梅克国立大学合作建立了孔子学院，每年都开设多期汉语培训班，举办"汉语桥""卡尔梅克共和国语言文化夏令营""孔子学院日"等系列中华文化及俄罗斯文化推广宣传活动，2015年成立了"汉语言文化体验中心"；内蒙古师范大学近年来与莫斯科师范大学、俄罗斯科学院布里亚特分院等高校和科研院所签署了校际合作协议，建立了牢固的长效合作机制。

（三）对蒙汉语教师志愿者项目扎实开展

国家汉办汉语教师志愿者项目是中国为帮助世界各国解决汉语师资短缺问题而专门设立的项目，由孔子学院总部国家汉办负责组织实施。2005年开始国家汉办向蒙古国选派汉语志愿者教师12名，截至2019年，共派出14批，共计1644人次，分布于蒙古国8个省市的51所学校，累计教授学生超过1万人次。国家汉办每年会拟写招募公告发给各省市教育厅，基于地缘优势，选派志愿者教师集中在内蒙古等省区。基于跨境民族资源、蒙古文化资源优势，内蒙古在国家选派赴蒙古国志愿者人员和培训工作中发挥着重要作用。志愿者项目的实施为中蒙两国的语言、文化、科学、技术、贸易、旅游及经济领域的交流与合作做出了积极贡献，志愿者教师作为中国文化的使者，在中蒙俄经济、文化等各领域的合作交流中起到了积极的推动作用。

（四）构建多层次留学教育资助体系

目前，内蒙古已形成了包括中国政府奖学金、内蒙古自治区政府奖学金、蒙古国边防军奖学金、孔子学院奖学金、地方政府奖学金和校际的学生交流项目等多方联动的留学资助体系。根据教育部与内蒙古签署的《开展"一带一路"教育行动合作备忘录》，教育部每年为内蒙古提供20个"丝绸之路"中国政府奖学金名额。2018年6月，按照《中华人民共和国内蒙古自治区人民政府和蒙古国教育科学部关于蒙古国学生到中华人民共和国内蒙古自治区学习的协议》和《中华人民共和国内蒙古自治区人民政府和蒙古国边防总局关于培训技术人员的协议》，开展了诸多工作，为蒙古国学生来内蒙古留学提供了诸多机会和保障。

二、旅游合作不断深化

（一）旅游合作机制逐步完善

内蒙古围绕贯彻落实中蒙俄三国元首会晤中"扩大旅游领域务实合作"共识、习近平总书记视察内蒙古讲话精神和国家旅游局（现文化和旅游部）旅游外交战略，在"一带一路"倡议框架下，积极推进《建设中蒙俄经济走廊规划纲要》涉及的跨境旅游合作项目①。2003年、2005年，原内蒙古旅游局分别和俄罗斯外贝加尔边疆区对外经济联络国际合作旅游部、蒙古国国家旅游局建立了边境旅游协调会议制度。2014年，原内蒙古旅游局将分别与俄罗斯外贝加尔边疆区国际合作对外经济联络旅游部、蒙古国国家旅游局建立的"边境旅游协调会议制度"升级为"中俄蒙三国五地旅游联席会议机制"②，双边旅游合作上升为多边旅游合作。内蒙古积极落实中俄蒙三国旅游部长会议精神，与俄罗斯、蒙古国成立了"万里茶道"国际旅游联盟，2017年承办了第二届中蒙博览会框架下的内蒙古旅游暨"万里茶道"国际旅游推介会。

（二）旅游合作举措有效推进

中蒙俄三国将扩大旅游领域务实合作作为落实《中华人民共和国、俄罗斯联邦和蒙古国发展三方合作中期路线图》和《建设中蒙俄经济走廊规划纲要》的重要举措，列入三国务实合作的重要议程，并得到三国社会各界的积极响应。据中国驻俄大使馆经济商务处统计，2019年中国赴俄罗斯游客数量达到130万人次。据俄罗斯卫星通讯社报道，2019年，中国接待俄罗斯游客达65.5万人次，较2018

---

① 深化跨境地域间的旅游，例如包含蒙古国库苏古尔湖、俄罗斯贝加尔湖、中国呼伦湖和中蒙共有的贝尔湖的"大湖三角洲"，以及建设中蒙俄旅游区；中蒙俄三国旅游部门联合打造"万里茶道"国际旅游品牌。

② 中国原内蒙古旅游局、俄罗斯外贝加尔边疆区国际合作对外经济联络旅游部、俄罗斯布里亚特共和国旅游局、俄罗斯伊尔库茨克州旅游署、蒙古国乌兰巴托市旅游局旅游联席会议机制。

年增长 22%，俄罗斯成为中国主要的入境客源国之一。据蒙古国国家统计局统计，2019 年赴蒙古国的中国游客总数达 16.9 万人次，中国成为蒙古国旅游的首要客源市场。中蒙俄三国旅游合作持续升温的背景下，内蒙古成为中国接待蒙古国游客的主要地区，蒙古国也成为入境内蒙古旅游的首要客源国。如表 7-1 所示，2015 年，内蒙古接待蒙古国游客最高占到全国接待蒙古国游客的 80.6%。2018 年，中国接待蒙古国入境游客为 149.43 万人次，其中内蒙古接待蒙古国入境游客为 95 万人次，占中国接待蒙古国入境游客总人数的 63.6%，占内蒙古接待入境旅游总人数的 50.5%。中国接待俄罗斯游客数量也持续上升，而内蒙古也是中国接待俄罗斯游客的主要地区（见表 7-2）。

表 7-1　　2015—2019 年期间蒙古国入境游客统计　　单位：万人次

地区＼年份	2015	2016	2017	2018	2019
中国	101.41	158.1	186.5	149.43	—
内蒙古	81.7	88.1	92.3	95.0	81.1
占比	80.6%	55.7%	49.5%	63.6%	—

数据来源：国家统计局，http://data.stats.gov.cn/easyquery.htm?cn=C01；内蒙古统计局，http://tj.nmg.gov.cn/Files/tjnj/2019。

表 7-2　　2015—2019 年期间俄罗斯入境游客统计　　单位：万人次

地区＼年份	2015	2016	2017	2018	2019
中国	158.23	197.66	235.68	241.55	—
内蒙古	51.4	60	77.9	78.2	77.5
占比	32.5%	30.4%	33.1%	32.4%	—

数据来源：国家统计局，http://data.stats.gov.cn/easyquery.htm?cn=C01；内蒙古统计局，http://tj.nmg.gov.cn/Files/tjnj/2019。

（三）旅游活动精彩纷呈

内蒙古与俄蒙合作共同举办了一系列具有国际影响力的旅游节庆、会展等活动。由内蒙古人民政府、俄罗斯外贝加尔边疆区政府、蒙古国东方省政府共同主办，满洲里市人民政府、俄罗斯赤塔市政府、蒙古国乔巴山市政府承办的"中国·满洲里中俄蒙国际冰雪节暨中俄蒙美丽使者国际大赛"，经过多年举办，已成为提升内蒙古旅游文化产业活力、展示满洲里城市魅力、促进中蒙俄三国文化交流与发展、增进邻国友谊、推动区域合作的重要平台和文化品牌。同时，作为中蒙俄国际冰雪节重要品牌活动之一的中俄蒙美丽使者国际大赛，不仅是一项国际化的顶级选美大赛品牌，更是传播中蒙俄三国友谊与和平的纽带，成为促进中蒙俄三国毗邻地区文化、旅游、经贸合作的平台，为内蒙古发展旅游业提供了战略支持，也为三国旅游业深入发展创造了条件，成为对外交流的新名片。"中国·满洲里中俄蒙国际旅游节"通过多年举办，受到了中蒙俄毗邻地区政府的高度重视，活动期间，国内客源地辐射到东北地区、环渤海地区及长三角、珠三角、港澳等市场，国外市场以赤塔州为中心辐射到乌兰乌德、伊尔库茨克等周边地区，以及蒙古国的东方省等地，甚至吸引大量日韩和欧洲游客，旅游节已成为蜚声中外的国际性旅游节庆活动。

三、科技合作与交流持续推进

（一）项目和科技人文交流合作积极开展

2019 年以来，内蒙古科学技术厅向国家科技部推荐的与俄罗斯、蒙古国合作开展的国家重点研发计划政府间国际科技创新合作重点专项项目中，有 4 项获得立项支持，经费 646 万元，成功举办了第二届中蒙技术转移暨创新合作大会、第十六届中国（满洲里）北方国际科技博览会，进一步促进了两国人才、技术、项目合作对接。举办了两期发展中国家技术培训班，分别是"基于沙漠环境的风能太阳能应用技术国际培训班"和"生态治沙应用技术国际培训班"，来自蒙古国等发展中国家的 35 名学员参加了培训。

（二）共建"一带一路"联合实验室取得积极进展

中蒙共建了"中蒙生物高分子应用研究联合实验室"。该实验室是中国在蒙古国建立的首家高分子应用研究实验室。实验室建立以来运行情况良好，为蒙古国培养了大量专业技术人才，并开展了绘制蒙古国骆驼基因组图谱、检测分析驼乳营养成分等大量科研工作，得到了中蒙两国科技部门的高度认可。蒙古国科技部已将该实验室作为生物科学、食品科学、畜牧兽医学研究综合发展平台之一。2019年6月，中蒙生物高分子应用联合实验室通过科技部评审，被认定为首批"一带一路"联合实验室。内蒙古冶金研究院和蒙古国科学院化学与化学技术研究所共建了中国—蒙古国选矿工艺技术"一带一路"联合实验室，经过两年的建设于2019年10月在乌兰巴托揭牌成立。目前，实验室已具备开展矿产资源综合利用、选矿工艺技术试验研究等工作的基本条件。

（三）外国专家引进与服务取得新进展

扎实落实外国人来华工作许可制度，提升外国人来华工作服务管理水平。主动发挥"请进来"优势，聚焦内蒙古优势特色产业，服务科技创新战略，以院士工作站和高端外国专家项目为依托，积极引进蒙俄高层次人才。强化与俄罗斯、蒙古国人才交流，共建院士专家工作站，目前已在现代农牧业、生态、蒙医药、信息技术等领域部署认定了11家院士专家工作站，协议引进蒙古国、俄罗斯15名院士。强化俄罗斯、蒙古国科技项目引进。2020年，内蒙古高端外国专家引进项目立项25项，其中涉及蒙古国专家项目4项，安排资金108万元，引进蒙古国专家13人，项目涉及乳业、冶金、蒙医药等领域。强化外国专家表彰奖励。由内蒙古推荐的蒙古国刚·额尔德尼院士荣获2019年度中国政府友谊奖。该奖是中国政府为表彰在中国现代化建设和改革开放事业中做出突出贡献的外国专家而设立的最高奖项，大大激发了外国专家工作的积极性。

四、医疗交流合作稳步开展

(一)《建设中蒙俄经济走廊规划纲要》合作内容得到践行

内蒙古践行《建设中蒙俄经济走廊规划纲要》中"组织医疗卫生国际研讨会,实施人口卫生领域的合作"内容,与蒙古国在蒙医药研究、传染病防治、互派医疗人员、学术交流等方面建立了长效合作机制。据不完全统计,内蒙古每年诊疗蒙古国、俄罗斯患者约3万人次。内蒙古国际蒙医医院连续5年赴蒙古国开展义诊活动,每年接收蒙古国30名医务工作者进修培训。二连浩特市设立了蒙古国患者接诊处,对前来就医的蒙古国患者实行减免20%医疗费政策,年均接诊蒙古国患者5000多人次。内蒙古与蒙方联合开展了蒙医药非遗申报工作,以及蒙医药古籍的整理、修复。内蒙古加强传染性疾病防控合作交流等工作。邀请俄罗斯、蒙古国卫生检疫官员及专家共28人次参加在中国举办的口岸核心能力建设、旅行医学、卫生检疫等国际学术会议。

(二)共同抗击新冠肺炎疫情

自新冠肺炎疫情暴发以来,中蒙、中俄从官方到民间密切沟通,积极合作,守望相助、共克时艰的深厚情谊得到进一步巩固提升。新冠肺炎疫情发生后,中蒙紧密开展抗疫合作。蒙古国政府和乌兰巴托市政府在第一时间分别宣布向中国提供20万美元和5万美元的捐助。正值中国新冠肺炎疫情最为严峻的时刻,蒙古国总统哈·巴特图勒嘎访华,向中国捐赠了30000只羊。蒙古国各行业协会、朝野政党、智库团体以及教育界、文化界、企业界、留华学生等通过各种形式捐款、捐物助力中国抗击新冠肺炎疫情。中国毫无保留同蒙方分享防控经验和信息,提供医疗物资援助。内蒙古向蒙古国捐赠了10万只口罩、1000套防护服和200盒(1万人份)核酸检测试剂盒以及配套设备,表达了对蒙方抗击新冠肺炎疫情的支持。2020年11月,蒙古国连续出现多起新冠肺炎本土确诊病例,作为蒙古国近邻的中国政府又决定紧急向蒙方援助一批核酸检测仪器和试剂,帮助和支持蒙方抗击新冠肺炎疫情。社会各界人士自发捐资、捐物，充分展现了疫情无情人有情，守望相助、患难与共的精神。

五、文化合作领域不断拓宽

（一）文化交流体系不断完善

中蒙两国文化联系始于1951年，多年来特别是中蒙俄经济走廊建设以来中蒙双方开展了多渠道、多层次、多形式的文化交流与合作。两国政府通过签订文化合作协议、计划、纲要、声明、宣言等，达成了文化交流共识。基于人缘、地缘优势，2016年内蒙古出台了《关于进一步加强与俄罗斯和蒙古国进行文化交流的意见》，提出以推进与俄罗斯、蒙古国文化交流合作为重点，加强文化交流机制建设、打造中蒙俄文化交流品牌。2017年，《内蒙古自治区"十三五"文化改革发展规划》中提出，推动民族文化宽领域高层次"走出去"，加大与俄罗斯、蒙古国文化交流合作；以文化部（现文化和旅游部）《"一带一路"文化发展行动计划（2016—2020年）》为指导，内蒙古出台了《内蒙古自治区"一带一路"文化发展行动计划》，提出了与俄罗斯、蒙古国以及其他国家文化交流合作的具体举措，推动草原文化"走出去"。2018年，内蒙古积极响应和落实中蒙两国签订的《中华人民共和国文化部与蒙古国教育文化科学体育部2018—2021年文化交流执行计划》。不断完善对外文化交流政策体系，有力地支撑和保障了内蒙古与俄罗斯、蒙古国之间的全方位、多层次文化交流活动的开展。

（二）文化交流平台逐步完善

2017年中蒙两国成立中蒙人文交流共同委员会，每年举行一次全体会议，开展系列人文交流活动，为推动双方更宽领域、更高层次的务实交流与合作搭建了平台。内蒙古积极参与中蒙文化交流周、文化月、中蒙博览会、中国文化节、CCTSS中蒙国际出版交流平台、中蒙文化互译工作坊中蒙文化交流平台建设等，不断完善内蒙古文化周、乌兰巴托·中国内蒙古文化周等中蒙两国文化平台建设。

内蒙古在中俄两国人文交流框架下,策划和搭建了形式多样的对俄文化交流平台。2018 年,作为中俄两国人文交流框架下运行的重要合作项目之一的中俄艺术高校联盟"草原丝路"艺术交流活动在内蒙古呼和浩特市举办,开展了美术展、民族音乐交流演出等活动,促进了两国之间文化艺术传承、传播。在 2019 年中俄建交 70 周年之际,内蒙古大学满洲里学院俄语系的 30 余名大学生代表携手俄罗斯外贝加尔边疆区妇女联合会代表团成员,共同参加了中俄文化交流活动。内蒙古还与俄罗斯、蒙古国共同策划开展文化那达慕、美丽草原我的家—内蒙古文化周等系列活动,为中蒙、中俄文化交流搭建了新的合作平台。

(三)边境地区文化交流作用更加凸显

内蒙古边境地区积极发挥与俄罗斯、蒙古国山水相连的地缘优势,创新开展涵盖文艺演出、会展、论坛、互办城市等内容丰富、形式多样的文化交流活动,在中蒙、中俄文化交流过程中发挥着越来越重要的作用。二连浩特市精心打造了享誉国内外的"茶叶之路"品牌,成功举办"百峰骆驼"重走茶叶之路系列活动,使古老的茶叶文化、驿站文化重放异彩;连续举办的"中国·二连浩特中蒙俄经贸洽谈会",涉及民族工艺品、民族饰品、食品、机械、矿产等商业领域及经贸论坛、招商项目推介会、专场文艺演出等活动,已成为与俄罗斯、蒙古国文化交流的重要品牌会议。满洲里市持续举办的中蒙俄冰雪旅游节、中蒙俄选美大赛、中蒙俄经贸洽谈会成为满洲里对外文化交流的重要品牌活动,并吸引着越来越多的国内外游客;中俄双语招牌广告、商店比比皆是,具有中俄民族文化和特色的商品令人目不暇接;俄罗斯的套娃、桦树皮手工艺品、金属制品等随处可见;代表中国文化的"熊猫"手工艺品和介绍中国功夫、风水、中医类书籍等经满洲里口岸源源不断地流入俄罗斯各个城市。

六、媒体合作力度持续提高

（一）电视媒体合作不断加强

为共同践行服务中蒙友好合作，讲好中国故事，助推中蒙俄经济走廊建设新使命，担负中蒙两国关系维护好、巩固好、发展好历史使命，中蒙电视媒体开展了一系列卓有成效的合作。2016年，内蒙古卫视与蒙古国UBS电视台国际频道签订合作协议，每天租用UBS电视台国际频道6个小时的时段来播出有关历史、科技、美食等内容的节目和中央电视台针对境外受众制作的栏目；内蒙古蒙语卫视在蒙古国、俄罗斯布里亚特共和国落地入网，成为中国国内最早进入国外主流社会的卫星频道。内蒙古蒙古语卫视频道与蒙古国10余家主流媒体签订了节目播出和频道租赁合同，推进实施蒙古国乌兰巴托无线数字电视覆盖项目，数字移动电视业务已发展蒙古国用户2.3万余户。内蒙古有线网络公司在俄罗斯、蒙古国建设了有线电视网。中蒙开展了"寻梦中国·我在内蒙古""百名外国记者看内蒙古"等采访活动；与中央电视台、中国社会科学院联合拍摄了大型纪录片《草原丝路》。电视媒体的合作对深化民间友谊、消除误解，以及相互了解人文历史、意识形态起到了重要作用。

（二）中蒙出版交流工程稳步推进

围绕助力"一带一路"建设走深、走实、走稳、走远，内蒙古积极开展与蒙古国的出版界交流合作，为中蒙两国关系进一步发展提供长远储备力量。内蒙古新闻出版广电局于2015年启动实施"纳荷芽"中蒙出版交流工程，该工程已被纳入《内蒙古自治区参与建设"丝绸之路经济带"实施方案》和《内蒙古自治区关于重点做好蒙古国友好工作实施方案》。"纳荷芽"中蒙出版交流工程平均每年投入60万元至70万元，已推出《蒙古族动物寓言故事》《中国经典故事》《世界经典故事》等优秀少儿西里尔蒙古文图书，覆盖蒙古国34家少儿图书馆。内蒙古日报社等媒体持续推动报纸与杂志、网站、两微一端"六位一体"融合发展平台向俄罗斯、蒙古国延伸。

（三）文化"走出去"步伐不断加快

文化交流，影视先行。2014 年 3 月中国启动了"丝绸之路影视桥"工程，旨在推出一批"一带一路"题材的电影、电视剧、纪录片，逐步形成中国与丝路国家广播影视政策交流沟通、节目贸易互通、人员往来流通的区域广播影视合作大格局。中国影视剧在蒙古国所占份额从 2014 年的 7% 提升到 2019 年的 25%。自内蒙古积极推进"丝绸之路影视桥"工程实施以来，累计争取国家支持资金 2400 万元，成立了"中国影视剧喀尔喀蒙古语译制中心"，进一步加强了蒙古语卫视频道译制项目整体运作及外宣传播能力；"喀尔喀蒙古语影视译制和推广项目"（第五期）被列入丝绸之路影视桥工程 2015—2020 年首批重点实施项目，截至目前已完成 36 部 1603 集中国电视剧和 4 部电影译制任务，每年在蒙古国本土化译制播出 312 集中国优秀电视剧和其他专题类节目①。按照国家"文化走出去工程"总体要求开播的内蒙古首家面向蒙古国听众的对外广播"草原之声"入选国家文化出口重点项目，每日在乌兰巴托落地播出 8 小时，覆盖蒙古国一半人口，拥有 150 余万听众，成为提高中国文化在蒙古国影响力的重要平台；"草原之声"自 2016 年 3 月 1 日起，已正式开通官方微信公众平台，每天用基里尔文和传统蒙古文向手机用户推送中蒙文化交流合作领域的新动态、新成果。

七、智库合作成效显著

（一）中蒙俄智库联盟建设成效显著

党的十九大报告中明确提出，要深化马克思主义理论研究和建设，加快构建中国特色哲学社会科学，加强中国特色新型智库建设。为加强中国特色新型智库

---

① 《内蒙古自治区广播电视局强化宣传引领职能 推动文艺精品创作推广》，内蒙古自治区人民政府网站，2020年1月3日，http://www.nmg.gov.cn/art/2020/1/3/art_151_293598.html。

建设,建立健全决策咨询制度,中共中央办公厅、国务院办公厅印发了《关于加强中国特色新型智库建设的意见》。内蒙古响应中央关于建设高质量智库的要求,出台了《关于加强内蒙古新型智库建设的实施意见》。这些文件的出台为内蒙古与俄罗斯、蒙古国开展智库交流合作提供了政策保障。

为深入落实共建"一带一路"倡议,积极推进中蒙俄经济走廊建设,根据中蒙俄三国副外长北京会议关于建立三方学术和智库交流机制的要求,原内蒙古自治区发展研究中心与三方初始15家智库机构,于2015年共同发起创立"中蒙俄智库国际论坛",并组建中蒙俄智库合作中心(联盟)。截至目前,中蒙俄智库国际论坛以服务共建中国"一带一路"、蒙古国"发展之路"和俄罗斯"欧亚经济联盟"为核心,深化三国智库合作交流,聚焦共建中蒙俄经济走廊建言献策为宗旨,已分别在中蒙俄三国连续举办五届,累计组织中蒙俄三国专家学者800余名参会,汇集论文400余篇,出版发行专题报告4部。中蒙俄智库国际论坛(2016)被列入《国家智库》编辑部、上海大学智库产业研究中心联合中国青年网、公学网发布的2016年中国智库十大事件之一,荣获光明日报和南京大学主办的"2017 CCTI-BPA智库最佳实践奖"二等奖。中蒙俄智库国际论坛的持续召开,加快了中蒙俄经济走廊从实施方案到实质性合作的进程,深化了三国在基础设施互联互通、口岸通关便利、商务人文交流等方面的合作。

此外,内蒙古大学设立蒙古国研究中心、中蒙俄经济研究院,内蒙古师范大学成立中蒙俄舆情研究中心,内蒙古财经大学成立中蒙俄经贸合作与草原丝绸之路经济带构建研究协同创新中心,内蒙古工业大学成立俄蒙研究所,凝聚了内蒙古各高校智库人员的共识和力量,有力推动了中蒙俄三国发展战略的深入对接。

(二)中蒙俄智库合作机制逐步完善

围绕智库常态化交流合作,中蒙俄智库合作中心(联盟)确定了每年轮流召开中蒙俄智库国际论坛的机制。2015年,在蒙古国首都乌兰巴托市举办"中蒙俄智库合作联盟成立暨首届中蒙俄智库国际论坛"时通过了《中蒙俄智库合作中心

（联盟）章程》（简称《章程》），2016年正式签署，明确了合作宗旨、常态化的组织管理机制、工作协调机制和主要任务等。2018年召开的中蒙俄智库合作中心（联盟）共同理事长会议对《章程》进行修订完善。

中蒙俄智库合作中心（联盟）还确定了联合开展合作课题的机制，引导三国学者围绕三方关注的重点问题，开展联合攻关，进一步深化交流层次、提升智力服务能力，已形成部分高质量的研究成果。如，内蒙古自治区宏观经济研究中心（原内蒙古自治区发展研究中心）撰写的《中蒙俄经济走廊建设重点问题研究》，获得国务院发展研究中心"中国发展研究奖"一等奖；《〈建设中蒙俄经济走廊规划纲要〉中央走廊交通基础设施可行性研究》《构建"海赤乔"（海拉尔—赤塔—乔巴山）国际次区域旅游发展休闲资源开发研究报告》等课题也获得较好的社会反响。

第二节　中蒙俄经济走廊民心相通存在的主要问题

中蒙俄三国在教育、旅游、科技、文化、媒体、医疗、智库等多领域开展了交流与合作，旨在增进民间友谊，提升民心相通水平，经过多年努力取得了一定成效，但还存在诸多不足。

一、教育合作有待完善

（一）学历认证和人才利益保障制度不完善

一方面，中蒙之间部分学历认证方面存在的问题有待解决。虽然早在1998年中蒙之间就已有《中华人民共和国政府和蒙古国政府关于相互承认学历、学位证书的协定》，但对在蒙古国就读博士学位的认证方面，目前还没有作为依据的具体认证文件。除此之外，由于基础教育阶段的蒙古国来华学习的学生出国手续不规范、学籍档案不规范以及蒙方认为在中国接受基础教育的学生没有接受到由蒙古国教育部统一规划的基础教育课程等原因，蒙古国教育行政管理部门对中国基础教育阶段学历证书不予认证。

另一方面，中蒙俄教育合作过程尚未形成保障人才利益的机制。三国教育合作中人才交流融合的保障措施不足，未能建立健康、长久互惠互利的交流合作关系。从中国汉办委派的汉语志愿者教师来看，存在队伍不稳定、流动性很大等问题。中国选派的赴俄罗斯、蒙古国志愿者教师在俄罗斯、蒙古国教学时因两国人文习俗、思维模式、沟通方式、表达方式等不同，遇到诸多困难，有时甚至自身利益无法得到保障。另据《孔子学院总部/国家汉办汉语教师志愿者转外派教师管理办法（试行）》规定，汉语教师志愿者任期内转为外派教师的，其在本岗位任教的总期限一般不超过 5 年。因此，志愿者教师服务期限满后大多不再选择再申请，或者不能再申请，导致留不住经验丰富、对当地人文习俗较了解的志愿者老师。在此情况下，即使国家再选派新的一批志愿者教师赴俄罗斯、蒙古国，诸多根本性问题仍得不到有效解决。

（二）缺乏针对性语言人才的联合培养

三国都存在熟悉对方国家语言人才匮乏的问题，制约着三国合作的深入发展。随着中蒙俄三国各领域合作的深入，各种学术交流会议、文艺团体交流、商务洽谈等也日益增多，对语言人才的要求也越来越高。而目前中蒙、中俄语言人才人数看似较多，但专业水准参差不齐。因语言人才水平不够影响整个大型会议效果的例子屡见不鲜。语言人才本是复合型人才，而不是只会熟练运用两种语言乃至多种语言就能胜任译员一职。以目前中蒙文学翻译为例，蒙古国的文学作品在中国被翻译出版主要有两个途径，一是通过官方，如通过出版社、文学交流活动项目被翻译出版，通过官方翻译出版的书籍比较正规，翻译水平相对较好；二是通过商业渠道被翻译出版，这类书籍资料的翻译水平普遍较差。文学翻译，其本身不仅仅只是对文字的简单翻译，而是对一种文化的翻译，也是一种再创作过程。读者接受又是一个比较复杂的文化过滤过程。因此，针对中蒙俄各领域合作语言人才的培养亟待加强。

（三）教育合作与发展需求有差距

留学人才培养目的性、专业性有待加强。中国赴俄罗斯留学的学生以自费留学或地方院校联合培养为主，专业水平参差不齐，专业集中在语言文化等"文科"学科，理工、医学生物、生态、环保等理工医科领域留学生较少。俄罗斯来华学习的留学生多数是公派留学生，学习的专业性和目的性非常明确，主要集中在技术、经济、人文和艺术等领域。

教育交流和经贸合作未形成合力。目前，内蒙古教育交流与经贸合作相互脱节。内蒙古各高校对俄罗斯、蒙古国的国家文化、法律、经济、社会等深入研究不足，致使专业技能人才培养与三国的工程技术、商贸、金融、旅游等经贸合作需求不相符。

学生签证制度限制留学生资源有效利用。受法律限制，中蒙、中俄间的留学生都不能在留学国家兼职，这就限制了留学生认识对方国家文化、习俗、国情途径。同时也没能很好地利用留学生资源服务于中蒙俄经济走廊建设。

二、旅游助推民心相通有待提高

（一）旅游合作政策不完善

边境旅游试验区和跨境旅游合作区政策体系推进缓慢。目前，2018年开始创建的满洲里边境旅游试验区和被列入国家旅游局（现文化和旅游部）2015年全国优选旅游项目名录的二连浩特跨境旅游合作区政策体系建设较为缓慢。

办理旅游签证制度直接影响着中蒙旅游合作发展。目前，国内游客参加中蒙边境一日游，只能持护照办理后才能出境。但办理护照手续复杂、用时较长、费用高等因素直接影响赴蒙游客人数。虽然在2015年开始赴蒙古国旅游的中国旅游团可以通过旅行社办理落地签,但因为旅游市场较小,给4~5名游客办理签证时需要一两个月时间,所以大多数游客还是选择通过个人途径办理。

自驾游车辆规定限制自驾游发展。因《中华人民共和国政府和蒙古国政府汽车运输协定》只对中蒙客货运输车辆作出规定,未对占多数自驾游车辆的8座以下自驾车赴蒙古国旅游问题作具体规定,致使中国游客自驾8座以下车辆赴蒙古国旅游受阻。

(二)跨境旅游合作基础设施建设滞后

俄罗斯、蒙古国边境地区道路老化或等级低。旅游通达性是衡量旅游发展水平的重要内容。但目前,蒙古国道路老化问题明显,已无法承载自身发展需求,俄罗斯边境地区道路等级不高,严重制约着三国旅游合作发展。据"内蒙古民众赴蒙古国旅游意向调查研究问卷调查"[①],对内蒙古民众赴蒙古国旅游不满意项统计,最为不满意的是交通路况,占比达60.34%。

中俄、中蒙口岸游客通行能力不匹配。中国通关设施较为完善,游客通关能力大,但俄罗斯、蒙古国通关设施较差,游客通行缓慢。尤其在旅游旺季,因通行速度缓慢,游客通关时间较长,边境一日游变成口岸一日游,极大影响了中方游客出境体验感。

中国部分地区旅游环境有待优化。对游客来说干净卫生的环境是首要考虑的条件,也是旅游服务标准化建设和旅游市场环境整治基础。中国景区景点的厕所仍是最大的问题。除此之外,像游客随处扔垃圾、卫生设施不完善、中小型饭店卫生不达标等诸多环境问题饱受俄罗斯、蒙古国游客诟病。据"蒙古国民众来内蒙古旅游意向调查研究问卷调查"[②]统计,来内蒙古旅游的蒙古国游客最不满意的一项是卫生环境,占比达57.29%。

---

① 该问卷调查是本文作者于2017年7—9月期间,在内蒙古范围之内,通过网络问卷调查形式,对内蒙古民众赴蒙古国旅游意向进行的问卷调查,有效网络问卷482份。

② 该问卷调查是本文作者于2017年7—9月期间,在蒙古国全国范围之内,通过随机抽样的方法,以纸质问卷调查方式对蒙古国公民来内蒙古旅游意向进行的问卷调查。共发放纸质问卷600份,实际收回561份,有效问卷493份。

(三)旅游合作服务有待提质

蒙古国旅游综合服务水平不高。据相关研究,蒙古国旅游机构所对外提供的各类旅游产品以及服务项目只有30余个[①]。蒙古国旅游服务水平不高,普遍存在旅游行业医疗保健服务差、旅游安全监督欠缺、当地民众对旅游业的认识不够等问题。当前蒙古国旅游业的综合竞争力仅居世界排名第105位[②]。

旅游专业人才稀缺。中蒙俄三国虽然都有知晓彼此国家语言的专业导游,但多数水平一般。旅游业既是为人们提供游览观光的行业,也是提供服务的行业。服务时要求了解服务对象的需求和具体情况。俄罗斯、蒙古国游客来内蒙古旅游首先是语言上存在障碍,但内蒙古旅游景点、酒店、服务站点等普遍面临着缺乏精通中蒙、中俄语言专业导游的困境。

(四)旅游合作市场还不完善

出入境旅游市场亟待拓展。受三国旅游资源、旅游产品和出入境政策等因素影响,中蒙俄出入境旅游市场尚未形成最大合力。官方和民间的跨国旅游推介、营销不够频繁,影响力不足,参与企业面窄,导致跨境旅游的群众基础不牢固。

中蒙俄文化旅游相互认知度较低。中蒙俄三国相互认知不足,成为共同开展旅游合作的主要障碍。彼此对旅游资源、旅游产品、出入境政策认知不足。俄罗斯对内蒙古旅游认知仍停留在边疆小城镇旅游层面上,而内蒙古对俄罗斯的认知也主要是对标志性的景区和城市的了解,彼此文化认知度较低。俄罗斯的文化因地域原因呈现两极性与矛盾性特点,对欧洲文化有强烈的认同感及归属感。中国是典型的因历史传承下来的原生文化的代表。只有深入了解两国文化才能准确把握旅游合作蕴含的巨大商机,这也正是中俄文化旅游合作发展的短板所在。

赴俄罗斯、蒙古国旅游不文明现象时有发生。中国部分游客在俄罗斯、蒙古

---

① 海伦:《蒙古国与中国内蒙古旅游合作研究》,内蒙古大学硕士论文,2016年,第23页。
② 海伦:《蒙古国与中国内蒙古旅游合作研究》,内蒙古大学硕士论文,2016年,第24页。

国游玩期间存在环保意识不强现象。中国部分务工人员以旅游名义赴俄罗斯、蒙古国建筑和矿产领域务工，影响诚信的现象时有发生。蒙古国国家统计局数据显示，2018 年入境蒙古国的中国籍游客数量为 19.7 万人次，这些游客入境并不完全是以旅游为目的。

三、科学技术创新合作水平较低

（一）创新主体的国际合作能力有待提升

内蒙古与俄罗斯、蒙古国现有的创新合作领域集中于蒙古学、农牧业、草原资料和蒙药开发等有限的几个方面，但围绕国际产能合作开展的深度科技创新合作缺乏，在能够引领未来的前瞻性合作研究方面几乎处于空白。内蒙古与俄罗斯先进的研究机构对接交流学习的机会不足，对俄合作由于产业发展等因素的局限，仅在农业领域建立了通道和平台，落地项目尤其是联合研发的高科技项目较少。在对蒙合作方面，由于蒙方人员变动较频繁等原因，双方的合作在持续性和时效性方面尚有待加强。

（二）创新合作平台建设滞后

目前，中国在东南亚沿线建设的海外园区正在向更加多元化和高级化方向发展，投资领域已经从传统的能源、矿产、建筑向新能源、制造业和科技合作等领域转变。相比之下，内蒙古科研机构、高等院校和企业与俄罗斯、蒙古国围绕重点领域共建联合实验室、技术转移中心等平台尚处于探索阶段，科技产业园区建设有待拓展，产学研合作亟待深化。参与国际技术转移的机构数量较少，开展的活动以促进国际技术转移为名的对接交流活动为主，对接中蒙俄经济走廊促成的国际性技术转移项目数量较少。

四、医疗合作尚需再深化

（一）医疗合作制度还不够完善

内蒙古赴蒙古国进行义诊活动和输出药材、器械输出等手续办理烦琐。中蒙两国对医疗机构、医务人员的资质认定标准不一，如在内蒙古完成五年的蒙医学本科学习后，回蒙古国还需学习一年才可参加当地的执业医生考试，这些都影响双方更广泛的交流与合作。到目前为止，中蒙双方在外科手术、蒙医蒙药等方面的合作尚未开展，仅限于互派医务人员进行考察学习交流、义诊活动等。

（二）医疗合作力度有待加强

内蒙古与蒙古国都缺乏高层次的医疗人才，急需在中蒙两国的层面上加强在高层次医疗人才联合培养方面的合作。内蒙古与蒙古国在传染性疾病的防控工作方面有待加强，双方在疫情情报交换方面缺乏即时性与长效性。

（三）蒙医药申遗工作进展缓慢

到目前为止，在申报蒙医药为世界级非物质文化遗产过程中，中蒙双方负责申遗的权威部门尚未签署就联合申遗达成具有法律意义的合作性文件。中蒙两国缺少具有实际操作经验和专业知识背景的人才，成为横亘在申遗路上的难题。

五、文化和外宣工作力度有待加强

（一）文化交流市场化水平低

目前中蒙俄人文交流活动官方化程度高。例如，中蒙之间开展的"文化周""文化月""文化年"等诸多交流活动以官方组织、特定参与者为主，广大民众参与的还比较少。对"人才兴文"的重视度不够。人才是文化发展、进步的核心要素。但目前中蒙俄三国缺少既精通三国语言又懂相关地方特色文化、民间文化、传统文化的人才，建立品牌文化、发展品牌文化缺少领军人物，从而导致文化交流流于表面，存在能"走出去"但始终还"走不进去"现象，直接影响三国文化交流向高档次、高水准方向的发展。

（二）中蒙民众人文习俗有差异

目前来看，农耕文化在蒙古国的影响较小。蒙古人自古逐水草而居，是不断从一个地方移居到另一个地方的民族。蒙古人和中亚游牧民族为了适应大陆性气候温差（冬夏温差近100℃，昼夜温差为20℃），一年四季都在游牧生活。他们在不断迁徙的过程中，创造了游牧生活特有的文化和文明。中国的农耕文化融儒家文化及各类宗教文化为一体，与土地有着密不可分的联系，所以数千年来都生活在一个地方，因而创造出了伟大的定居文化文明，形成了自己独特文化内容和特征。因此，农耕与游牧文化都是基于各自的世界观和生活观发展出的不同文化。不同文化环境造就了不同人生观、价值观，文化思维上的差异阻碍着文化认同。

（三）中蒙俄文化遗产联合保护有待加强

中蒙俄三国对联合开展历史文化遗存、遗址保护的资金投入不足，各国对历史文化遗存、遗址的保护意识不同，造成三国考古学、人类学界的合作进展缓慢，收效甚微。内蒙古和蒙古国地处蒙古高原的中心区域，分布着形态多样且特征相近的草原文化历史遗址、遗存。例如，蒙古国额尔登召寺就是多种文化交融的典型，它是宗教和各种外来文化的具体呈现，遗存的石碑上刻有突厥文、维吾尔文、回鹘蒙古文、藏文、汉文、阿拉伯文、波斯文、兰萨文、索云布蒙古文等多种文字。但由于地广人稀、保护投入不足等原因，在自然力量的侵蚀和人为破坏下，很多历史遗迹、遗存都在不断消失。

（四）中蒙俄网络媒体合作尚需规范化

中蒙俄三国虽说是山水相连的近邻，各领域交流与合作紧密，但由于三国国情、民情及社会制度不同，致使在中蒙俄网络媒体合作过程中存在诸多制约因素。随着人类社会已全面进入互联网时代，现今有很多人通过互联网获得信息、传递信息。而这些信息是繁复庞杂的，是否具有真实性和可靠性则需要个人甄别。因网络传播影响面广，不同于现实生活，为了博取眼球存在把一些虚假信息或是把不太常见、个别信息作为常态信息传播出去。以讹传讹，把人们引入虚假的歧途，背离真实，直接影响民心相通程度。

六、智库合作的开放和国际化程度不高

（一）部分社会科学研究人员信息素质有待提高

在信息时代，社会科学研究人员的信息素质已成为影响中蒙俄经济走廊智库合作水平的重要因素。尤其是国际合作相关领域的社会科学研究人员是否能正确掌握信息做出正确的研判直接影响国与国之间的合作发展。但目前很多社会科学研究人员在闭门造车，调研少或者完全没调研，不了解彼此国情、民情的前提下开展研究。

（二）智库合作结构不合理

智库合作重理论，轻实操。近几年，中蒙俄三国各领域开展了诸多论坛、研讨会，相关课题合作成果、论坛论文集等成果较多，但真正被采用、实际落地实施的较少。同时还存在智库合作参与人员结构单一现象。课题合作、学术论坛参与人员多以研究人员和官员为主，一线人员和企业人员参与的较少。

（三）与其他国家在俄罗斯、蒙古国设立的研究机构联系不紧密

蒙古国在近几年与东北亚各国在政治上关系非常稳定。智库合作方面蒙古国与世界各国有广泛的学术交流与合作。其中区域范围内的关系愈加紧密。但据目前情况来看，内蒙古乃至中国与在蒙古国设立的其他国际合作研究机构如韩国东

北亚研究基金会于 2011 年在蒙古国设立的分部，2015 年荷兰亚非研究院在蒙古国设立的内亚和中亚研究分院，日本人文研究院在蒙古国科学院历史考古所设立的"东北亚研究中心"等各国智库机构，在交换学者、交流经验、学术研究、实行长期和短期的全面客观的研究等方面联系还不够紧密。

第三节　其他经济走廊民心相通的主要做法和启示

民心相通体现社会性、民意性和文化性，是国际交往的社会根基。通过借鉴其他经济走廊民心相通的主要做法，探究其在推进民心相通中存在的主要制约因素及问题，总结其他走廊的经验，进而深入思考如何推进中蒙俄经济走廊民心相通。

一、主要做法

（一）深化人文交流合作

"一带一路"倡议通过构建全球互联互通伙伴关系，实现共同发展繁荣，在人文领域形成了互鉴和谐、人才相通的交流格局。

文化交流孕和谐。中国与中南半岛国家的文化合作日益多元深化。中国通过影视作品的输出、定期举办文化交流品牌活动、旅游推介以及充分利用中国文化中心平台等，增进了各国间的相互了解。中国电视剧出口越南，获得越南观众一致好评，越南民众通过电视剧对当代中国文化以及人民生活有了更深的了解与认识。中国与柬埔寨合作打造以塞隆国际文化创意园区为依托的国际文化博览会、论坛等文创品牌，不断促进中柬两国文化交流。中国与泰国通过中国文化外交品牌项目"欢乐春节"活动，吸引近千名泰国民众观看、参与。在与缅甸文化旅游交流中，通过缅甸仰光中国文化中心在新媒体平台上线"云·游中国"文化旅游系列专题、《带你打卡中缅传统节日》等人文栏目，与缅甸民众在线分享中国历史、旅游景观和民俗文化。中国与马来西亚通过"中国—马来西亚文化旅游年"活动，进一步拉近两国人民之间的距离。在新亚欧大陆桥经济走廊建设过程中，中方与沿线国家和地区以文化交流促进民心相通。通过一档中国电视音乐节目，哈萨克斯坦歌手迪玛希为很多中国人所熟知，对于哈萨克斯坦民众而言，迪玛希让他们通过电视节目认识了更多的中国音乐人，更多地了解中国文化。中法友好结对城市通过共办茅盾120周年诞辰文化艺术展，加强双方在文化、经济方面的系列合作。中国与斯洛伐克两国文化合作空间广阔，中方在斯洛伐克文化部等部门和机构大力支持下成功举办了中国舞剧《武蹈门》、"云南声音"音乐会、中国电影周等多场文化活动，受到斯洛伐克民众广泛欢迎。

人文交流创互鉴。新亚欧大陆桥经济走廊建设中，中国、哈萨克斯坦通过组织作家"文学与民心相通"主题研讨，发扬外交家的精神，促进中哈两国作家相互交流，把中国古典文学传播到邻国。乌克兰教授瓦列里·别毕克提倡中乌文明互学互鉴，曾经8次到访中国所有的经济特区和沿海开放城市，并制作了近30部关于中国经济、文化以及社会生活的纪录片，把中国改革开放取得的成绩进一步传播出去，有力证实了中国改革开放让世界受益。各国通过参与共建"一带一路"释放经济潜力、提高人民生活水平。中瑞共建图书中心，有利于瑞士读者更便捷地接触阅读中国图书，更及时全面地了解中国资讯，更好地感知中国文化、关注中国发展。

人才培养促相通。新亚欧大陆桥经济走廊通过加强专业领域人才联合培养，促进沿线国家和地区的共同发展。中荷农业技术互访与人才培养带动并提升产业链全面发展。中荷奶业发展中心致力于推广荷兰奶业先进技术及经验，促进中荷两国在奶业方面的交流与合作，提升中国奶业全产业链在食品安全、产品质量和生产效率等方面的能力与水平。中吉共同培养石油天然气专业人才从事跨国运营，如西安石油大学与中吉天然气管道公司签约，专门为吉尔吉斯斯坦培养石油工程方面的留学生，从事管道运行管理。

（二）深入推进教育交流合作

教育交流与合作为沿线各国之间合作提供了重要的人力资源。形成交流互动的良好局面，尤其是孔子学院的发展与建设，成为各国了解中国文化的重要平台，为促进中国与沿线国家和地区人文交流、增进友谊做出了重要贡献。

加大留学生交流力度。在"一带一路"倡议框架下，中国加大对东南亚国家人员来华留学的工作力度。2017年7月，在第十届中国—东盟教育交流周期间，双方通过《中国—东盟教育合作行动计划（2017—2020）》，根据该计划，中国在接下来的三年内向东盟十国提供不少于2万个中国政府奖学金名额。中巴经济走廊建设带动了巴基斯坦人留学中国的热情。目前中国已经成为巴基斯坦留学生的主要目的地之一，留学生大力学习中文、工程、医疗、通信等领域知识，为中巴经济走廊建设和中巴合作深化提供了重要的人力保障。在推进孟中印缅经济走廊建设中，从2013年起，中国向孟加拉国留学生提供的奖学金名额由每年80个提高到160个，云南大学于2006年在孟加拉国开办了南亚第一所孔子学院；从印度来华留学生规模来看，印度一直位列来华留学生生源国前列，中国政府也非常重视赴印留学工作的推进，每年公派一定数量人员赴印留学。

深化青年间交流互动。孟中印缅经济走廊建设中，中国一直在积极搭建孟中印缅四国青年间的人文交流互动平台。自2015年起，云南省共举办了五届南亚东南亚国家大学生文化体育昆明交流周活动，活动规模和影响力不断扩大。孟中印缅四国还通过举办云南—南亚东南亚教育合作论坛、青年外交官友好交流考察活动、高校间教学科研合作等活动，以大学生体育、教育、文化等交流活动为纽带，为孟中印缅四国青年学生交流互动、建立友谊搭建平台，对促进孟中印缅四国高校学生的人文交流，增进彼此间的沟通理解，共筑睦邻友好与互利合作，具有十分重要的意义。

推进孔子学院与孔子学堂建设。自中国—中南半岛经济走廊建设以来，孔学院与孔子学堂在沿线国家和地区取得了长足进步，汉语教学在各国发展迅速。目前，中南半岛国家均已开设孔子学院和孔子学堂，孔子学院、孔子学堂数量分别达到 27 所、18 间。越南河内大学孔子学院自 2014 年开办以来，累计招收汉语学员人数达到 1772 人，近 2.9 万人次参加了该院举办的各类文化活动。老挝现有孔子学院 2 所，孔子学堂 1 间，老挝国立大学孔子学院不仅在大学开设汉语课程，同时也通过帮助一些中学开设汉语选修课、选派骨干教师、培训汉语教师、赠送汉语教材，在老挝传播中国文化。在柬埔寨相关部门支持下，柬埔寨马德望大学与中国桂林电子科技大学在 2019 年底合作建立了柬埔寨第二所孔子学院。泰国的汉语教育在中南半岛国家中一直居领先地位，已有 16 所孔子学院、11 间孔子学堂。孔子学院和孔子学堂以推广汉语和传播中国文化为宗旨，秉承"和为贵""和而不同"理念，推动文化交流与融合，孔子学院成为当地人了解中国文化的重要载体。

（三）夯实旅游合作成效

旅游合作在民心相通中占有重要地位，已成为中国发展与各国关系的重要内容，增进了各国人民之间的相互了解和友谊。

旅游合作成为中国—东盟关系发展的亮点。中南半岛国家多为旅游目的地国家，旅游业发达，与中国在地理上毗邻，双方人员往来频繁，频率高，数量大。中国与东南亚国家互为最大海外旅游目的地和客源国。泰国一直是中国游客赴东南亚旅游首选目的地国。中国赴越南旅游人数也增长迅速，中国为越南第一大入境国客源地。跨境游客往来成为中国和中南半岛国家之间相互了解的一个重要渠道，旅游业也带动了当地经济。

旅游合作成为孟中印缅经济走廊发展的重点。旅游合作是推进孟中印缅经济走廊建设的优先方向。航线的开通为促进孟中印缅四国的旅游合作提供了更为便利的交通条件。中国与孟加拉国和印度分别签署了《旅游合作谅解备忘录》《云南省旅游局与印度旅行商协会合作协议》。同时，孟中印缅四国还定期举办旅游推介会和旅游交易会，稳步推进与南亚国家在旅游产品开发、旅游客源互送、旅游投资合作、旅游品牌打造、旅游管理合作及旅游人才培养等方面的交流与合作，加快推进孟中印缅旅游圈发展。四国间的旅游人流互动不断增加，旅游合作成效显著。

（四）树立卫生疾控合作典范

新冠肺炎疫情暴发后，中国与中南半岛国家相互支援、守望相助。2020年，当新冠肺炎疫情在中南半岛国家蔓延时，中国先后派遣四个医疗专家组分赴柬埔寨、泰国和马来西亚分享介绍中国新冠肺炎疫情防控策略，结合当地情况对疫情防控、临床诊疗、社区管理提供指导和咨询。2020年2月，中国—东盟就新冠肺炎疫情召开了特别外长会议，并发表联合声明，表示继续通过中国—东盟卫生部长会议、中国—东盟卫生发展高官会等现有机制，加强新冠肺炎疫情防控、治疗、研究的政策对话与交流。孟中印缅四国卫生疾控合作不断深化。孟中印缅四国同为发展中国家，都处于发展经济、消除贫穷和改善民生的关键阶段。随着四国经贸和人员交流日益密切，跨境传染病和地方病暴发与传播的风险不断升高，已成为区域合作的重要挑战。近年来，孟中印缅四国在热带疾病研究、医学教育和医疗技术推广等方面积累了许多经验，拓展和深化了卫生疾控领域的合作。

（五）务实推进智库交流合作

孟中印缅四国间智库交流与合作成为推动孟中印缅经济走廊发展的重要渠道。1999年，孟中印缅合作论坛创立，历经20年发展，论坛机制建设不断完善、参与范围逐步扩大、覆盖议题日渐多元，成为深受四国政府、学界和商界信任的政策对话和经验分享平台。孟中印缅四国通过举办类似的系列智库论坛，建立了四国智库和专家学者的联系网络。历届智库论坛紧密结合当前地区形势和实际，就增进良好的沟通和交流研究机制，进一步扩大合作共识，明确合作目标，细化合作举措，增进了解和信任等方面的内容，提出了许多好思路和好对策，具有很强的现实针对性、指导性，为推进孟中印缅经济走廊务实合作提供了重要智力支持。

（六）促进民间外交相融相通

文化交流、教学互访、学术往来、青年对话等是中国同中亚国家之间进行民心相通的重要领域，是中国—中亚—西亚经济走廊推进中不可或缺的民意交流渠道。自"一带一路"倡议实施以来，中国与中亚、西亚国家通过文化、科技、教育等方面的交往与合作，文化差异逐渐缩小，不仅促进了沿线各国关系的巩固与发展，还为走廊建设达成共识和理解提供了良好的先决条件，减少了中亚、西亚国家在参与"一带一路"倡议文化层面上的障碍。新亚欧大陆桥经济走廊建设过程中，通过民间外交促进了文化的相融相通。一名叫鲁斯兰的哈萨克斯坦在华留学生，其血型为熊猫血，在京读研期间累计献血5000毫升，相当于把全身血液换了一遍，其在中国多次参加无偿献血的行为得到了人们的高度赞扬，被称为"中哈友谊的使者"。波兰孔凡大使践行民间外交，身体力行，开创了波中文化、学术交流的多项"第一"。孔凡先生荣休后，成为"民间外交大使"，活跃在波兰许多城市、科研机构和大学的课堂上，为波兰人民了解中国当下的发展与成就，了解中国的历史与文化做出了卓越贡献。

二、经验启示

（一）培育共同理念，构建认知共同体

一是增强战略互信。战略互信是合作的基础和保障。鉴于"一带一路"沿线国家对中国推进经济合作目的的担忧，中国应大力推进与沿线国家和地区的互信机制建设。提升国家形象，增强沿线国家和地区的互信。挖掘中国与"一带一路"沿线各国的友好往来和共同历史记忆，增进各国对中国历史文化的了解与认可。推动中国与沿线各国在扶贫、环保、教育、公共卫生等领域的沟通合作，通过共同举办研讨会或者各种主题的会议，在更广泛的议题上展开深入的交流与沟通，增进各国对中国推进"一带一路"倡议的认知和理解。

二是培育"以人为本"的人文交流理念。人文交流从国家层面多向普通民众延伸。在与经济走廊沿线国家和地区开展交流与合作的过程中，必须树立"以人为本"理念。以中国—中南半岛经济走廊为例，东盟在其宪章、共同体建设蓝图、愿景文件中都明确"以人为中心"和"以人为导向"等理念。这些理念既体现在经济发展方面，也体现在人文交流、安全等多个方面。在本次新冠肺炎疫情防控期间，从世界各地区防疫的策略和效果看，将人的安全以及生命健康放在首位的国家和地区在有效控制疫情方面表现更佳。在安全方面，"以人为本"作为对传统安全理念的更新和补充，能够更好地服务于对新型安全威胁的多边应对，东盟在应对恐怖主义、移民问题、气候变化、自然灾害等方面取得了卓有成效的实践成果。因此，强化"以人为本"，打动民心应成为中蒙俄未来进行民心相通的指导原则，唯有如此，人文交流才能走入人心，真正实现民心相通。

三是构建认知共同体。理念相通是实现民心相通的基础，也是民心相通要达到的目标。各走廊应把相关沿线国家和地区思想价值观等层面的交流作为人文交流合作的重点。在目前跨国挑战日益增加，单边主义盛行、民族主义上升的形势下，合作变得尤为重要。强化人类命运共同体理念，塑造身份认同。如东盟国家共同体基础牢固、身份认同感强，在区域内行动具有一定的独立性。中国与中南半岛国家如何将地理上毗邻的地缘关系上升到更加具有身份认同感的次区域和区域共同体认知是建构中国—中南半岛经济走廊需要关注的问题。民心相通本身就是要拉近彼此距离，增强亲近感和认同感，中国应在借鉴俄罗斯、蒙古国国情特点及地缘毗邻等方面特点的基础上，从建设友好双边关系发展转变为塑造各经济走廊共同体，强化中蒙俄经济走廊共同体身份认知。

（二）创造人为条件，增强人民情感

一是增强地区历史记忆。孟中印缅经济走廊建设继承了茶马古道的历史实践，在沿线国家和地区及其民众中具有感召力。茶马古道起源于汉、兴起于唐宋、历元明清三代而不衰的重要原因之一是，沿线国家和地区形成了多元包容、彼此互信的文化格局，造就了茶马古道和平而热络的贸易软环境，各种不同文明在孟中印缅地区交融共生，进而促进了茶马古道的持久繁荣。因此，在中蒙俄经济走廊建设中，可从历史经验中构建共识，充分增强沿线国家和地区的历史记忆，追寻该地区人民传统友谊，进而增强国与国之间的人民情感。

二是创造人与人之间的接触条件。广泛的、长期的"一起工作"，包括各种针对对方社会核心关切议题（如减贫、救灾、教育、医疗、就业、人权、公正、法治、环保等种种"对美好生活的向往"）的"人民与人民之间"日复一日的"一起工作"，是最深刻的人民间交往，也是最有效的人民间交流。因此，中蒙俄经济走廊需要为三国人与人之间的接触创造条件，为三国之间的教育和文化交流创造机会，促进旅游业和创造就业机会。通过采取适当放宽签证政策、增加航空联系等措施，促进旅游和劳动力迁移、文化联系等。

（三）加强务实合作，实施惠民工程

一是实施惠民工程。在推动"一带一路"倡议过程中，所有的出发点和落脚点都是坚持"以人为本"。只有坚持"以人为本"，经济走廊建设才能赢得民心民意，才能获得国内外民众的广泛支持。通过实施一系列民心相通惠民工程，在当地人民普遍关心的议题上提供帮助，使人民获得实实在在的收益。通过广泛吸纳当地群众参与到具体项目的实施中，提高人民的收入，增进三国民众对中蒙俄经济走廊的认可。通过扩大留学生规模、构建高质量的教育合作交流机制、推动学历学位互认等方式，深化中蒙俄经济走廊教育合作。通过加强新冠肺炎疫情联防联控等深化中蒙俄经济走廊医疗卫生合作。

二是加强人才培养与扶持。"一带一路"愿景与目标的实现离不开各类人才的支撑和保障。未来中蒙俄经济走廊需要注重从民生项目的角度培养"就业者"，通过对三国从业者开展职业技术培训，培养民生项目发展所急需的各类专门技术人员。三国政府应加大对留学生补贴、就业保障等力度，鼓励三国学生相互留学。加强语言能力建设合作，增加语言人才储备。

三是开展全方位、多层次、宽领域交流与合作。中蒙俄经济走廊涉及各个层次的合作与发展，因此要处理好地方、国家、次区域和区域之间的对接和联通。一方面，继续做好中国北部沿边省区与俄罗斯、蒙古国的相通对接。另一方面，建立完善中蒙俄经济走廊友好城市的合作机制，开展文化、学术、青年、媒体等多领域的交流。积极利用现有双多边合作机制，推动中蒙俄经济走廊建设，促进区域合作发展。此外，继续加强中蒙、中俄双边合作，开展多层次、多渠道沟通磋商，推动双边关系全面发展。

四是探索后疫情时期人文交往的新途径。新冠肺炎疫情对国际关系造成了持久性冲击，带来了很多未知和不确定因素。对人员往来方面直接造成重大影响。但新冠肺炎疫情为中蒙俄三国开展人文合作提供了新的研究课题。未来需要探索加强中蒙俄三国民心相通新的交往途径，更多利用网络平台，探索云端人文交流，例如，高校和学术机构可借助网络召开线上会议、分享课程，为交流创造多元化空间；文化机构可以通过线上展示文化产品，如图片展览、视频播放、影片展映等，以加强三国间的文化交流与相互理解。

（四）完善多元主体，构建开放包容合作模式

一是推进民心相通主体多元化。中蒙俄民心相通的主体有政府、企业、民间团体、智库，甚至普通游客，小到个人，大到团体都是息息相关的。必须调动企业、民间组织和个人的积极性。特别重视企业，要加强对企业的引导和管理。引导企业增强"诚信是利润、是附加值"的意识。鼓励企业主动承担社会责任，进行反哺社会的公益活动，参与政府的援助活动，鼓励企业关注生态环境保护，充分吸纳当地人就业。

二是增强基层人文合作动力。要加强中蒙俄三国民间组织的人文交流合作，推动人文合作沉下去、融进去。年轻人与普通民众是三国人文交流的重点人群。三国可打造青少年与地方文化交流项目，积极开展基础教育交流与合作。探索和创新中蒙俄民心相通交流的新模式，要"走出去"，也要"请进来"，避免文化交

流的不平衡性。可多挖掘中国文化中心、孔子学院、孔子课堂等文化交流平台的作用。例如，也可设计针对不同主题的文化活动，助推共建文化共同体，实现真正的民心相通。再如，充分发挥当地华人华侨的桥梁纽带作用，他们熟悉俄罗斯、蒙古国的语言文化、法律法规和风土人情，同时又有中国文化背景，可以在促进民心相通方面发挥不可替代的桥梁作用。

　　三是实施一国一策。一国一策，即根据俄罗斯、蒙古国不同的国情和社会文化环境，有针对性地采取因地制宜的民心相通建设方案。根据人文、地理、政治、经济、社会、军事等方面的不同，以及中国与俄罗斯、蒙古国的关系，形成不同的民心相通建设方案，有针对性地推动民心交流活动。改变传统的"重官方、轻民间"的交往方式，深化民间交往，推动民心相通建设更接地气，要让百姓在实实在在的合作中体会到"获得感"。

第四节　高质量推进中蒙俄经济走廊民心相通的对策建议

　　民心相通存在文化认同、国家认同、民族认同等方面的障碍，中蒙俄三方在交融往来中实现不同文明、文化的互学互鉴，不仅要依靠顶层设计的引领，还要依靠民间的多交流、多走动，推动政策有效转化、受惠于民。因此，要做好民心相通，需进一步健全多层次人文交流机制，全方位开展教育、旅游、科技、文化、媒体、医疗、智库等领域的交流活动，促进民间交流合作，夯实民意基础和社会基础。

一、推动教育合作取得新进展

（一）扩大高等院校联合办学范围，达成完善的互认学历机制

　　根据《关于做好新时期教育对外开放工作的若干意见》和《推进共建"一带

一路"教育行动》精神，紧紧围绕《内蒙古教育现代化2035》中提出的内蒙古"努力建设国家教育向北开放先行区"的战略目标，积极推进共建"一带一路"教育行动，尤其与俄罗斯、蒙古国的教育合作与交流。争取国家支持内蒙古扩大高等院校联合办学资质范围，大力加强高层次国际化高端人才培养。建议以平等交流、互学互鉴、合作共赢为目的，为共建"一带一路"政策沟通、设施联通、贸易畅通、资金融通提供各类人才支撑，以推进中蒙俄人民建立友谊为宗旨，中蒙协商再签署《中华人民共和国政府和蒙古国政府关于相互承认学历、学位证书的协定》的补充协定，完善细则，使互认学历更加规范化。

（二）制定保障人才利益制度，健全良性互动交流与合作机制

建议为在与俄罗斯、蒙古国合作发展中起到重要作用的人才建立人才利益保障制度。坚持精神奖励和物质奖励相结合的原则，为在俄罗斯、蒙古国的特殊工作者，如汉语志愿者教师，工作期满回国后提供相对稳定的工作保障，享有与国内人员同样的提升、晋升机会，消除他们在俄罗斯、蒙古国工作期间的顾虑。留住了解俄罗斯和蒙古国的人文习俗、思维模式、沟通方式，具有丰富的俄罗斯、蒙古国相关工作经验的中方人才，为内蒙古高质量推进中蒙俄经济走廊建设提供人才保障。加快建立内蒙古中蒙、中俄人才库。出台对在俄罗斯和蒙古国的留学生、汉语志愿者教师、企业员工及华侨等群体的统计办法，促进对中蒙、中俄人才库的有效管理，真正做到专人专用，人尽其才、才尽其用。

（三）加强留学人才的专业性，做到教育与发展需求相结合

针对教育交流与经贸合作相互脱节、人文交流与民众脱节的现象，建议三国联合培养经济、工程技术、商贸、金融、法律、旅游、文化等专业人才。在重点口岸城市布局建设对外合作办学项目，为内蒙古对外企业"走出去"提供配套的教育服务资源。扩大内蒙古与俄罗斯、蒙古国联合办学范围，除政府出资扶持之外，吸引企业出资扶持联合办学，整合人才管理，形成定向培养专业人才供应链。

培育"以人为本"人文交流理念与"合作文化"理念，构建"认知共同体"。

（四）重视语言人才培养，充分发挥跨境民族资源优势

针对当前俄语、蒙古语人才缺乏问题，内蒙古应充分利用已有俄语、蒙古语的比较优势，加强俄语、蒙古语人才的培养，为做好对俄、对蒙文化交流储备语言人才。通过融入当地语言环境，加深对相互文化的感受，增强互相语言沟通能力。加强内蒙古高校对外汉语师资培训基地建设，尤其对俄罗斯、蒙古国汉语支援教师培训，深化和俄罗斯、蒙古国教育交流与合作，助力"一带一路"和中蒙俄经济走廊建设。建议注重研发传统蒙古文和西里尔蒙古文的无障碍转化系统，建设中蒙、中俄专业名词术语对照库。统一专业术语、解决专业术语使用不一致现象，提高沟通、理解效率。

二、创新旅游合作新模式

（一）强化跨境旅游政策支撑，提高出入境便利化水平

建议加快推进边境旅游试验区和跨境旅游合作区政策体系建设。协调中蒙俄三国地方政府落实《中蒙跨境旅游合作区总体规划》《中俄两国政府关于互免团体旅游签证的协定》等规划和协定，重点发挥内蒙古口岸、沿边盟市作用，以创建全域旅游示范区为目标，以中蒙俄跨境旅游合作区和边境旅游试验区为抓手，全面推动跨境旅游业发展。加快推进满洲里边境旅游试验区验收工作，形成可复制、可推广的经验。继续争取国家文化和旅游部支持，推进二连浩特市跨境旅游合作区前期工作，争取早日获得批复，保障合作的顺利开展。

争取中蒙两国实行或简化旅游签证办理手续。签证便利化是国际通行的入境游吸引政策，是巩固和扩大旅游客源、发展旅游合作、促进人员往来、发挥民间外交，实现民心相通的重要因素。针对中蒙旅游合作中办理签证存在的问题，建议中蒙两国外交部门签署相关协议，明确《中华人民共和国出入境通行证》作为

中蒙边境"一日游"通关证件，试行缩短办理签证时间，推动中蒙旅游团体实现互免签证。同时，围绕方便游客，顺应现代网络发展趋势，建议试行电子签，从根本上简化签证手续，提升跨境旅游体验感。

推动中蒙口岸跨境旅游车辆出入境便利化。建议国家对《中华人民共和国政府和蒙古国政府汽车运输协定》进行补充修订，明确中方自驾游车辆在蒙通行事宜，解决8座以下自驾车辆赴蒙旅游问题，真正实现跨境自驾游。

（二）进一步改善旅游合作基础设施建设

加快旅游交通基础设施和卫生环境的建设。针对蒙古国和俄罗斯边远地区的交通基础设施差问题，积极争取国家支持，加快推进《建设中蒙俄经济走廊规划纲要》和《内蒙古自治区与俄蒙基础设施互联互通总体规划（2016—2035年）》中所涉及的交通基础设施项目建设，加快推进其有效实施，解决跨境旅游交通不畅问题。针对中国部分地区旅游卫生环境差等问题，旅游环境建设应着重从细节入手，加强旅游配套设施建设，完善旅游公共卫生各个环节的监督体系，消除因旅游卫生环境差问题造成的不利影响。

提升中俄、中蒙口岸游客通关能力。争取国家对外投资合作专项资金向对俄罗斯、蒙古国投资合作倾斜，以中蒙俄三国经贸合作为主线，支持对俄罗斯、蒙古国旅游合作投资，加大对俄罗斯、蒙古国通关基础设施投入，加强与俄罗斯、蒙古国口岸互联互通项目建设，切实解决游客通关效率低问题。

（三）提升旅游合作层次，开发精品旅游线路

建立紧急情况下的游客救助机制。落实《建设中蒙俄经济走廊规划纲要》中提出的推进跨境、跨区域旅游综合安全保障机制建设，包括确保游客人身、财产安全的措施，注意在跨境旅游中保护三方当地的环境，减少跨境游客的人身、财产安全风险，促进游客往来，为增进感情提供安全保障。

打造"旅游+采购"跨境旅游线路。针对很多蒙古国游客来内蒙古购置大

量生活用品，中国游客从蒙古国购置羊绒、皮草等蒙古特色产品等实际情况，可合作打造"旅游+"精品采购线路。可充分利用阿拉善、巴彦淖尔、包头、乌兰察布、锡林郭勒、兴安盟、呼伦贝尔的地缘优势、口岸优势，与俄罗斯、蒙古国相邻的中央区域和东部区域展开旅游合作试点，对既想旅游又想采购的游客设计"旅游+采购"旅游线路，推进旅游各个环节规范化，为游客提供温馨、便捷、舒适、卫生的公共服务环境。

提高跨境游客综合素质。"走出去"是内蒙古对外开放的重要举措。作为中国赴俄、蒙的游客也是一种全方位的"走出去"，这对加强中蒙、中俄相互了解，营造更为良好的民间交流氛围都发挥着不可替代的作用。因此，在倡导游客"走出去"的同时，还应从机制、体制、政策方面加强对俄罗斯、蒙古国进行系统的研究、评估和完善，并进行必要的国情知识、人文习俗等培训。除跨境民族之外，侨居俄罗斯、蒙古国的华人华侨也是双边文化旅游交流的重要桥梁，对这部分群体也要及时进行培训，这不仅能降低在俄、蒙学习、生活和工作时遇到的风险，也是中国人形象的展现。

（四）建议加强中蒙俄"文化+旅游"融合发展水平

合作发展汇集中蒙俄历史文化的古迹遗址游。据"内蒙古民众与蒙古国民众互旅意向问卷调查研究"统计，蒙古国民众来内蒙古旅游意向景区选择历史古迹遗址的有57.7%，占比最高。内蒙古民众去蒙古国旅游时意向景区选择古迹遗址的占61.46%。中蒙俄三国之间本身有着长久历史渊源，在历史长河中在彼此领土上留下了诸多交汇的历史文化古迹遗址，见证着彼此的过往，如内蒙古的黑城遗址、元上都遗址、丝路枢纽—元代集宁路古城遗址等。与此同时，内蒙古是国内重要的文物大遗址分布区和文物大区，如兴隆洼遗址、哈民忙哈遗址、契丹皇都辽上京遗址等。这些理应成为内蒙古发展跨境旅游的重要资源和亮点。

合作发展蒙古族传统文化游。在"一带一路"框架下，如果说内蒙古依托地理、口岸、人文优势成为中蒙俄文化交流的桥梁的话，其跨境民族就是中蒙俄文化交流的使者，而蒙古传统文化则是打通民心相通这扇门的钥匙。因此，内蒙古与俄罗斯、蒙古国合作发展蒙古族传统文化游，挖掘因社会历史背景、文化背景的不同而形成的习俗、行为、思维、价值观等方面的民族文化资源，通过这一特色游，使三国旅游者真正去了解彼此，并使其成为沟通中蒙俄民心、消除误解和隔阂的重要媒介。

（五）完善跨境旅游合作市场环境

建议中蒙俄三国之间建立政府旅游行政主管部门、旅游企业及旅游消费者权益保护机构之间的信息交互平台，形成符合国际旅游规范的市场化管理机制。推动三国官方和民间形成合力，共同挖掘旅游资源，联合开展跨国旅游营销活动，共同为三国间旅游业可持续发展与合作服务。

建立实时了解游客意向诉求机制。开展旅游合作的主要目的在于增进中蒙俄三国民众彼此了解，促进三国民众良性互动，并能够发挥内蒙古在中蒙俄旅游合作中的桥梁作用，因此，必须建立实时了解互旅游客意向诉求机制，并基于互旅民意，不断完善旅游合作理念，最终实现让三国旅游合作成为草根外交，促进民心相通的宗旨。

三、积极推动科技合作

（一）加强科技联合攻关和人才联合培养

深化科技交流合作，是推动中蒙俄经济走廊科技创新合作的基础，也是与俄罗斯及蒙古国持续开展人文交流活动的重要内容。结合俄罗斯与蒙古国的重大科技需求，鼓励内蒙古科研机构、高等院校、企业，与俄罗斯、蒙古国两国相关机构合作，围绕重点领域共建联合实验室或者联合研究中心，开展人才联合培养，促进技术成果向外扩散和延伸。扩大杰出青年科学家来内蒙古工作计划规模，建设一批不同类型的培训中心和培训基地，广泛开展先进适用技术、科技管理与政策、科技评估、科技创业等培训。

（二）加强重大科技项目合作

在第四次工业革命的背景下，内蒙古应主动把握数字化、网络化、智能化发展机遇，充分发挥自身的比较优势，积极加强与俄罗斯及蒙古国的技术创新合作，吸引更多高端创新要素参与到内蒙古的科技创新活动中。逐步建立中蒙俄经济走廊重大科技项目动态储备库和重点支持企业清单，重点加强在现代农业、能源化工、装备制造、节能环保等领域的科技合作与交流。研究设立中蒙俄经济走廊发展指标体系，成立大数据工作室，通过大数据建模、分析研判、为促进中蒙俄经济走廊发展和科学决策提供数据支持。

（三）鼓励科技型企业在俄罗斯、蒙古国两国创新创业

科技创新是高质量推动中蒙俄经济走廊建设的不竭动力。争取中蒙俄三国协调发挥企业在科技合作中的投入、执行和收益主体作用，支持领军企业组建创新联合体，带动中小企业创新活动，形成骨干企业先导带动、中小企业大规模参与的合作局面，并吸引社会力量参与。鼓励内蒙古有实力的企业在俄罗斯、蒙古国两国建立科技园区。例如，在三国毗邻地区建立农牧业科技合作示范园，打造面向东北亚市场的绿色有机蔬菜生产出口基地和农畜产品仓储、物流及交易中心。培育一批具有国际竞争力的跨国创新型企业，促进新业态和新商业模式互利合作。

四、构建中蒙俄医疗合作新平台

（一）在俄罗斯、蒙古国设立中俄蒙合作医院分院

鉴于已在内蒙古满洲里市建立中俄蒙合作医院，建议在俄罗斯、蒙古国设立中俄蒙合作医院分院。为三国专家开展蒙药制作工艺及新药研发合作和蒙医学术常态化交流搭建平台，服务俄罗斯、蒙古国民众的同时也便利在俄罗斯、蒙古国

工作的中国民众，促进中蒙俄三国在医疗健康领域合作。做好中俄蒙合作医院分院顶层设计，制定合作框架，调动蒙医药人员和研究人员的积极性，打造蒙医药政产教研一体化创新模式，实现信息、要素、资源与成果共享，扩大内蒙古蒙医药行业的境外知名度，造福三国民众。

（二）加强医疗对外服务贸易专项支持

争取国家有关部委加大对蒙医药的对外服务贸易专项支持的力度，重点支持蒙医药在防治心脑血管病、皮肤病、肿瘤、糖尿病等以及在药材种植、培育、制作等领域的研究，更好地发挥蒙医药在推进中蒙俄经济走廊建设、促进睦邻友好方面的作用。加大对俄罗斯、蒙古国来华就医患者的财政支持力度，以此增强中医、蒙医技术在国际上的传播力和影响力。

（三）构建中蒙俄远程会诊平台

顺应新一代信息技术发展趋势，推进"互联网+健康医疗"领域的探索与实践，构建中蒙俄三国远程会诊平台，加强三方医护人员在学术交流、观摩学习、实践技能、培训等方面的线上合作，促进相互借鉴、相互学习。充分发挥国际蒙医远程会诊中心的作用，扩建远程会诊平台，更好地为蒙古国基层患者服务。

五、深化文化交流合作

（一）完善文化交流机制

继续利用好中蒙俄人文交流共同委员会机制，以《建设中蒙俄经济走廊规划纲要》中涉及的文化领域合作内容为主要抓手，依托并充分挖掘中蒙俄三国多样化文化遗产，整合资源，形成文化交流与合作合力。建议成立中蒙俄人文交流共同委员会，着力打造中蒙俄经典传统文化艺术和凝练三国民众认同的文化艺术，重视文化领域人才培养，不断推动三国文化交流与合作，让文化流动起来、流行起来，带动民间良性交流，真正发挥文化功能。不断完善三国人文交流机制，将"文化周""文化月""文化年"等活动制度化、常态化。建立合作协调机制和保障机制，从政府层面协调各部门，统筹规划和解决三国人文交流中的问题。加强姊妹城市实质性的交流，提升文化软实力，更好地服务于中蒙俄经济走廊建设。

（二）拓宽对外文化交流渠道

积极筹办内蒙古乃至全国有影响力的大型中蒙俄文化活动，以吸引国外文艺团体来内蒙古进行商业展演和文化创业，争取早日进入蒙古国、俄罗斯一流的演出和展览市场。充分挖掘各地区、各部门、各类组织和群体在对外文化人文交流中的潜力和资源。鼓励民间团体、民营企业和个人、社区居民参与对外文化交流，做到民间外交和官方外交相结合，并为三方互派的文化艺术人才提供便利，逐步形成全方位、多层次文化交流新格局。利用网络资源拓宽对外文化影响力，如大型文艺汇演通过开通电视直播、网络直播，拓宽受众面，或者通过售票实现市场化，带动民间交流。

（三）加强文学作品创作与交流

蒙古国汉学家、翻译家米·其米德策耶教授曾说过，"如果想了解一个国家，就应该去了解这个国家的传统文化，去阅读这个国家的文学作品"。因此，建议中蒙俄三国的文学界要加强文学交流，特别是要倡导在当代文学创作中，讲好古今丝绸之路、草原丝绸之路的故事。

加强中蒙俄人文习俗题材文学创作与传播。文学作品渗透着人文精神，反映着意识形态。这种特点决定了它成为人文习俗、文化交流的主梁。通过开展加强中蒙俄人文习俗题材文学创作与传播，可以使三国民众相互品读著名文学作品，从作品中感受他们的思维模式、生活状况和价值观等，真实地去了解他们，这样才能引起共鸣，增加认同感。

拓宽三国文学交流影响面。鉴于目前三国文化交流滞后于经贸和其他领域的实际情况，应加强文学创作和文化交流的强度。这不仅是文学创作与发展上相互借鉴、相得益彰的需求，更是三国经济社会、文化等全方位发展的需要。推动中蒙俄三国协商，在俄罗斯、蒙古国主要城市的小学、初中、高中、大学里设立中国图书免费阅览室或者图书馆，在各报刊亭、机场、车站等公共场所提供中蒙俄三种文字的书籍、报刊等，用充分彰显中华优秀传统文化的文学和文化作品在俄罗斯、蒙古国国民间建立民心畅通的平台，为"一带一路"倡议和中蒙俄经济走廊建设深入人心奠定最牢固的民心基础。

加强多元化文学交流。建议以影视文学、诗歌创作（歌词汇编）、短片散文改编小品等多种三国人民易接受、有内涵、喜闻乐见的形式，加强文学文本制作及传播，广泛影响受众，让三国民众彼此的了解更全面化、多元化、时代化。

六、开创中蒙俄融媒体合作新局面

（一）打造三国媒体合作新平台

搭建"五位一体"宣传矩阵。随着中蒙俄经济走廊建设的深入，新闻媒体宣传任务必然很艰巨。按照国家"文化走出去工程"总体要求，依托"丝绸之路影视桥"工程、"纳荷芽"中蒙出版交流工程等重大项目和中蒙新闻媒体论坛、中俄媒体论坛、中俄媒体交流年等平台，推进"报纸有文字、电视有影像、网络有信息、杂志有内容、'脸谱'和'推特'有固定阅读者"的"五位一体"的全方位、立体式媒体宣传矩阵，同时拓宽微信在蒙俄的使用面。

设立中蒙俄媒体合作交流中心。为更好地服务于"一带一路"倡议，加速推进中蒙俄经济走廊建设，争取国家支持设立中蒙俄媒体合作交流中心，常态化开展中蒙俄三国新闻论坛。通过中蒙俄三国媒体合作拉近三方共识，推动形成方位更全、平台更优、载体更多的立体式外宣格局。内蒙古作为中国向北开放的桥头堡，主要媒体机构利用自身优势，设立驻俄、驻蒙记者站，加强实地了解和沟通，根据三国民众的信息需求和思维习惯，共同开展三国媒体合办频道、相关栏目、报纸、电视广播、公众号等，以更加客观、准确、全面、公正的立场报道新闻；积极采用对方提供的重要新闻资讯，实现新闻资源共享，进一步推动行业互访和人员往来，实现"资源通融、内容兼融、宣传互容、利益共融"的新型媒体合作，加深国与国、民与民之间的了解。

（二）加强三国网络媒体监管

中蒙俄三国国家制度体系存在差异，历史文化背景各异，经济社会发展程度不同，但都有让百姓过上幸福美好生活的共同目标。作为中蒙俄三国沟通合作中的新闻媒体机构应充分发挥其作用，对中蒙俄经济走廊建设，乃至"一带一路"建设的宗旨、目的给予正确的宣传，把合作发展的信心、和平发展的追求、合作共赢发展的理念传递给本国民众及世界人民。因此，建议三国从正面引领三国社会舆论，净化网络媒体中存在的负面信息，做好外宣部门舆情监测、舆情管理工作，为三国合作营造良好的社会舆论氛围。

七、拓展智库合作空间

（一）建立中俄蒙合作研究分院

基于国际形势变化和中蒙俄经济走廊建设需求，争取国家支持，在俄罗斯、蒙古国分别设立中俄蒙合作研究分院，利用当地高水平的专家学者和民间智库资源，同时派驻中方机构的研究人员，深入了解俄罗斯、蒙古国政策的实施，执政党与其他党派间的关系，人文传统与意识形态现状，社会经济现状，中蒙俄民间的交流模式，中资企业在俄罗斯、蒙古国的地位和作用，以及俄罗斯、蒙古国民众对中国的态度等。用客观、实用的研究成果为中蒙俄经济走廊建设迫切需要解决的现实问题提供理论和智力支持，切实改变目前相关研究雾中看花、对决策起不到重大影响作用的状况。

（二）充分发挥智库联盟合作平台作用

争取中蒙俄三国继续支持智库联盟合作平台建设，为三国社会研究工作者开展多领域、多层次研究合作营造良好环境，推动智库合作全面对接。争取国家简化社会研究工作者赴俄罗斯、蒙古国出入境手续，延长研究人员境外停留期限，提升出入境便利化水平。推动智库合作参与人员结构多元化，在逐步扩大相关研究人员规模的同时，充分吸纳产业、生态、社会等各领域的一线工作人员和企业人员参与，使研究成果更务实、更具实操性。拓宽研究领域，以《建设中蒙俄经济走廊规划纲要》32 个具体项目为重要选题，联合开展研究，为推动中蒙俄经济走廊建设建言献策。

（三）与在俄罗斯、蒙古国设立的其他国家研究机构建立合作关系

在全球化背景下，与在俄罗斯、蒙古国设立的其他国家研究机构展开多方面的智库合作与交流，借鉴其与俄罗斯、蒙古国乃至日本、韩国、美国、欧洲等国家和地区开展智库合作的成功经验和做法，逐步形成基于中蒙俄三国研究资源共享的合作研究方法，从而有效避开不利于三方智库合作的弊端。

第八章
高质量构建中蒙俄经济走廊联动开放新格局

《共建丝绸之路经济带和21世纪海上丝绸之路的愿景与行动》提出,"致力于亚欧非大陆及附近海洋的互联互通,建立和加强沿线各国互联互通伙伴关系,构建全方位、多层次、复合型的互联互通网络,实现沿线各国多元、自主、平衡、可持续的发展"。党的十九大报告提出:"要以'一带一路'建设为重点,坚持'引进来'和'走出去'并重,遵循共商共建共享原则,加强创新能力开放合作,形成陆海内外联动,东西双向互济的开放格局"。依托国内国际陆海、沿边腹地联通大通道,以沿线城镇群和各类开发开放平台为支撑,高质量构建中蒙俄经济走廊联动开放新格局对于"一带一路"走深走实、东北亚区域经济一体化发展、中国区域协调发展和内蒙古建设向北开放桥头堡意义重大。

第一节 中蒙俄经济走廊联动开放的主要成效

一、联动开放大通道日趋畅通

便捷高效的通道是联动开放的首要条件。《建设中蒙俄经济走廊规划纲要》共实施32个项目,包括13个交通基础通道项目,其中6条铁路运输通道和2条公路运输通道建设项目途经内蒙古。

> **《建设中蒙俄经济走廊规划纲要》交通通道内容**
>
> 1.铁路中央通道（乌兰乌德—纳乌什基—苏赫巴托—扎门乌德—二连浩特—乌兰察布—张家口—北京—天津），进行双轨化改造、电气化运输的可行性研究。
>
> 2.研究铁路北部通道（库拉吉诺—克孜勒—查干陶勒盖—阿尔查苏日—敖包特—额尔登特—萨勒黑特—扎门乌德—二连浩特—乌兰察布—张家口—北京—天津），在财力允许的情况下，开始实施。
>
> 3.研究铁路东部通道（博尔贾—索洛维耶夫斯克—额仁查布—乔巴山—霍特—毕其格图—珠恩嘎达布其—赤峰—朝阳—锦州或大连），在财力允许的情况下，开始实施。
>
> 4.研究"滨海2号"国际交通走廊（"图们江运输通道"）（乔巴山—松贝尔—阿尔山—乌兰浩特—长春—延吉—珲春—扎鲁比诺），在财力允许的情况下，开始实施。
>
> 5.研究铁路运输"滨海1号"国际交通走廊（乔巴山—松贝尔—阿尔山—满洲里—齐齐哈尔—哈尔滨—牡丹江—绥芬河—符拉迪沃斯托克—纳霍德卡）在财力允许的情况下，开始实施。
>
> 6.研究莫斯科—北京高速铁路穿过蒙古国国土的远景规划。
>
> 7.建设亚洲公路网3号线即AH3（乌兰乌德—恰克图—达尔罕—乌兰巴托—赛音山达—扎门乌德—二连浩特—北京郊区—天津），积极利用过境运输，研究此方向建设高速公路的可行性。
>
> 8.研究公路东线通道（博尔贾—索洛维耶夫斯克—额仁查布—乔巴山—西乌尔特—毕其格图—珠恩嘎达布其—西乌珠穆沁—赤峰—朝阳/承德—锦州/盘锦/天津），在财力允许的情况下，开始实施。
>
> 资料来源：蒙古国外交部网站，http://mfa.gov.mn/35087。

《中欧班列建设发展规划（2016—2020年）》提出建设东通道、中通道和西通道。其中，东通道和中通道途经内蒙古。

> ### 《中欧班列建设发展规划（2016—2020年）》中规划的空间布局的东通道和中通道
>
> 　　1.东通道，由内蒙古满洲里（黑龙江绥芬河）口岸出境，接入俄罗斯西伯利亚铁路，通达欧洲各国。该通道主要起始于我国东北、华东、华中等地区，经京沪、哈大等铁路干线，由满洲里—俄罗斯后贝加尔斯克口岸，在赤塔与西伯利亚铁路连接，直通俄罗斯、德国、波兰、捷克、荷兰、白俄罗斯等国家，可辐射中国东北地区、长三角、长江经济带、黄河流域、粤港澳等区域，将东北地区的大连、锦州、盘锦、珲春等港口，苏州、天津、长沙、武汉、重庆、临沂等中欧班列主要集货地与欧洲腹地的莫斯科、圣彼得堡、汉堡、华沙、布拉格、明斯克、鹿特丹港等主要集散地相连，实现陆海联通。
>
> 　　2.中通道，由内蒙古二连浩特口岸出境，途经蒙古国与俄罗斯西伯利亚铁路相连，通达欧洲各国。该通道主要线路起点为中国华北、华中、华南的节点城市和天津、唐山等港口，经京广、中蒙俄经济走廊中线通道，至俄罗斯乌兰乌德与西伯利亚铁路连接，直通至德国、比利时、波兰、意大利、白俄罗斯等国家，可辐射中国京津冀、环渤海、呼包鄂乌等区域、黄河流域、长江经济带、东北地区、粤港澳和东南沿海地区，将天津、唐山、连云港等港口，石家庄、乌兰察布、郑州、重庆、长沙、合肥、武汉、成都、南昌、徐州、赣州、广州、厦门等中欧班列主要集货地与蒙古国乌兰巴托和欧洲腹地的莫斯科、沃尔西诺、明斯克、汉堡、慕尼黑、列日、马拉舍维奇、米兰等主要集散地相连，实现陆海联通。

　　目前，依托中欧班列，中蒙俄经济走廊与京津冀协同发展、长江经济带、粤港澳大湾区、黄河流域生态保护和高质量发展等国家重大发展战略区域互动、联动，主要集货地拓展到苏州、天津、武汉、长沙、广州、营口、大连、沈阳等近70个城市，形成了经二连浩特口岸出境的中部通道和经满洲里口岸出境的东部通道两条通江达海贸易通道。

　　铁路通道方面，国内已形成了京通、京包、集通、东乌、包兰、临策等横向通道和通霍、集二、包西、嘉策、滨洲等纵向通道；满洲里、二连浩特、策克、甘其毛都、珠恩嘎达布其等口岸已通铁路，包头—满都拉口岸铁路完成动态验收。

公路通道方面，内蒙古与蒙古国、俄罗斯达成开通协议的国际道路客货运输线路达到42条，满洲里至蒙古国东方省乔巴山、满洲里至俄罗斯外贝加尔边疆区赤塔市和红石市、海拉尔至俄罗斯外贝加尔边疆区赤塔市、乌拉特中旗至蒙古国南戈壁省罕宝格达苏木、甘其毛都至蒙古国南戈壁省嘎顺苏海图等一批重点国际道路运输线路正式运营；满洲里、二连浩特、策克和甘其毛都口岸已通一级公路，室韦、阿尔山口岸已通一级一幅公路，满都拉、珠恩嘎达布其、黑山头、阿日哈沙特、额布都格和乌力吉口岸已通二级公路，通二连浩特、满洲里口岸的高速公路和通珠恩嘎达布其、满都拉口岸的一级公路加快建设，基本形成了以边境口岸为节点，覆盖俄罗斯、蒙古国边境地区重点城市、重点矿区并向其腹地不断延伸的道路运输网络。

航空通道方面，内蒙古主要盟市与蒙古国、俄罗斯部分城市之间已经实现了直飞。

表8-1 《建设中蒙俄经济走廊规划纲要》主要交通基础设施项目建设进展

编号	项目名称	线路	中方进展	蒙方进展	俄方进展	备注
1	铁路中央通道的双轨化改造、电气化运输项目	乌兰乌德—纳乌什基—苏赫巴托—扎门乌德—二连浩特—乌兰察布—张家口—北京—天津	停滞	达尔罕—乌兰巴托段纳入"发展之路"国家规划	表示愿意参与	《建设中蒙俄经济走廊规划纲要》中唯一一个现有的通道
2	铁路北部通道	库拉吉诺—克孜勒—查干陶勒盖—阿尔查苏日—敖包图—额尔登特—萨勒黑特—扎门乌德—二连浩特—乌兰察布—张家口—北京—天津	停滞	额尔登特—敖包特、敖包特—阿尔查苏日已完成可行性研究	查干陶勒盖—克孜勒段已完成可行性研究	中国境内段与中央通道重合
3	铁路东部通道	博尔贾—索洛维耶夫斯克—额仁查布—乔巴山—霍特—毕其格图—珠恩嘎达布其—赤峰—朝阳—锦州或大连	全线贯通	未开工，完成可行性研究	未开工	中国国内段为"东北陆海新通道"

续表

编号	项目名称	线路	中方进展	蒙方进展	俄方进展	备注
4	"滨海1号"国际交通走廊	乔巴山—松贝尔—阿尔山—满洲里—齐齐哈尔—哈尔滨—牡丹江—绥芬河—符拉迪沃斯托克—纳霍德卡	2016年4月，中蒙联合工作组考察过境通道位置	中蒙签订"阿尔山—松贝尔铁路口岸过境位置交换意见纪要"	2016年12月底，联邦政府批准并公布该通道发展构想	2017年7月，中俄双方签署《关于共同开发"滨海1号"和"滨海2号"国际交通走廊的谅解备忘录》
5	"滨海2号"国际交通走廊（图们江运输通道）	乔巴山—松贝尔—阿尔山—乌兰浩特—长春—延吉—珲春—扎鲁比诺				
6	研究莫斯科—北京高速铁路穿过蒙古国国土的远景规划	莫斯科—北京	未实施	未实施	未实施	
7	亚洲公路网3号线	乌兰乌德—恰克图—达尔罕—乌兰巴托—赛音山达—扎门乌德—二连浩特—北京—天津	除二连浩特至赛罕塔拉段（预计2022年12月建成通车）外，已全线通车	乔伊尔—扎门乌德段改扩建工程已完工，乌兰巴托—达尔罕段改扩建工程部分完工	未实施	与俄罗斯联邦乌兰乌德的AH6公路连接可达欧洲腹地，向南与泰国AH1连接，可到达缅甸
8	公路东线通道	博尔贾—索洛维耶夫斯克—额仁查布—乔巴山—西乌尔特—毕其格图—珠恩嘎达布其—西乌珠穆沁—赤峰—朝阳—承德—锦州—盘锦—天津	珠恩嘎达布其—乌里雅斯太段正在建设。巴拉嘎尔高勒至乌里雅斯太段已经完成初步设计验收	乔巴山—西乌尔特段设计图纸及前期研究已完成	未实施	连接俄罗斯博尔贾、索洛维耶夫斯克等城市及中国天津、锦州、大连等港口的重要通道

资料来源：课题组自制。

表 8-2　　内蒙古与俄罗斯、蒙古国通航的城市

通航城市	莫斯科	叶卡捷琳堡	克拉斯诺亚尔斯克	伊尔库茨克	乌兰乌德	赤塔	乌兰巴托	乔巴山
呼和浩特	√						√	
满洲里			√	√	√	√	√	√
二连浩特							√	
鄂尔多斯		√		√			√	

续表

通航城市	莫斯科	叶卡捷琳堡	克拉斯诺亚尔斯克	伊尔库茨克	乌兰乌德	赤塔	乌兰巴托	乔巴山
包头							√	
海拉尔							√	√
阿尔山							√	

资料来源：课题组自制。

表 8-3　　　　　　　　内蒙古在建跨国铁路通道项目

编号	项目名称	线路	中方进展	蒙方进展	联通方向	备注
1	包头至宗巴彦铁路	包头—满都拉—杭吉—宗巴彦	全线竣工	已纳入蒙古国铁路发展政策中。初步确定了铁路过境点范围	国内，与包兰、包西铁路连接，到达腹地省份；国外，向北通过宗巴彦—赛音山达线与铁路中线走廊相连，经过乌兰巴托铁路、西伯利亚铁路，直达欧洲	主要货物为煤炭和矿石
2	甘其毛都—塔温陶勒盖铁路	甘其毛都—嘎顺苏海图—塔温陶勒盖	现有甘泉铁路。2020年9月15日外交部领导访蒙期间确定实施	截至2020年10月上旬，完成初始段208公里土方工程，98%的排水工程，97%的牲畜过道，46%的基础工程，铺设了106公里铁路	国内，与甘泉铁路连接，在包头通向国家铁路网；国外，向北与规划中的塔温陶勒盖—宗巴彦铁路相连，经铁路中央通道、西伯利亚大铁路，通向欧洲腹地	连接中蒙俄的国际能源大通道
3	策克—那林苏海图铁路	策克—西伯库伦—古尔班特斯—那林苏海图	现有嘉策、临策两条外运铁路。2020年9月15日王毅外长访蒙期间确定实施	计划修建43公里	嘉策铁路，与临哈铁路交会与额济纳站，临策铁路从策克口岸连接至临河并入包兰铁路	将采用标准轨距建设

二、联动开放平台体系逐步完善

内蒙古与俄罗斯、蒙古国以及国内省份之间基本形成了以口岸、内陆港、海关特殊监管区、产业园区为主的立体化联动开放平台体系。

从口岸看，中蒙、中俄之间基本形成了铁路、公路和航空口岸立体化联动开放格局。2020年9月,《中华人民共和国和蒙古国政府关于中蒙边境口岸及其管理制度的协定》得以修订补充,确定增设开放策克—西伯库仑、甘其毛都—嘎顺苏海图和珠恩嘎达布其—毕其格图等三个铁路口岸事宜,以扩大从蒙古国的矿产品进口量及过境货物的运输量。建成后,可与中国现有铁路网络连接,直至出海口,提高塔温陶勒盖煤矿焦煤出口量,同时可连接沿线煤、铁、铜、锌等蒙古国重要矿点,加快该区域经济社会发展,增加工业附加值产品运输,并向中国、韩国和日本市场出口矿产品。预计每年运输1500万吨货物,对蒙古国矿产品出口将发挥重要作用。

表8-4　　　　　内蒙古口岸与俄罗斯、蒙古国联动情况

口岸类型		序号	口岸名称	开放种类	对应口岸	口岸所在地
铁路口岸	中俄	1	满洲里	国际性常年开放	后贝加尔斯克	呼伦贝尔市
	中蒙	2	二连浩特	国际性常年开放	扎门乌德	锡林郭勒盟
公路口岸	中俄	3	满洲里	国际性常年开放	后贝加尔斯克	呼伦贝尔市
		4	黑山头	双边性常年开放	旧粗鲁海图	呼伦贝尔市
		5	室韦	双边性常年开放	奥洛契	呼伦贝尔市
	中蒙	6	二连浩特	国际性常年开放	扎门乌德	锡林郭勒盟
		7	甘其毛都	双边性常年开放	嘎顺苏海图	巴彦淖尔市
		8	策克	双边性常年开放	西伯库伦	阿拉善盟
		9	珠恩嘎达布其	国际性常年开放	毕其格图	锡林郭勒盟
		10	满都拉	双边性常年开放	杭吉	包头市
		11	额布都格	双边性季节开放	巴彦呼舒	呼伦贝尔市
		12	阿日哈沙特	双边性季节开放	哈比日嘎	呼伦贝尔市
		13	阿尔山	国际性季节开放	松贝尔	兴安盟
		14	乌力吉	双边性常年开放	查干德勒乌拉	阿拉善盟
航空口岸		15	呼和浩特	国际性常年开放		呼和浩特市
		16	满洲里	国际性常年开放		呼伦贝尔市
		17	海拉尔	国际性常年开放		呼伦贝尔市
		18	鄂尔多斯	国际性常年开放		鄂尔多斯市
		19	包头	国际性常年开放		包头市

资料来源:课题组自制。

表 8-5　蒙古国与内蒙古口岸、俄罗斯口岸联动情况

口岸分类		序号	口岸名称	开放种类	对应口岸	口岸所在地
铁路口岸	蒙中	1	扎门乌德	国际性常年开放	内蒙古二连浩特	东戈壁省
	蒙俄	1	苏赫巴托	国际性常年开放	俄罗斯纳乌什基	色楞格省
		2	额仁查布	双边性常年开放	俄罗斯博尔贾	东方省
公路口岸	蒙中	2	扎门乌德	国际性常年开放	内蒙古二连浩特	东戈壁省
		3	哈比日嘎	双边性季节开放	内蒙古阿日哈沙特	东方省
		4	巴彦呼舒	双边性季节开放	内蒙古额布都格	东方省
		5	松贝尔	国际性季节开放	内蒙古阿尔山	东方省
		6	毕其格图	国际性常年开放	内蒙古珠恩嘎达布其	苏赫巴托省
		7	杭吉	双边性常年开放	内蒙古满都拉	东戈壁省
		8	嘎顺苏海图	双边性常年开放	内蒙古甘其毛都	南戈壁省
		9	西伯库伦	双边性常年开放	内蒙古策克	南戈壁省
	蒙俄	10	阿拉坦布拉格	国际性常年开放	俄罗斯恰克图	色楞格省
		11	额仁查布	国际性常年开放	俄罗斯索洛维耶夫斯克	东方省
		12	查干淖尔	国际性常年开放	俄罗斯塔山塔	巴彦乌列盖省
		13	包日肖	双边性常年开放	俄罗斯汗德盖特	乌布苏省
		14	特斯	双边性常年开放	俄罗斯沙苏里	乌布苏省
		15	阿尔查苏日	双边性常年开放	俄罗斯查干陶勒盖	扎布汗省
		16	汗赫	双边性常年开放	俄罗斯蒙德	库苏古尔省
		17	乌立罕	双边性常年开放	俄罗斯上乌立罕	东方省
航空口岸		18	布彦特乌哈	国际性常年开放		乌兰巴托
		19	乔巴山	国际性常年开放		东方省
		20	乌列盖	国际性常年开放		巴彦乌列盖省
		21	科布多	国际性常年开放		科布多省

数据来源：根据蒙古国 2019 年统计年鉴整理。

表 8-6　俄罗斯与内蒙古口岸联动情况

口岸分类	序号	口岸名称	开放种类	对应口岸	口岸所在地
铁路口岸	1	后贝加尔斯克	国际性常年开放	满洲里	外贝加尔边疆区
公路口岸	2	后贝加尔斯克	国际性常年开放	满洲里	外贝加尔边疆区
	3	阿巴盖图	未开放	二卡	外贝加尔边疆区
	4	旧粗鲁海图	双边性常年开放	黑山头	外贝加尔边疆区
	5	奥洛契	双边性常年开放	室韦	外贝加尔边疆区
	6	莫斯科	国际性常年开放		莫斯科市
	7	圣彼得堡	国际性常年开放		圣彼得堡市
	8	叶卡捷琳堡	国际性常年开放		斯维尔德洛夫斯克州

续表

口岸分类	序号	口岸名称	开放种类	对应口岸	口岸所在地
航空口岸	9	克拉斯诺亚尔斯克	国际性常年开放		克拉斯诺亚尔斯克边疆区
	10	新西伯利亚	国际性常年开放		新西伯利亚州
	11	伊尔库茨克	国际性常年开放		伊尔库茨克州
	12	乌兰乌德	国际性常年开放		布里亚特共和国
	13	赤塔	国际性常年开放		外贝加尔边疆区
	14	哈巴罗夫斯克	国际性常年开放		哈巴罗夫斯克边疆区
	15	符拉迪沃斯托克	国际性常年开放		滨海边疆区

资料来源：根据俄罗斯2019年统计年鉴整理。

从内陆港和沿海港口看，依托中蒙俄经济走廊，内蒙古建成了一批内陆港，实现了口岸、内陆港与环渤海、黄海地区的港口联动开放、无缝对接。

表8-7 内蒙古主要内陆港与沿海港口联动情况

编号	名称	所在地	联动港口	开通时间
1	天津港呼和浩特内陆港	呼和浩特市	天津港	2016年7月
2	天津港巴彦淖尔内陆港	巴彦淖尔市临河区	天津港	2015年12月
3	曹妃甸港乌兰察布内陆港	乌兰察布市集宁区	唐山港	2017年9月
4	唐山港内蒙古伊泰内陆港	鄂尔多斯市	唐山港	2019年8月
5	唐山港鄂尔多斯鑫聚源内陆港	鄂尔多斯市	唐山港	2017年9月
6	唐山港二连浩特内陆港	二连浩特市	唐山港	2016年11月
7	唐山港内蒙古公铁物流内陆港	包头市东河区	唐山港	2019年8月
8	唐山港包头萨拉齐内陆港	包头市土右旗	唐山港	2018年5月
9	唐山港蒙西煤炭内陆港	包头市土右旗	唐山港	2019年12月
10	包头九原物流园曹妃甸港内陆港	包头市九原区	唐山港	2016年11月
11	曹妃甸港满洲里口岸内陆港	满洲里市	唐山港	2018年10月
12	曹妃甸港锡林郭勒内陆港	锡林郭勒盟	唐山港	2020年11月
13	唐山港乌海内陆港	乌海市乌达区	唐山港	2017年12月
14	唐山港巴彦淖尔内陆港	巴彦淖尔市临河区	唐山港	2018年6月
15	盘锦港通辽内陆港	通辽市科尔沁区	盘锦港	2017年9月
16	大连港通辽内陆港	通辽市科尔沁区	大连港	2015年11月
17	营口港通辽市集装箱内陆港	通辽市科尔沁区	大连港	2009年7月
18	乌海国际陆港	乌海市海南区	唐山港	2017年7月
19	阿拉善国际陆港	阿拉善盟阿左旗	天津港	2015年4月

资料来源：课题组自制。

表 8-8　　中蒙俄经济走廊出海经过的主要港口与联动口岸

名称	所在省份	2019年主要经济指标	主要联动口岸
天津港	天津	全港完成货物吞吐量4.92亿吨，同比增长0.41%，外贸货物吞吐量2.78亿吨，同比增长0.58%，完成集装箱运量1730万标箱，同比增长0.81%	二连浩特、策克、甘其毛都、珠恩嘎达布其
唐山港	河北	全港完成货物吞吐量6.58亿吨，同比增长0.31%，外贸货物吞吐量2.77亿吨，同比增长0.36%，完成集装箱运量294万标箱，同比减少0.5%	二连浩特、策克、甘其毛都、珠恩嘎达布其
秦皇岛港	河北	全港完成货物吞吐量2.19亿吨，同比减少5.4%，外贸货物吞吐量0.52亿吨，同比减少34.3%，完成集装箱运量62万标箱，同比增加5.6%	二连浩特、策克、甘其毛都、珠恩嘎达布其、满洲里
盘锦港	辽宁	全港完成货物吞吐量0.48亿吨，外贸货物吞吐量0.04亿吨，完成集装箱运量32万标箱	满洲里
锦州港	辽宁	全港完成货物吞吐量1.13亿吨，同比增长3.5%，外贸货物吞吐量0.18亿吨，同比增长11.2%，完成集装箱运量188万标箱，同比增加15.9%	满洲里、珠恩嘎达布其
大连港	辽宁	全港完成货物吞吐量3.66亿吨，同比增长4.3%，外贸货物吞吐量1.65亿吨，同比增长5.9%，完成集装箱运量876万标箱，同比减少10.3%	满洲里
连云港港	江苏	全港完成货物吞吐量2.35亿吨，同比增长4.1%，外贸货物吞吐量1.29亿吨，同比增长9.1%，完成集装箱运量478万标箱，同比增加0.7%	二连浩特

资料来源：中华人民共和国交通运输部网站，课题组整理。

从产业园区看，中蒙俄经济走廊沿线各类产业园区和物流园区成为沿边与腹地联动开放的重要支撑。

表 8-9　　内蒙古主要产业园区

编号	名称	级别	类型	设立时间	所在地	主要产业	主要联动口岸、港口
1	呼和浩特经济技术开发区	国家级	开发区	2000.7	呼和浩特市市区、土左旗	工业和现代服务业	呼和浩特航空口岸、二连浩特
2	呼和浩特金山高新技术产业开发区	国家级	高新区	1997.3	呼和浩特市市区、土左旗	信息技术、科技研发、高技术制造、新材料、石油化工	二连浩特
3	包头稀土高新技术产业开发区	国家级	高新区	1992.6	包头市稀土高新区	装备制造、稀土、战略性新兴产业	满都拉

续表

编号	名称	级别	类型	设立时间	所在地	主要产业	主要联动口岸、港口
4	二连浩特边境经济合作区	国家级	开发区	1993.6	二连浩特市	进出口木材、矿产品、农畜产品加工业和国际仓储物流业	二连浩特
5	满洲里市边境经济合作区	国家级	开发区	1992.3	满洲里市	木材精深加工、建材、进出口加工、国际物流和商贸仓储产业	满洲里
6	巴彦淖尔经济技术开发区	国家级	开发区	1992.6	巴彦淖尔市临河区	绿色农畜产品加工、生物制药及中蒙药、战略性新兴产业	二连浩特、霍尔果斯
7	呼伦贝尔经济技术开发区	国家级	开发区	2013.1	呼伦贝尔市海拉尔区、陈巴尔虎旗、鄂温克旗	装备制造、大数据、现代化工、能源、木材加工、农畜产品深加工、煤化工	满洲里
8	鄂尔多斯高新技术产业园区	国家级	高新区	2011.1	鄂尔多斯市东胜区	新能源、节能环保、洁净煤技术、云计算、智能装备、新材料、生物医药、现代服务业	鄂尔多斯航空口岸
9	阿拉善高新技术产业开发区	自治区级	高新区	1997.8	阿拉善盟阿左旗	化工、战略性新兴产业和绿色生态产业	策克、乌力吉
10	策克口岸经济开发区	自治区级	开发区	2012.5	阿拉善盟额济纳旗	电力能源、煤化工、金属和非金属加工、盐化工	策克
11	乌海经济开发区	自治区级	开发区	1998.6	乌海市	煤化工、战略性新兴产业、境外矿产资源深加工	策克、乌力吉、甘其毛都
12	甘其毛都口岸加工园区	自治区级	工业园区	2003.1	巴彦淖尔市乌拉特中旗	煤化工、有色金属冶炼、境外矿产资源深加工	甘其毛都

续表

编号	名称	级别	类型	设立时间	所在地	主要产业	主要联动口岸、港口
13	包头装备制造产业园	自治区级	工业园区	2007.6	包头市青山区	装备制造、战略性新兴产业	满都拉、甘其毛都、二连浩特
14	达茂巴润工业园区	市级	工业园区	2004.6	包头市达茂旗	金属冶炼及新材料产业、能源与化工、战略性新兴产业	满都拉
15	包头九原工业园区	自治区级	工业园区	2006.4	包头市	现代化工、稀土金属及其应用、农畜产品加工、现代物流业	满都拉、甘其毛都、二连浩特、策克
16	察哈尔经济技术开发区	自治区级	开发区	2012.3	乌兰察布市察右前旗	信息技术、装备制造、生物制药业、新材料、新能源、物流	二连浩特
17	锡林郭勒经济技术开发区	自治区级	开发区	2001.5	锡林郭勒盟锡林浩特市	新技术产业、装备制造、清洁能源产业、化工、资源综合利用	二连浩特、珠恩嘎达布其
18	赤峰高新技术产业开发区	自治区级	开发区	2002.12	赤峰市红山、元宝山、松山区	冶金冶炼及深加工、化工、生物医药、装备制造、食品加工	满洲里、盘锦、锦州、大连
19	通辽经济技术开发区	自治区级	开发区	2001.9	通辽市科尔沁区	煤化工、有色金属加工、生物科技、绿色农畜产品加工、高端装备制造、电子工业、轻工业、新型建材工业	满洲里、盘锦、锦州、大连
20	兴安盟经济技术开发区	自治区级	开发区	2008.2	兴安盟乌兰浩特市	新型化工与材料、装备制造、高新技术、食品医药、农畜产品加工	满洲里

资料来源：课题组自制。

表 8-10 内蒙古主要物流园区

编号	名称	运营时间	所在地	经营业务	联动口岸
1	呼和浩特铁路局沙良物流园	2015年10月	呼和浩特市赛罕区	运输、仓储、分拨、配送、信息、管理、国内国际多式联运	二连浩特
2	包头九原公铁海铁国际物流园	2016年3月	包头市稀土高新区	生产、生活性物流	满都拉、甘其毛都
3	满都拉口岸国际物流园区	2012年开工建设	包头市达尔罕茂明安联合旗	进口煤炭的装卸、仓储	满都拉
4	鄂尔多斯空港物流园区	2009年6月	鄂尔多斯市	智能制造、生命健康、信息技术、新型服务业	航空口岸
5	巴彦淖尔现代农畜产品物流园区	2015年1月获批为自治区级物流园区	巴彦淖尔市临河区	信息智慧产业、商务服务业、科技研发业以及生活配套服务业	二连浩特、甘其毛都、霍尔果斯
6	七苏木国际物流枢纽铁路物流中心	2020年10月	乌兰察布市集宁区	集装箱为主,兼顾成件包装、木材、农副产品等品类的集散	二连浩特、霍尔果斯
7	北方陆港物流中心	2017年9月	乌兰察布市察右前旗	进出口商品仓储、交易、加工、配送的综合服务平台	二连浩特
8	环宇国际物流园区	2012年12月	二连浩特	对蒙俄散货、集装箱公路、铁路运输业务	二连浩特
9	集宁现代物流园区	2011年4月开工建设	乌兰察布市集宁区和察右前旗的交界处	皮件、建材、煤炭、石油、矿产、再生资源仓储和加工,马铃薯繁育、种植以及其他冷凉蔬菜、肉制品、粮油制品仓储、加工	二连浩特
10	锡林郭勒盟空港物流园	2013年底开工建设	锡林郭勒盟锡林浩特	航空物流、专业物流、综合保税、通用航空、大数据、生物科技、特色商业、汽车商贸	二连浩特、珠恩嘎达布其
11	内蒙古红山物流园区	2010年	赤峰市红山区	数据交换、信息发布、会员服务、在线交易、智能配送	满洲里
12	海拉尔中俄蒙国际物流园区	2013年	呼伦贝尔市海拉尔区	商贸物流、城市生活物资配送、装备制造物流、高新技术产品物流、轻工业和食品物流、流通加工、空港物流	满洲里
13	满洲里口岸国际物流产业园区	2016年	满洲里市	国际仓储物流、进口资源加工、综合配套服务、跨境电子商务	满洲里

资料来源:课题组自制。

近年来，内蒙古建成了一批与俄罗斯、蒙古国联动开放的海关特殊监管区和跨境经济合作区、边民互市贸易区，在承接国际产业转移、促进对外经济合作、提升区域竞争力等方面发挥了重要作用。

表 8-11　内蒙古主要跨境经济合作区、边民互市贸易区和海关特殊监管区

编号	名称	所在地	投入运营时间	联动地区
1	中蒙二连浩特—扎门乌德经济合作区	二连浩特市	扎门乌德园已于2021年8月14日投入运营	中国二连浩特市、锡林郭勒盟、蒙古国东戈壁省
2	二连浩特市边民互市贸易区	二连浩特市	1996年5月	中国二连浩特市、锡林郭勒盟、蒙古国东方省
3	满洲里边民互市贸易区	满洲里市	1996年11月	中国满洲里市、呼伦贝尔市、俄罗斯外贝加尔边疆区、蒙古国东方省
4	策克口岸中蒙边民互市贸易市场	阿拉善盟额济纳旗	2014年9月	中国阿拉善盟、蒙古国南戈壁省
5	满洲里边境综合保税区	满洲里市	2016年12月	中国满洲里市、呼伦贝尔市、俄罗斯外贝加尔边疆区
6	鄂尔多斯综合保税区	鄂尔多斯市伊金霍洛旗	2019年3月	京津冀地区、长三角地区、粤港澳地区、二连浩特市、甘其毛都口岸
7	呼和浩特综合保税区	呼和浩特市土默特左旗	2020年3月	京津冀地区、长三角地区、粤港澳地区、二连浩特市
8	巴彦淖尔市保税物流中心（B型）	巴彦淖尔市临河区	2019年12月	霍尔果斯市、二连浩特市、甘其毛都口岸、京津冀地区
9	包头市保税物流中心（B型）	包头市九原区	2019年7月	二连浩特市、甘其毛都口岸、满都拉口岸
10	赤峰保税物流中心(B型)	赤峰市	2013年	环渤海地区、满洲里市
11	乌兰察布七苏木保税物流中心（B型）	乌兰察布市集宁区	2020年5月	二连浩特市、蒙古国、俄罗斯、欧洲
12	内蒙古陆港保税物流园	通辽市科尔沁区	2015年6月	满洲里市、俄罗斯、欧洲、环渤海地区

资料来源：课题组自制。

三、联动开放领域持续拓展

(一)产业领域

1. 农牧业

中蒙俄经济走廊联动开放的一个重点领域是农牧业合作。中国的消费市场巨大,特别是对优质畜产品有很大需求。中国每年消费全球肉类供应量的28%左右,而现条件不能满足要求。蒙古国畜牧及加工产品正成为中国进口畜产品的重要来源之一。中国自蒙古国的进境肉类指定监管场地,有呼和浩特海关二连浩特进口肉类指定监管场地、满都拉进口肉类指定监管场地、策克进口肉类指定监管场地等。2020年,蒙古国为表达对中方抗击新冠肺炎疫情的坚定支持,捐赠3万只羊;同年10月、11月,3万只羊分批通过二连浩特口岸,经过隔离检疫和屠宰加工后,陆续抵达湖北,分发给参加湖北省新冠肺炎疫情防控的本省及全国各地一线医务工作者。

蒙古国畜牧业进出口情况

畜牧业是蒙古国仅次于矿业的支柱产业。据蒙古国2019年统计年鉴,2018年,蒙古国出口3.94万吨肉,连续两年打破历史最高纪录,同比增长1.01万吨。其中,马肉3.22万吨,牛肉1114吨,羊肉6131吨。此外,还出口了2.92万吨罐装肉制品以及其他动物类产品。2019年有所下降,为3.79万吨。其中,绵羊和山羊肉出口额为2420万美元,马肉为5770万美元,调制或储藏肉5030万美元。2020年受新冠肺炎疫情影响,共出口4.88万吨肉。

表8-12　　2016—2019年蒙古国主要出口产品出口额　　单位:百万美元

年份 出口产品	2016	2017	2018	2019
矿产品	3484054.90	4933672.10	6070337.80	6377468.70
纺织品等	300224.00	335466.00	409800.90	434672.30
宝石、半宝石和金属饰品	761511.20	596939.20	145480.70	419075.80

续表

牲畜及牲畜加工产品	29242.20	67416.80	102121.20	97610.50
公路、空中和水上车辆及其零件	69980.80	17030.80	24749.20	78602.30
贱金属和钢铁产品	86178.10	101000.60	91754.70	77892.90
熟食	11920.20	23007.90	91423.30	61856.40

资料来源：蒙古国历年统计年鉴。

内蒙古已成为保障蒙古国瓜果蔬菜等供应的主要省份之一。目前，出口蒙古国 80% 以上的果蔬通过二连浩特口岸。2018 年 9 月 20 日正式开通中蒙二连浩特—扎门乌德公路口岸农产品快速通关"绿色通道"，使通关效率提升近 1 倍。2020 年前 7 个月，二连浩特口岸共出口果蔬 6.2 万吨，同比增长 15.1%，出口品种包括洋葱、辣椒、卷心菜、香蕉和梨等。满洲里口岸是中国蔬菜出口俄罗斯的集散地，俄罗斯远东 80% 的蔬菜水果都来自满洲里口岸，2020 年全年共出口果蔬 13.2 万吨，货值达 8.1 亿元。中欧班列有效地带动了内蒙古农畜产品"走出去"。内蒙古始发的中欧（中亚）班列 50% 左右的货物由本地生产，如"赤满欧"班列运送的赖氨酸、饲料添加剂，"蒙连欧"班列运送的亚麻籽饼等农产品，"乌兰察布—霍尔果斯—塔什干"班列运送的轮毂、葵仁、干菜等。

2. 加工制造业

（1）能源矿业

能源矿业领域的合作一直是中蒙、中俄双边关系的主要内容。中国能源和矿产资源总量居世界第三位，但人均能矿资源占有量仅为世界平均水平的 58%，人均石油储量仅为世界平均水平的 11%，天然气仅为 4.5%。

蒙古国矿产资源总量仅次于俄罗斯、美国和中国，列世界第四位，矿业占到蒙古国国内生产总值的 23%。蒙古国提出"矿业兴国"战略，矿业部门成为其主要出口创汇部门和支柱产业。根据 2020 年的统计，蒙古国煤炭资源探明总量达到 326.1 亿吨，有 12 个煤盆地和 3 个煤田，理论上拥有 1500 亿吨的探明储量。截至 2019 年 8 月 27 日，蒙古国共有 173 家煤炭公司取得 296 个采矿许可证。2020 年前 8 个月，蒙古国出口煤炭 1520 万吨，占其出口总规模的 26%；其中，蒙古国对中国煤炭出口 1455.26 万吨，占其煤炭出口总量的 96%。蒙古国煤炭主要通过二连浩特、甘其毛都、策克等公路口岸进口。2020 年前 9 个月，蒙古国原油、铁矿石、铜精矿、锌精矿 100% 出口到中国，萤石出口到中国的占萤石总出口量的 76.1%。

表 8-13　　　　　　　　　　蒙古国煤炭资源分布情况

序号	省份	采矿特殊许可数	已确定的储量（千吨）
1	后杭爱	1	1198.04
2	巴彦洪戈尔	11	210769.37
3	布尔干	4	86104.39
4	戈壁阿尔泰	27	435537.34
5	戈壁苏木贝尔	10	1828382.75
6	达尔罕乌拉	1	71508.01
7	东戈壁	38	3040328.87
8	东方	15	1727597.97
9	中戈壁	23	2042829.98
10	前杭爱	1	29687.6
11	南戈壁	46	7164225.82
12	苏赫巴托	18	1553426.82
13	色楞格	3	439148.35
14	中央	42	7881601.57
15	乌布苏	13	1158041.21
16	乌兰巴托	18	839632.09
17	科布多	11	177896.14
18	库苏古尔	6	214235.3
19	肯特	8	3708080.96

资料来源：蒙古国历年统计年鉴。

俄罗斯是"一带一路"沿线能源、矿产资源最丰富的国家。其中，20 多种重要能源、矿产的储量在世界上占有重要地位，储量居世界前 3 位的矿产就有 9 种。已探明的天然气蕴藏量 48 万亿立方米，占世界已探明储量的 1/3 左右，居世界第一位；石油探明储量 65 亿吨，占世界探明储量的 12%~13%；煤炭蕴藏量 2000 亿吨，居世界第二位；其他固体矿产资源储量也非常可观。俄罗斯远东和东西伯利亚地区能源、矿产资源丰富，是俄罗斯未来经济发展的重点区域，而能源开发是这一地区发展的重要内容。根据统计，2019 年中国自俄罗斯进口石油原油及从沥青矿物中提取的原油329.37亿美元，占出口中国总贸易额的58.26%，石油及从沥青矿物中提取的油类及其制品33.53亿美元，占出口中国总贸易额的5.93%。

（2）木材加工

俄罗斯是中国最重要的木材供应国之一。俄罗斯是世界上森林面积最大的国家，其森林面积达814.89万平方公里，森林资源占世界森林资源总量的20.4%，森林覆盖率达49.76%（2016年）[①]。

在俄罗斯出口中国的前十品类商品中，木材居第三位，原木居第八位。俄罗斯的木材产品可以满足建筑、木材加工、林产化工、纸浆造纸、矿山工业、纸与纸板生产、家具和其他民用必需品生产、国内锯材交易、出口等。中国沿边和腹地联动，为进出口贸易企业提供了更优质、便捷的物流选择，有效地带动了内蒙古木材加工业、制浆造纸业的发展。以乌兰察布为例，伊尔库茨克至乌兰察布木材返程班列的开行带动了木材加工企业落户乌兰察布市，截至2020年底，已有近30家来自东北、京津冀地区的木门、家具、木屋别墅等加工企业入驻乌兰察布木材产业园区。乌兰察布中亚班列的开行，还吸引了长期从事中亚地区长绒棉和农产品进口生产加工企业的关注，近期河北保定的多家棉纺织企业已对乌兰察布市进行全面考察，拟将整体产业链搬迁落户乌兰察布市。

表8-14　　　　　　　俄罗斯出口中国前十类商品情况[②]

排序	商品名称	出口额（亿美元）	占出口中国贸易比重（%）	2019年比2018年增长（%）
1	石油原油及从沥青矿物中提取的原油	329.37	58.26	-6.20
2	石油及从沥青矿物中提取的油类及其制品；废油	33.53	5.93	-6.85
3	经纵锯、纵切、刨或旋切的木材，厚>6mm	25.15	4.45	7.50
4	煤；煤砖、煤球及用煤制成的类似固体燃料	21.58	3.82	15.35
5	涡轮喷气发动机，涡轮螺桨发动机等燃气轮机	15.79	2.79	21.92

---

① 世界银行官网，https://data.worldbank.org.cn/indicator/AG.LND.FRST.ZS，2021年1月5日。

② 《2019年度俄罗斯进出口情况报告》，深圳市商务局网站，http://commerce.sz.gov.cn/attachment/0/513/513462/7269254.pdf，2021年1月5日。

续表

6	冻鱼,但品目0304的鱼片及其他鱼肉除外	13.20	2.34	8.70
7	未锻轧的精炼铜及铜合金	10.98	1.94	2.26
8	原木,不论是否去皮、去边材或粗锯成方	7.82	1.38	−28.84
9	烧碱木浆或硫酸盐木浆,但溶解级的除外	7.05	1.25	−31.19
10	矿物钾肥及化学钾肥	5.43	0.96	67.39

3. 现代服务业

(1) 现代物流。现代物流是支撑中蒙俄经济走廊建设的重要产业。在陆海、沿边腹地联运通道的框架下,目前已经形成国际铁路联运、国际铁海联运、跨境公路运输等主要物流组织形式互为补充、协调发展的格局,为蒙古国与海洋国家的联通带来"绿色通道"。以满洲里口岸为例,2019年进出境中欧班列2167列,19万标箱,总货值261亿元,班列数量占全国的26.3%;目前已经形成进出境线路57条,国内始发地包括苏州、天津、武汉、长沙等60个城市,辐射西南、华南、华东、东北等地区,国外到达欧洲11个国家的28个城市。

> **大事记**
>
> 2020年6月8日,"日本—中国—蒙古国"整列中欧班列正式开通。首批货物为二手汽车、家居建材等货物。其主要运作方式是,由国内沿海港口将铁路箱调运至日本集中,装载完货物由日本大阪港口发往连云港,上岸后经由铁路运输过境二连浩特,最终运抵蒙古国乌兰巴托市。该班列采用"船车直取""零等待"创新模式,是铁路运输与海上运输无缝衔接的班列,较原有运输模式用时缩短2~4天。

初步统计,自"十三五"以来,内蒙古国际道路运输完成货运量1.59亿吨,完成旅客运输量1307.49万人,分别较"十二五"期间增加41.46%和18.58%,已连续13年居全国第一位。乌兰察布—二连浩特(陆上边境口岸型)、满洲里陆上边境口岸成功入选国家发展改革委、交通运输部联合发布的国家物流枢纽建设名单，在中蒙俄经济走廊建设中发挥着重要的物流枢纽作用。中俄蒙三国政府共同签署了《国际公路运输公约》（TIR 公约）。TIR 公约为各国承运人提供了新的可能性，通过促进大型物流中心的建设，保证了外贸商品能够更快、更直接地输出，并使货物从中国经蒙古国至俄罗斯的运达期限缩短至4天。此外，TIR 公约还意味着，货物运输过程中无须更换运输企业，俄罗斯承运人可办理直接到中国大型工业基地和港口的过境运输。

《国际公路运输公约》（TIR）

《国际公路运输公约》是建立在联合国公约基础上的国际跨境货物运输领域的全球性海关通关系统。基于TIR公约，使用TIR证通关的货物自起运地海关到目的地海关运输的全程，所有过境国海关无特殊情况都不需对货物进行开箱检查，企业也无须缴纳过境担保费用，极大地提高了货物放行与通关效率，大幅缩短了通关时间、降低了企业成本，从而促进贸易发展。

2016年12月，中蒙俄三国在亚太经社会的交通问题部长级会议上签署《关于沿亚洲公路网国际道路运输政府间协定》，并于2018年9月21日生效。2018年5月20日，由大连启运至俄罗斯的新西伯利亚的28吨苹果，由满洲里口岸出境，成为全国首批TIR运输货物。2019年7月3日至4日，中蒙俄三方代表团和联合国亚太经社会代表在满洲里市举行《关于沿亚洲公路网国际道路运输政府间协定》(简称《协定》)联委会第一次会议，标志着该协定正式启动。此次会议上发放了基于AH3、AH4线路的2019年行车许可证。《协定》是中蒙俄经济走廊框架下签署的第一份文件，是《建设中蒙俄经济走廊规划纲要》落地的重要标志，它为三国运输合作提供了法律基础。2019年二连浩特口岸共验放TIR货物40车65票，货物种类均为冷冻牛肉，合计860.85吨，货值1443.77万元。2020年全年，二连浩特公路口岸共办理TIR运输业务718票。车辆载运货物为包装材料、塑料制品等，经二连浩特口岸启运后，途经蒙古国、俄罗斯、白俄罗斯等国家，最终抵达波兰华沙，境外运输段全程8167公里。

（2）旅游业。旅游业是对外开放合作的重要载体。在共建中蒙俄经济走廊的大背景下，中蒙俄三国旅游业合作不断拓展，积极培育以国际旅游品牌"万里茶道"为代表的三国跨境旅游产品，成为中蒙俄三国旅游合作的重要纽带。"万里茶道"是依托中蒙俄经济走廊联动发展的主要通道，以"茶叶之路"上的福建、湖南、湖北、河北、山西、内蒙古、蒙古国、俄罗斯乃至欧洲腹地作为重要节点，挖掘古老的"茶叶之路"所蕴含的旅游、文化资源，打造了享誉国内外的"万里茶道"旅游品牌。截至2020年底，共召开了五届中俄蒙三国旅游部长会议，促进了"万里茶道"沿线地区的文化交流和经贸往来。

（二）贸易领域

自"一带一路"倡议提出以来，中欧班列的常态化、规模化开行，不仅为跨国贸易商品提供了一个新的战略通道，也提供了一种新的贸易方式，成为深化中国与沿线国家和地区经贸合作的重要载体和抓手。其发展目标也从最初的为本地货物寻求出口通道，到吸引外地货物做物流枢纽，再到以通道带贸易、以贸易聚产业发展的转变。在中蒙俄经济走廊框架下，内蒙古依托中欧班列与俄罗斯、蒙古国、欧洲以及中国内陆省份、沿海省份实现了联动开放，对外贸易规模不断拓展、贸易水平持续提升。

从贸易走向看，形成了中、东两条贸易走廊。国内，中线通道干线为京广线（北京—广州）、集二线（集宁—二连浩特）；东线通道干线为京沪线（北京—上海）、哈大线（哈尔滨—大连）。中部通道由中国华北地区经二连浩特口岸出境，东部通道由中国东南部沿海地区经满洲里口岸或绥芬河口岸出境。截至2019年底，经二连浩特和满洲里口岸累计监管中欧货运班列分别达到1490列和2167列。经满洲里、二连浩特铁路口岸进出境的中欧班列服务全国20多个省（自治区、直辖市），中欧班列开行总量占全国的40%左右。

内蒙古主要进口货物逐步向内陆地区延伸。其中，煤炭贸易方面，经满洲里口岸进口的煤炭主要供给东北地区采暖、炼钢、发电；经二连浩特口岸进口的煤炭部分供给内蒙古中西部以及京津冀地区，部分通过天津港出口；经策克口岸进口煤炭销往区内占比为55.41%，主要供给阿拉善、乌海、临河等盟市；销往其他省份占比为44.59%，主要包括甘肃、宁夏、河北、山西、河南、陕西、四川等省份；经甘其毛都口岸进口煤炭，主要流向包钢及宁夏、甘肃等地。矿粉贸易方面，经满洲里口岸的进口矿粉主要供给哈尔滨周边钢铁企业；经二连浩特口岸进口的铜矿粉、铁矿石、钼矿粉，主要供给河北、云南、山西、江苏、山东、内蒙古等地。原油贸易方面，经二连浩特口岸进口的原油，主要供给京津冀、鲁豫、长江三角洲地区。木材贸易方面，经满洲里口岸进口的木材部分在满洲里加工后发往全国，大部分原木直接发往全国各地木材市场。经二连浩特口岸进口的木材主要供给北上广、长三角、珠三角地区。此外，化肥经满洲里口岸，主要用于东北地区、华北地区农业生产；纸浆经满洲里口岸，主要供给宁夏（紫荆花纸业）、河北（满城各造纸企业）。

从贸易联动范围看，区域间联动逐步加深。中欧班列推动中蒙俄经济走廊与京津冀协同发展、长江经济带、粤港澳大湾区、黄河流域生态保护和高质量发展等国家区域战略互动、联动。目前，经满洲里口岸出境的班列辐射全国60个城市和中东欧11个国家的28个城市，班列主要集货地拓展到苏州、天津、武汉、长沙、广州、营口、大连、沈阳等城市；经二连浩特口岸进出境中欧班列涉及23个省市，国内始发地包括郑州、长沙、重庆、西安、厦门、成都、苏州等国内城市，国外发送地覆盖德国、俄罗斯、白俄罗斯、荷兰等欧洲国家。

表8-15　　　　　　　　经二连浩特口岸的中欧班列辐射区域

所属区域	班列名称	始发站	终点站（主要到站）
京津冀协同发展	津连欧	天津自贸区中铁天津集装箱中心站	乌兰巴托
	—	曹妃甸港区南堡站	乌兰巴托
	冀蒙俄	石家庄冀中南智能港	莫斯科
长江经济带	渝连欧	重庆国际物流枢纽园区	俄罗斯沃罗滕斯克
	湘连欧	长沙霞凝货场	俄罗斯莫斯科、德国杜伊斯堡、汉堡
	苏连欧	苏州	阿拉木图俄罗斯鄂木斯克
	—	安徽省合肥	俄罗斯沃罗滕斯克

续表

所属区域	班列名称	始发站	终点站（主要到站）
长江经济带	—	武汉吴家山站	俄罗斯沃罗滕斯克
	—	成都铁路物流枢纽港	莫斯科沃尔西诺
	—	南昌向塘铁路口岸	莫斯科沃尔西诺、基辅、明斯克
	—	徐州综合保税区	—
	—	赣州国际港站	德国
粤港澳大湾区	—	广州大朗国际物流基地	俄罗斯谢利亚季诺站
黄河流域生态保护和高质量发展	乌连欧	乌海	俄罗斯
	乌连欧	乌兰察布七苏木中欧班列枢纽基地	莫斯科沃尔西诺
	乌连欧	乌兰察布	白俄罗斯明斯克科里亚季奇
	郑连欧	郑州圃田站	德国汉堡/慕尼黑、比利时列日、波兰马拉维奇、华沙、意大利米兰
	—	山东王木匠站	莫斯科沃尔西诺
	—	烟台	莫斯科库帕夫纳站
	—	俄罗斯阿巴坎	青海双寨
	—	西安	—
东北振兴	沈连欧	沈阳东站	德国杜伊斯堡
	营连欧	盘锦	白俄罗斯
其他	—	中国（福建）自由贸易试验区厦门片区的海沧铁路货场	莫斯科、托博尔斯克

资料来源：课题组自制。

表 8-16　　经满洲里口岸的中欧班列辐射区域

所属区域	班列名称	始发站	终点站（主要到站）
京津冀协同发展	冀满欧	河北保定站	白俄罗斯明斯克
	津满欧	天津新港站	车里雅宾斯克、达比克良
长江经济带	苏满欧	苏州西站	波兰华沙
	湘满欧	湖南长沙站	德国杜伊斯堡
	鄂满欧	武汉吴家山站	白俄罗斯明斯克—俄罗斯沃罗滕斯克站
	渝满欧	重庆团结村站	俄罗斯切尔克斯克
	赣满欧	江西南昌站	荷兰鹿特丹
	宁满欧	南京北站	俄罗斯莫斯科
	汉满欧	武汉	俄罗斯沃尔西诺、波兰马舍维奇、德国汉堡
	"合新欧"返程班列	德国汉堡	安徽合肥

续表

所属区域	班列名称	始发站	终点站（主要到站）
粤港澳大湾区	粤满欧	广东东莞石龙站	俄罗斯莫斯科、波兰华沙、捷克布拉格
环渤海经济圈	临满欧	山东临沂站	德国汉堡
东北振兴	营满欧	营口鲅鱼圈站	俄罗斯叶卡捷琳堡、巴扎伊哈
东北振兴	连满欧	大连金港站 大窑湾站	波兰华沙、捷克布拉格、卢卡加州瓦勒西诺站
东北振兴	哈满欧	哈尔滨香坊站	德国汉堡、俄罗斯圣彼得堡、俄罗斯比克良
东北振兴	长满欧	长春南站	德国施瓦茨海德
东北振兴	沈满欧	沈阳东站	德国汉堡
东北振兴	盘满欧	辽宁盘锦站	俄罗斯莫斯科昆采沃、叶卡捷琳堡、布洛奇纳亚
东北振兴	满俄欧	满洲里站	俄罗斯雅罗斯拉夫尔
东北振兴	通满欧	通辽木里图站	俄罗斯彼尔姆、布洛奇纳亚站
东北振兴	赤满欧	赤峰保税物流中心铁路运输基地	俄罗斯莫斯科、车里雅宾斯克

资料来源：课题组自制。

从贸易种类看，贸易商品类别不断丰富。依托中欧班列，出境货源由口岸地区拓展到内陆腹地，贸易商品类别逐步丰富。同时，随着走廊沿线市场的不断拓展，进口商品集货地和商品类别亦随之扩容。目前，出境货源由开行初期的汽车配件、电子产品等品类，逐步扩大到服装鞋帽、日用品、箱包文具、建材、钢材、机械设备、PVC、化工品等品类。回程商品品类由开行初期的面粉、木材等品类，逐步扩大到机械设备、葡萄酒、汽车及配件、精密仪器、环保器材、高档服装、化妆品、奶制品及鲜奶、蜂蜜、食品等品类。

表 8-17　　　　　　　　部分中欧班列进出口货物类别

始发时间	名称	出口货物	进口货物
2013.9.30	苏满欧	汽车零件、电子产品、太阳能背封膜、造雪机等	肉类、冰鲜水产品、工业零部件
2014.7.24	营满欧	日用品、家电类、电信类产品	小麦粉等预包装食品，汽车配件、纸浆、化工产品、木制品等
2014.10.06	津满欧	宝马汽车配件、塑料薄膜、牛皮纸、多晶硅、设备等	—

始发时间	名称	出口货物	进口货物
2014.10.31	湘满欧	液晶显示屏、智力玩具、单向阀、堆高机车架体及坐便器等	—
2014.10.30	鄂满欧	汽车等	—
2014.11.11	渝满欧	—	越野车、粮食、食品、板材等
2015.09.01	长满欧	车用挡风玻璃、刹车片、轴承等	发动机、变速箱、转向轴汽车零部件、红酒、雪具、奶粉等
2015.10.20	临满欧	建陶、五金、日用百货等	—
2015.10.30	沈满欧	高新电子产品、新型材料、服装、家电、机械设备及零部件等	汽车零件、机械设备、电子产品
2015.11.24	赣满欧	蔬菜、特色小商品等	汽车、飞机零配件、升降机、板材等
2016.01.03	粤满欧	服装、厨具、平板电脑、智能手机、汽车零部件等	木材
2016.03.25	满俄欧	燃气机组发电保护柜、水处理泵组、石油设备、农药等	汽车整车和车辆零配件
2016.03.25	通满欧	赖氨酸、机械设备和电子产品等	木材、粮食等
2016.05.17	赤满欧	赖氨酸等	面粉、木材、粮油、蜂蜜、红酒等
2016.06.28	宁满欧	汽车配件、机械设备、家电、农药、纺织服饰等	汽车配件、工业设备、汽车整车
2016.12.08	汉满欧	汽车配件、电子产品、机械零配件、医疗器材和服装等	棉纱、钾肥、石材
2017.01	"合新欧"返程班列	轻纺（服装鞋帽家纺）、电子及家用电器等	压缩机、家具高密度板、水泥、单螺杆泵、管道输送系统等

资料来源：课题组自制。

（三）生产要素

1. 技术要素

中国与俄罗斯、蒙古国等"一带一路"沿线国家和地区签署了科技合作协定，逐步形成多层次、多元化的科技交流机制。内蒙古不断加强与蒙古国、俄罗斯等国家的实验室共建、项目合作、专家引进与服务，推动建设中蒙技术转移中心平台和中蒙知识产权专利技术转移转化平台，启动运行中蒙生物高分子应用研究联合实验室、中国—蒙古国选矿工艺技术"一带一路"联合实验室，与美国、俄罗斯、英国等50多个国家和地区的大学、科研院所和科技型企业开展了合作与交流。经济走廊沿线涉及的省（自治区、直辖市）间技术交流不断加深。呼包银榆经济区积极推进科教信息资源合作共享，鼓励区域内高等院校、科研院所和大企业的研发机构与周边地区开展联合办学、科技交流和联合攻关，共建科教实验基地。呼包鄂三地积极创建国家自主创新示范区，打造了镁、铝合金综合利用技术创新平台、煤炭清洁高效利用创新中心。

2. 资金要素

金融互联互通不断深化。中国先后与俄罗斯等20多个"一带一路"沿线国家和地区建立了双边本币互换安排，与俄罗斯等7个"一带一路"沿线国家建立了人民币清算安排。人民币跨境支付系统（CIPS）业务范围已覆盖近40个沿线国家和地区。中俄金融合作从国家到地方再到民间，形成了全覆盖体系，陆续成立了中俄金融合作分委会、中俄边境地方经贸合作协调委员会、中俄金融联盟，建立了中俄财政部长对话机制，开办了中俄金融合作论坛，推动中俄货币挂牌交易、跨境贸易本币结算、跨境电商支付结算，双边银行合作，融资合作不断加强。其中，中俄高层互访与会晤机制是两国合作最高级别的机制，对两国金融合作起到了统揽全局的作用。中蒙通过成立金融合作联盟，签订双边互换协议，积极推动中蒙跨境投资，中国已连续15年成为蒙古国最大贸易伙伴和资金来源国。走廊沿线省（自治区、直辖市）资金要素合作持续加强。依托"一带一路"陆海新通道，西部12省（自治区、直辖市）提出了金融合作建议并达成共识。内蒙古借助"蒙商大会""中蒙博览会"及区外大型招商展会平台，积极与四川、河北、湖北等地内蒙古商会开展了对接合作。

3. 人才要素

中蒙俄经济走廊沿线国家和地区人才交流日益活跃，人才流动的数量和路径也在迅速增加。基于2010年、2015年高等学校留学生流动数据，"一带一路"沿线国家和地区中,中国、俄罗斯是人才流动网络的核心国家和地区,中亚地区的留学生主要向西流向俄罗斯、乌克兰等国,东南亚和南亚地区的留学生主要向北流向中国内地。同时,"一带一路"沿线国家和地区人才流动网络具有明显的社团结构特征,分为独联体社团、中国—东盟社团、西亚—北非社团、中东欧社团、南亚社团等5个社团。

中俄、中蒙双边人才交流密切。2020年中俄两国长短期留学交流人数达到10万左右。2019年底,"中俄人才交流与科技合作活动计划"发布,涵盖中俄青年科学家交流计划、中俄青年英才(工程师)创新创业大赛、全球院士科技创新与合作论坛暨中俄科学家峰会、中国—独联体院士技术转移论坛暨俄罗斯专场、"俄罗斯院士中国行"交流对接活动、走进俄罗斯—中国企业家交流合作活动等六项内容。走廊沿线各省(自治区、直辖市)持续强化人才交流,呼包银榆经济区联合举办大型人才交流会,建立成员市(区)之间干部交流挂职机制,共同搭建青年创业创新平台,共同启动实施"新能源、油气和煤化工、新材料、冶金、装备制造、生态环境保护、现代服务业和承接东部产业转移"五大"千名人才重点开发工程"。内蒙古积极推进与国内高水平大学、科研机构"4+8+N"合作主体的合作对接,打造区域人才协同发展平台,人才支撑持续加强。

> **"4+8+N"合作主体**
>
> "科技兴蒙"行动合作主体确定为"4+8+N","4"指科技部、内蒙古自治区、北京市、广东省四个政府及政府部门,"8"是包括中科院、工程院、清华大学、北京大学、上海交大、农科院、中国农业大学、北京钢研集团在内的8个国内高水平大学、科研院所,"N"是除"4+8"之外的其他合作主体。

(四)人文交流

在"一带一路"倡议框架下,中外文化交流呈现快速化、多元化、品牌化发展。截至2017年底,中国已与俄罗斯、蒙古国等157个"一带一路"国家和地区签署文化合作协定，累计签署文化交流执行计划近800个，初步形成了覆盖全球主要国家和地区的政府间文化交流与合作网络。大力推进文化交流品牌建设，举办中国—中东欧、中国—东盟、中国—欧盟等十余个文化年、旅游年。成功打造了"欢乐春节""丝路之旅""青年汉学研修计划""中华文化讲堂""千年运河""天路之旅""阿拉伯艺术节"等近30个中国国际文化和旅游品牌。中蒙俄经济走廊沿线省（自治区、直辖市）文化交流逐步加强，呼包银榆经济区推进文化交流常态化，组建了区域文化艺术研究中心和基金会；挖掘和整理区域历史文化艺术，打造了区域大河套文化和黄河文化圈；每年市长联席会议期间开展一次区域文化艺术的交流与合作。

教育合作交流持续深化。中国与188个"一带一路"国家和地区建立了教育合作与交流关系，与46个重要国际组织开展教育合作与交流。教育部推进实施了"丝绸之路"留学推进计划、"丝绸之路"合作办学推进计划、"丝绸之路"师资培训推进计划和"丝绸之路"人才联合培养推进计划。教育部与内蒙古、贵州省等14个省（自治区、直辖市）签署了"一带一路"教育行动国际合作备忘录，基本实现了与"一带一路"主要节点省份共建教育行动合作平台的全覆盖。

医疗卫生合作持续加强。依托健康丝绸之路建设，中国与"一带一路"沿线国家积极开展医疗合作，签署了《中华人民共和国政府和世界卫生组织关于"一带一路"卫生领域合作的谅解备忘录》，多双边卫生合作机制不断完善。蒙医药、中医药彰显独特的"医疗外交"新内涵，内蒙古多家单位同蒙古国相关医疗机构签署了合作协议、合作意向书、医疗业务合作备忘录等，内蒙古民族大学附属医院在蒙古国乌兰巴托建立了分院，内蒙古国际蒙医医院与蒙古国乌兰巴托市青格尔泰区健康中心合作建立的国际远程会诊中心已正式联通。

智库合作成果丰硕。成立了"一带一路"智库合作联盟，众多智库积极投身于"一带一路"研究、主动开展相关活动和国际交流，为研判"一带一路"倡议走势与重点、推动相关政策出台与实施、化解"一带一路"风险和挑战、凝聚国际共识、推进人类命运共同体建设做出了独有贡献。目前，以"一带一路"为主题的智库机构超过300家,已出版"一带一路"研究图书400余本。中蒙俄三国15家智库机构组建了中蒙俄智库合作中心(联盟),发起创立中蒙俄智库国际论坛,截至2020年底已连续成功举办5届。

(五)生态合作

中蒙俄三国持续加强跨界环境保护,加快推动自然保护区的三方互利合作。加强国际技术合作,推动环保技术引进与输出,开展联合研究。建立中蒙俄边界生态走廊,对动植物、水资源、湿地等进行相关科学考察与评估,巩固了野生动物、植物、候鸟等领域的保护合作。建设中蒙俄生态环保大数据服务平台,将其纳入国家"一带一路"生态环保大数据服务平台,支撑和服务中蒙俄经济走廊生态建设,以促进三国间环保政策对话、环保技术与产业交流、人员交流与合作。

内蒙古与毗邻省(自治区、直辖市)生态联动逐步加强。围绕乌海及周边地区一体化发展,共同签署了《乌海市与阿拉善盟、鄂尔多斯市、石嘴山市大气污染联防联控合作框架协议》。内蒙古与黑龙江省共同实施《大小兴安岭林区生态保护与经济转型规划》,京津风沙源治理、退牧还草等重点生态工程建设得到加强;共同推进呼伦贝尔草原沙地、科尔沁沙地治理工程,松辽平原、大兴安岭中段农业生态治理工程以及额尔古纳河流域、嫩江流域等东北湿地地区保护工程,对北方区域生态环境保护起到了积极作用。呼包银榆经济区持续推进13市(区)水利资源开发利用的合作,制定区域内各江河流域的水质保护目标,探索开展黄河流域统一管理体制。积极打造榆林和鄂尔多斯红碱淖湿地保护合作典范工程,加快推进行政界线落地及跨界资源确认,红碱淖湿地生态修复工作和突发事件应急工作合作不断加强。

四、联动开放体制机制逐步完善

(一)中欧班列沿线国家和地区联动机制

自提出"一带一路"倡议以来,中国已与 100 多个国家(地区)和国际组织签署了合作文件。截至 2019 年底,中国与 8 个国家建立了贸易畅通工作组,与俄罗斯等 22 个国家建立了电子商务合作机制,与 40 个国家建立了投资合作工作组。近年来,内蒙古持续加强与俄罗斯、蒙古国和"一带一路"沿线国家和地区的互动合作,以扩大开放倒逼深层次改革,创新开放型经济体制机制,政府、企业和学界共同参与的多机制、多模式、多路径、多领域、多层次的合作架构正在加快形成。内蒙古与俄罗斯、蒙古国毗邻的地区之间,逐步建立了多层面、常态化政策协调机制,并积极参与了中国东北地区和俄罗斯远东及贝加尔地区政府间合作委员会、中俄友好和平与发展委员会地方合作理事会等机制下活动。建立了内蒙古(锡林郭勒盟、赤峰市、通辽市)与蒙古国东部三省(苏赫巴托省、东方省、肯特省)的"3+3"区域合作机制。

(二)内蒙古与国内省(自治区、直辖市)联动机制

依托中蒙俄经济走廊,内蒙古与国内省(自治区、直辖市)合作逐步由东三省扩大到京津冀、长三角、粤港澳大湾区等区域,地方合作由毗邻地区向腹地延伸。目前,内蒙古与东北三省建立了四省区行政首长联席会议制度,"海赤乔"次区域合作机制逐步完善。"锡赤通朝锦"一体化加快发展,探索推动陆路口岸与港口陆海联运合作。在内蒙古锡林郭勒盟,辽宁阜新市、葫芦岛市、锦州市,河北唐山市和蒙古国苏赫巴托省、肯特省、东方省形成了中蒙两国八方合作机制。蒙晋冀(乌大张)长城金三角合作稳步推进,成为推动区域协同发展的成功示范。呼包银榆经济区加大向北和向西开放力度,签署了多个合作协议。内蒙古分别与北京、天津、广东、陕西、湖南等省市签署了区域通关协作协议,为中欧班列打

造优质通关环境。积极加入"国际陆海贸易新通道"工作机制,打通了由内蒙古始发赴重庆经广西出海的南向通道。

(三)内蒙古沿边与腹地盟市联动机制

聚焦打造泛口岸经济,内蒙古加快推进沿边口岸与腹地盟市联动,制定了《内蒙古自治区人民政府关于促进口岸经济发展的指导意见》《内蒙古自治区口岸布局和功能定位中长期规划》,加快推动"通道经济"向"落地经济"转变。二连浩特市、乌兰察布市加大区域一体化协同发展,尤其在泛口岸经济方面出台了较多分工合作协议,明确开展全方位、多层次合作,实现资源共享、优势互补。

第二节 中蒙俄经济走廊联动开放的主要问题

党的十九大报告指出,中国特色社会主义进入新时代,中国社会主要矛盾已经转化为人民日益增长的美好生活需要和不平衡不充分的发展之间的矛盾。十九届五中全会公报中也指出,中国发展不平衡不充分问题仍然突出。对内蒙古而言,在空间的视角下,"不平衡"不仅仅体现在沿边与腹地之间、内蒙古与沿海地区间,在内蒙古内部的不同区域之间也存在不平衡问题。究其原因,不仅有新发展理念落实不充分的共性问题,更有中蒙俄经济走廊联动开放本身存在体制性、结构性、要素性、生态性问题,亟须解决。

一、联动开放机制有待完善

首先,联动开放效应不足。从国际看,中国与俄罗斯、蒙古国的制度差异,在一定程度上加大了合作障碍。从国内看,联动开放以向北为主,向东、向南,以及沿边与沿海、内陆联动开放机制亟待完善。跨省（自治区、直辖市）联动机制局部化、非常态、松散化，系统性有待提升。例如，东北四省区2010年发起成立的东北四省区行政首长联席会议，2014年以后处于停滞状态；哈尔滨、长春、沈阳、大连四市联合发起市长峰会并签署了相关协议，但协议约束力不强。

其次，联动开放机制覆盖范围、深度有待拓展。合作领域多涉及基础设施建设、旅游合作、物流、海关、检验检疫等领域，生态、金融、卫生、文化等领域合作不足。各领域合作为框架性协议，实质性合作进展缓慢。以旅游合作为例，东北四省区签署《辽吉黑蒙旅游战略合作框架协议》，但合作仍停留在信息共享、联合促销、线路整合等低层次、低水平合作层面，缺乏旅游产品联合开发、旅游企业合作、政策协调等深层次的合作。

再次，缺乏强有力的协调平台。目前，相关省（自治区、直辖市）均围绕本省情况制定参与中蒙俄经济走廊建设的发展战略，但省际参与走廊建设的协调平台建设滞后，导致各省（自治区、直辖市）合作交流不足。例如，跨省（自治区、直辖市）的规划协议实施主体和责任主体不明确、评估考核机制不健全，导致合作项目成本高、落地难。

最后，合作意识有待加强。走廊涉及省（自治区、直辖市）间竞争大于合作，尚未形成基于自身区位和比较优势的紧密型战略协同，区域分工协作体系有待建立完善。例如，内蒙古与东三省之间在跨境铁路通道建设上由于利益重合及优先性形成了较强的竞争关系，而非合作关系。

二、基础设施互联互通有待加强

目前，中蒙俄经济走廊在陆海联动方面，最大的问题在于三方基础设施的互联互通至今没有突破性进展，跨境通道建设存在的短板亟待加强。

铁路运输通道方面。一是国际物流通道建设滞后，"滨海2号"国际交通走廊建设存在障碍和困难，中蒙俄经济走廊东线通道——珠恩嘎达布其至蒙古国乔巴山段铁路推进缓慢，虽然蒙古国也在通过邀请政府机构和学者举办学术讨论会等手段推进，中方所做的可行性研究报告也已通过，但至今仍未有开工的消息。二是受自然条件、发展基础等多重因素影响，中蒙俄经济走廊所涉及区域内部分通道技术等级偏低、运输服务能力不足，铁路标准低，技术装备落后，路网等级不高。区域间高铁通道建设滞后。蒙古国铁路仅有扎门乌德至苏赫巴托间1100公里，以及二战时期修建的乔巴山至额仁查布区间铁路。三是重大基础项目建设未能对等提升。按照规划先后建成甘其毛都、策克、珠恩嘎达布其等口岸的铁路线，但蒙方一侧的铁路建设推进十分缓慢。

公路运输通道方面。一是国内通道仍显不足。内蒙古与俄罗斯、蒙古国互联互通部分通道技术等级偏低、运输服务能力不足。国家高速公路网规划连通的满洲里、二连浩特两个口岸公路还没有建成高速公路。二是境外公路通行能力差。内蒙古加强了与俄罗斯、蒙古国毗邻口岸我方一侧的互联互通基础设施建设，但除扎门乌德方向公路实现硬化外，其他口岸蒙俄方一侧公路普遍存在等级低、通行能力差、服务功能弱、配套设施不完善等问题，亟待升级改造和提高。例如，室韦—奥洛契口岸界河桥通行条件和载重标准较低，中方援建的2号界河桥因俄方法律程序问题难以开工建设。这些问题导致了双方口岸互联互通能力不能实现对等提升。

三、贸易联动水平有待提升

首先，通道带动内蒙古贸易发展的效应不明显。内蒙古拥有全国最大陆路口岸和对蒙最大铁路、公路口岸，但进出口贸易基本处于"两头在外"的状态。2019年，内蒙古进出口额1097.8亿元，对外贸易依存度仅为6.4%，低于全国平均水平25.5个百分点，"一带一路"和中蒙俄经济走廊对内蒙古贸易规模和水平提升带动有限。以中欧班列为例，经满洲里、二连浩特铁路口岸进出境的中欧班列开行总量占全国的四成左右，但内蒙古口岸仅限于"过境通道"功能，对贸易带动不足。内蒙古对外贸易伙伴主要是俄罗斯、蒙古国，货源以原材料、初级加工品和劳动密集型产品等为主，如进口商品主要有以跨境运输来自俄罗斯、蒙古国、欧洲等地的粮油、绒毛、矿产、木材等，出口商品主要为来自环渤海、长三角、珠三角等地区的机电产品、钢材、农产品等，但煤炭、铜矿、铁矿石、木材等进口矿产资源落地加工或离岸就近加工能力较低。中欧班列货源中内蒙古货源比重偏低，如经满洲里口岸的中欧班列本地货物占比不足16%，组织发运的家电、生活用品、纺织品、化工品大多源于长三角、珠三角、京津冀地区；进口物资多流向区外转化增值，现阶段回程运送的多为木材，通过中欧班列可直达中国腹地，落地加工明显不足。

其次，内蒙古口岸与腹地省（自治区、直辖市）协调互动不足。口岸对腹地具有带动效应，也需要腹地的有力支撑。内蒙古主要口岸具有联动腹地省（自治区、直辖市）的区位优势。例如，满洲里口岸可接受东北经济区发展的辐射带动，与大连、营口、锦州、秦皇岛、天津等港口实现联运；二连浩特口岸位于呼包鄂城市群、锡赤通城镇带向北开放的交汇区，向东可延伸至环渤海的核心区——京津冀经济区并联通天津港，向南可以经蒙晋冀（乌大张）长城金三角合作区或环渤海经济区连接中原经济区；甘其毛都及策克、乌力吉口岸以内蒙古西部地区为战略支撑，可得到呼包银榆经济区的支持，向东经呼包鄂与环渤海实现战略对接，向南可以经乌海及周边和蒙宁陕甘经济区与长江经济带连接；珠恩嘎达布其口岸可依托锡赤通城镇带，向东与朝阳、锦州连成锡赤通朝锦经济带，并延伸至锦州港、营口港，实现与环渤海经济区有效连接[①]。但目前，受通道建设滞后、联动机制不完善等因素制约，内蒙古口岸辐射带动腹地省（自治区、直辖市）能力不强、腹地对口岸支撑不足，尚未更高效地将边境口岸从散落的开放点整合成为开放发展的先导带，尚未形成沿边口岸与腹地优势互补、一体化协同发展格局。加之，由于内蒙古与环渤海、东南沿海经济发达地区陆海通道等物流体系建设滞后，沿

---

① 杭栓柱、朱晓俊、邢智仓：《内蒙古参与中蒙俄经济走廊建设的战略构想》，《内蒙古师范大学学报（哲学社会科学版）》，2016年第05期。

边开放与沿海开放联动发展水平不高，对内蒙古构建陆海和沿边腹地联动开放新格局、全面提升贸易层次和水平形成制约。

最后，中欧班列货源竞争加剧。中欧班列线路重复、地方竞争无序，导致货源竞争加剧。境内，各省区市开通的中欧班列，由于自身产业结构和贸易结构等原因，本地货源往往难以支撑班列的常态化运营，需到周边区域甚至全国范围内揽货，导致货源竞争日益加剧。尤其内蒙古80%以上的货源均来自外地，获取货源更为紧张。境外，90%以上的班列都是经过白俄罗斯与波兰边境的布列斯特及马拉舍维奇进出欧洲，且大部分中欧班列线路集中发往德国、波兰，再通过公路运输等方式分流到西欧、中南欧、北欧等地区。由于目的地较为集中，班列货源资源缺乏整合，返程空载率较高，加之沿途各国运输业务经营权高度垄断、缺乏欧洲进口货物分拨中心等诸多因素制约，回程货源明显不足。此外，由于中欧班列往返程产品附加值不同，出口产品以原料、家用电器、服装百货等低附加值产品为主，进口以汽车、红酒等高附加值产品为主，返程需要的班列不足去程的1/3。

四、生产要素支撑有待强化

首先，创新体系有待完善。内蒙古创新资源缺乏，综合创新能力相对薄弱，内部各盟市联动不足。国内涉及地区多以省（自治区、直辖市）间合作为主，更大空间范围的区域合作互动不足，技术协同攻关大平台相对缺乏。中国与俄罗斯、蒙古国科研合作领域和项目有待进一步加强。其次，人才支撑不足。内蒙古高水平科研院所"先天不足"，具有创新意识的企业家缺乏、高端科技创新人才尤为短缺，对创新发展形成较强制约。国内省（自治区、直辖市）人才评价方法不一、人才福利政策相异，人才要素流动不足，东北经济区人才"孔雀东南飞"、引才难、留才难问题愈加突出。中蒙俄三国人才结构与双方战略重点不匹配。最后，资本要素供给不足。内蒙古投融资体制不完善，项目资金过多依赖财政，市场主体参与度不高。走廊涉及省（自治区、直辖市）金融合作不足，金融服务走廊建设的能力有待提升。受资金供需错配、投入产出不均衡、风险收益不平衡等问题制约，中国与俄罗斯、蒙古国实质性金融合作有待深入。

第三节　推动形成中蒙俄经济走廊联动开放布局

推动形成中蒙俄经济走廊陆海内外联动、沿边与腹地双向互济的全方位开放发展新格局，是内蒙古高质量推进中蒙俄经济走廊建设的基本要求和主要目标。"十四五"时期，高质量推进中蒙俄经济走廊建设，就是要深度融入共建"一带一路"和京津冀协同发展、长江经济带发展、粤港澳大湾区建设、长三角一体化发展，黄河流域生态保护和高质量发展等中国区域发展战略，构建以"五横六纵"为发展轴的中蒙俄经济走廊陆海、沿边与腹地联动开放的新格局，推动经济要素在更大范围、更高层次、更广空间自由流动和高效配置。

一、推动形成五个横向发展轴

（一）共建满洲里—绥芬河发展横轴

依托呼伦贝尔—哈尔滨交通运输大通道和满洲里、绥芬河对俄跨境运输通道，充分发挥满洲里市、绥芬河市的对俄开放桥头堡作用和满洲里、绥芬河口岸的对俄开放优势，强化齐齐哈尔和海拉尔区域重要节点城市功能，积极推动沿线牙克石、新巴尔虎左旗、根河与大庆、牡丹江、绥芬河市等节点城市协同开放发展，加快发展木材和有机农畜产品等进口资源精深加工产业、能源、绿色农畜产品加工等主导产业和新材料、大数据、装备制造、生物制药、光伏发电等新兴产业发展，大力发展文化旅游产业，共同建设满洲里市—海拉尔区—齐齐哈尔市—大庆市—哈尔滨市—牡丹江市—绥芬河市内外联动的内外开放发展轴，向东联动东北东部经济带，向南北有效对接中蒙俄经济走廊和沿边开发开放经济带。

（二）共建阿尔山—珲春发展横轴

充分发挥长春中心城市的辐射带动作用和阿尔山对蒙口岸、珲春对俄口岸优势，有效对接中蒙俄经济走廊、沿边开发开放经济带、东北东部经济带和图们江大通道，推动乌兰浩特市、阿尔山市和白城、吉林、延吉、龙井、珲春等城市联动发展，加快发展现代农牧业、绿色食品加工、蒙中医药、冶金机械、文化旅游及纪念品加工业等主导产业和口岸经济，培育新材料、清洁能源、信息技术、节能环保等新兴产业，壮大文化旅游、现代物流、商贸流通、健康养老等服务业，积极推动中蒙阿尔山至乔巴山铁路通道建设，共同建设阿尔山市—乌兰浩特市—白城市—长春市—吉林市—延吉市—图们市—珲春市陆海联动的内外开放发展轴，推进图们江区域（珲春）国际合作示范区和长吉图开发开放先导区建设。

（三）共建珠恩嘎达布其—丹东发展横轴

依托珠恩嘎达布其口岸、丹东港，充分发挥霍林郭勒市、扎鲁特旗和本溪市、抚顺市、铁岭市等重要节点城市的支撑作用，加快发展"煤—电—网—铝"循环经济、新型煤化工、绿色农畜产品加工、蒙中医药等主导产业和现代农牧业，培育新能源、铝新材料等新兴产业，发展文化旅游、商贸物流、金融等现代服务业，共同建设珠恩嘎达布其口岸—霍林郭勒市—扎鲁特旗—沈阳市—本溪市—丹东市陆海联动的内外开放发展轴，有效对接沿边开发开放经济带、辽宁沿海经济带、东北东部经济带、京沈经济带和沈阳经济区建设。

（四）共建锡林浩特—锦州发展横轴

依托二连浩特口岸、锦州港，充分发挥锡林浩特、赤峰、朝阳、锦州等重要节点城市的支撑作用，推进锡林郭勒盟、赤峰市与辽宁省朝阳市、锦州市共同打造辽蒙海陆合作实验区,加快发展有色金属、新型化工、绿色农畜产品加工等主导产业,发展壮大清洁能源、新材料生产加工、云计算、生物制药、节能环保等新兴产业和文化旅游、商贸流通、金融、电子商务等服务业,共同建设"二连浩特市—锡林浩特市—赤峰市—朝阳市—锦州市"陆海联动的内外开放发展轴,共建乔巴山—珠恩嘎达布其—赤峰—锦州东北陆海新通道,有效对接沿边开发开放经济带和京沈经济带、辽宁沿海经济带建设。

(五)共建巴彦浩特—唐山发展横轴

依托天津港、唐山港,阿拉善、巴彦淖尔、包头内陆港和呼和浩特、乌兰察布等重要节点城市的支撑作用,利用京藏、京新、京哈、京津塘高速公路和张唐、京包包兰、临策铁路,推进阿拉善盟、巴彦淖尔市、包头市与天津市、唐山市共同打造京津冀—内蒙古合作区,积极推动沿线鄂尔多斯、乌兰察布、张家口、大同等节点城市协同开放发展,加快煤炭、铁矿石、有机农畜产品等能源、绿色农畜产品加工等主导产业和新材料、大数据、装备制造、生物制药、光伏发电等新兴产业发展,大力发展文化旅游产业,共同建设阿拉善盟—巴彦淖尔市—包头市—呼和浩特市—乌兰察布市—张家口市—天津市—唐山市陆海联动发展轴,向东联动环渤海经济圈,向西与西部陆海新通道对接。

二、推动形成六个纵向发展带动轴

(一)共建赤峰—通辽—齐齐哈尔纵向发展带动轴

依托赤(峰)通(辽)齐(齐哈尔)交通运输大通道,突出赤峰、通辽等区域重要节点城市地位,支持通辽市与辽宁省铁岭市、吉林省四平市开展协同创新,增强喀喇沁旗、奈曼旗、科尔沁左翼中旗等多点支撑能力,积极推进与黑龙江省的泰来县、吉林省的白城市等邻近节点城市联动发展。推动有色金属、新型化工、玉米生物、绿色农畜产品加工、医药、沙产业、建材、纺织等传统主导产业优化升级，培育发展新能源、新材料、大数据、现代蒙医药、节能环保、信息技术等新兴产业，创新发展文化旅游、现代物流、商贸流通、金融、文化等现代服务业，共同建设赤峰市（主城区和喀喇沁旗）—奈曼旗—通辽市（主城区）—科尔沁左翼中旗—白城市—齐齐哈尔市东西互济的开放发展轴，联通赤（峰）通（辽）经济带，有效对接京津冀地区、向东融入东三省、向西联结呼包鄂乌经济带。

（二）共建乌兰察布—二连浩特—扎门乌德—乌兰巴托—苏赫巴托—纳乌什基—乌兰乌德纵向发展带动轴

依托中蒙俄三国交通主动脉——"三乌"陆路运输通道，放大二连浩特、乌兰察布市陆上边境口岸型国家物流枢纽和二连浩特国家开发开放试验区的辐射带动作用，发挥乌兰察布、蒙古国乌兰巴托、俄罗斯塔利茨等物流园区的区位、成本和大数据优势，利用乌兰察布察哈尔经济技术开发区、二连浩特边境合作区跨境合作区、蒙古国赛音山达产业园等，加快发展进口木材、粮油、化肥、肉类等商品的落地加工，大力发展沿线的历史文化旅游产业，积极承接京津冀地区产业转移。

（三）共建包头—满都拉—赛音山达纵向发展带动轴

依托满都拉口岸和210国道、包满铁路，利用口岸加工区、包头稀土高新技术产业开发区、包头黑色金属材料外贸转型升级示范基地、包头装备制造产业园区等平台，充分发挥呼和浩特、乌兰察布市近邻旗县的支撑能力，进口蒙古国煤炭、铁矿石，推动新型化工、有色金属加工、装备制造等传统产业的转型升级。推动蒙古国建设塔本陶勒盖—杭吉公路和赛音山达—宗巴彦—杭吉铁路，规划建设满都拉—白云鄂博—包头—西安—武汉大通道，联通中蒙俄经济走廊和长江经济带的大通道。

(四)共建塔温陶勒盖—奥尤陶勒盖—嘎顺苏海图—甘其毛都—包头—天津港纵向发展带动轴

境外,推动中蒙畅通塔温陶勒盖—奥尤陶勒盖—嘎顺苏海图—甘其毛都运输通道。境内,依托甘泉铁路、京包铁路、京津铁路和S212、G6(高速)、G110(国道)等交通干线。密切甘其毛都口岸和天津港、曹妃甸港之间的经贸联系,发挥沿线重点城市的纽带和支撑作用,向北连接蒙古国,向南对接京津冀地区、呼包鄂乌一体化发展。

(五)共建乌兰乌德—乌兰巴托—达兰扎德嘎德—乌力吉(在建)—中卫—重庆—北部湾纵向发展带动轴

依托乌力吉口岸,沟通中国西部地区,以重庆、中卫、宝鸡、北部湾为主要枢纽点,可通过中宝、兰渝、渝贵等铁路干线连接昆明、成都、重庆、西宁、兰州、西安、银川等中欧班列常态化运营城市,实现中蒙俄经济走廊与长江经济带、粤港澳大湾区的互联互通,进而通向中国—中南半岛经济走廊、孟中印缅经济走廊;向北可推进蒙古国查干德勒乌拉口岸—达兰扎德嘎德市—塔温陶勒盖煤矿公路开工建设,通往蒙古国俄罗斯、西部陆海新通道,发挥成渝经济圈、长江经济带的辐射带动作用。向东可服务乌海、阿拉善高新区、呼包鄂银榆经济带,辐射环渤海经济圈。

(六)共建乌兰乌德—乌兰巴托—达兰扎德嘎德—那林苏海图—策克—嘉峪关(酒泉)纵向发展带动轴

向北,通过策克—那林苏海图跨境铁路,通向蒙古国。向西通过嘉峪关连接兰新、临哈铁路,到达中亚地区。向东、向南通过临策、包兰、京包铁路连接全国铁路大动脉,通向中国腹地,并延伸至北部湾与孟中印缅经济走廊相连。

第四节　高质量推进陆海和沿边腹地联动开放的对策建议

一、创新完善联动开放体制机制

（一）建立沟通协调联动制度

借鉴长江经济带的经验，申请国家支持建立走廊联动开放中央领导小组，建立健全综合协调机制，强化与走廊沿线国家和地区的沟通协调，加强中央和地方之间、政府和企业及公众之间的良性互动。各省份以省（自治区、直辖市）领导为组长建立地方领导小组，主要落实、实施和推进各项具体工作。推动走廊涉及省（自治区、直辖市）首长联席会议制度常态化，建立中蒙俄经济走廊联动开放部门会商机制，合力拓展开放领域和地域范围。设立产业发展、基础设施、创新要素、生态文明等走廊联动开放专项合作组。

（二）建立完善运作机制

建立完善与走廊沿线国家和地区的项目发展机制、融资保障机制、安全保障机制，畅通多领域合作。全面落实全国统一的市场准入负面清单制度，构建一体化市场机制，推动劳动力、资本、技术、人力等跨区域自由流动。推进走廊公共资源交易"一张网"建设，搭建区域内公共资源交易平台，形成跨地域、跨部门、跨行业、跨层级协同管理机制，提升资源配置效率和效益。建立一体化公共服务体系，制定基本公共服务跨区域流转衔接制度。聚焦关键领域，加快建立基本公共服务跨区域流转衔接制度，促进要素自由流动。

（三）建立贸易和投资便利化联动机制

建立完善与走廊沿线国家和地区的贸易畅通机制，逐步扩大走廊沿线的自贸协定朋友圈。强化口岸与腹地合作，支持"口岸＋腹地协作型"共建园区，培育

"口岸+通道+贸易+加工"新模式。探索境外园区共建共管、产业化市场协作、项目参股经营等合作模式，共同发展跨境经济。构建大通关机制，加强内陆海关与沿海沿边口岸海关的协作配合，全面推进"一次申报、一次查验、一次放行"模式，实现走廊涉及省（自治区、直辖市）海关区域通关一体化和检验检疫一体化。积极协调我国海关总署和各省税务部门，强化沟通协作和政策统一。开展口岸通关合作和省际多式联运，大力发展以中欧班列为依托的中转集拼和国际海铁联运，加强口岸通关和服务保障等方面的合作，打造中蒙俄经济走廊国际物流通道，实现进出口货物跨省直通放行。

（四）建立人文交流联动机制

打造多元开放、多主体共建共享型中蒙俄经济走廊人文交流合作平台，推动人文交流机制化、常态化。建立走廊涉及省（自治区、直辖市）文化教育部门领导会晤机制，联合打造一批文化交流品牌，大力发展文化贸易。开展区域内校际交流与联合科研，共建实验室和研究机构。联合成立对外医疗服务机构，制定对外合作框架，完善工作机制；围绕重点领域，联动走廊涉及省（自治区、直辖市）签订合作协议，搭建医疗卫生领域信息共享平台，提升突发事件协调联动能力；联合开展中蒙医药学术交流、专家互访义诊活动。建议整合走廊涉及省（自治区、直辖市）研究机构力量，联合建立中蒙俄经济走廊研究院，探索"智库+"模式，鼓励政产学研界联合研讨，提高务实合作水平。

二、推进陆海和沿边腹地基础设施互联互通

（一）共建综合交通运输网络

围绕内蒙古的开放定位，在内蒙古形成中蒙俄经济走廊东南部综合交通枢纽，建设横贯内蒙古东西的综合运输网络。加快改造海拉尔至满洲里、阿尔山至白城、霍林郭勒至通辽线路，疏通珠恩嘎达布其至锦州通道；与天津港建立战略合作，

打通蒙煤出海通道。联合争取国家构建连接满洲里—黑河—同江—绥芬河—珲春—丹东—大连的沿边铁路网络,加快东北三省一区老旧铁路建设,建设甘其毛都至兰州铁路通道,使蒙西地区融入西部陆海新通道。建设绥芬河至满洲里、珲春至乌兰浩特、大庆至广州高速公路、大庆至通辽至赤峰至承德段、丹东至锡林浩特、通辽至沈阳等国家高速公路网规划中重要路段,构建西北北部出海运输大通道和陆桥运输大通道两大横贯中国东西的国家级通道。建设蒙古国主要矿区至中国腹地的能源运输通道。新建与改造连接内蒙古东部煤炭基地与东三省主要能源消费区的煤炭运输通道。

(二)推进口岸、内陆港和港口协调联动发展

推动中蒙双方已达成协议的珠恩嘎达布其—毕其格图、甘其毛都—嘎顺苏海图、策克—西伯库仑铁路口岸建设。畅通满洲里、二连浩特、甘其毛都、策克、额布都格、珠恩嘎达布其等口岸与腹地城市的联系。加大对乌力吉口岸建设资金支持力度,推动国家层面与蒙方协商商定乌力吉—查干德勒乌拉口岸开放建设有关事项。

(三)提升联动开放通道物流效率

推动形成国内国外双循环发展格局的战略支点地位,打造内连国内腹地、外联俄蒙欧的物流运输体系。在具备条件的地区打造更加完善的保税物流、保税加工、保税贸易等具有保税服务功能的物流枢纽。联合建设对俄罗斯、蒙古国出口贸易、境外资源开发合作、进出口物流配送、科技成果跨境转让、金融跨境结算、产业发展合作等平台。

三、推进绿色产业联动发展

(一)联动发展现代能源经济

建设策克口岸境外煤炭及矿产品能源进口基地,建设北山成矿带矿产品开采

输出基地，打造"千亿级"进出口加工产业集群。优化电源点和电网建设，推进蒙东、蒙西地区大型煤炭和火电基地建设。优化煤炭开发布局，煤炭进口配置额，有序开发煤炭资源，多元发展煤基产业，鼓励煤炭清洁高效利用、分级分质利用。

（二）联动发展现代服务业

大力发展现代物流业，将乌兰察布打造成为与天津港、二连浩特等区内外口岸（港口）具有"同港、同价、同效率"功能的内陆港，推动乌兰察布与二连浩特建设陆港型物流枢纽。联动中蒙俄经济走廊沿线省（自治区、直辖市），打造旅游联盟，共同开发跨区域旅游线路。

（三）联动推动国际产能合作

鼓励企业通过合作共建、产业协作、项目参股等方式，与俄罗斯、蒙古国共同建设跨境合作示范区和境外合作示范区，参与电力改造、农业种植与养殖、石油勘探开发、房地产建筑、旅游等领域的投资合作。

四、建议国家推动走廊涉及地区的生产要素合作

（一）共建区域科技创新体系

与俄罗斯、蒙古国毗邻地区共建次区域科技创新体系，推动中蒙俄三方加强科技联合攻关，加大重大科技项目合作。统筹协调国内涉及省（自治区、直辖市）重点实验室、工程研究中心等科技创新基地，完善公共科技资源共建共享机制。联动国内涉及省（自治区、直辖市）打造高水平区域创新平台，加快创建呼包鄂国家自主创新示范区，探索建立东北地区协同创新体制改革试验区，形成创新合作长效机制。共建科技成果转化服务体系，推动建立"标准统一、流程规范、资质互认"的技术交易市场和技术转移联盟，复制发达地区在科技成果处置权、收

益权、股权激励等方面的经验做法，推动科技成果产业化。

（二）共建统一的人力资源市场

聚焦重点合作领域，加大中蒙俄三方人才联合培养、互动交流。健全人才共享机制，争取国家协调成立走廊沿线省（自治区、直辖市）人才联合管理机构，负责统筹协调区域内各省（自治区、直辖市）之间的人才交流与合作，确保定期开展高层交流与对接；建立完善区域人才合作的决策机制、组织机制和项目实施机制，促进人才共享。创新人才资源开发模式，共建共享海外人才联络站，抱团共引海外高层次人才；组建区域专家智力联盟，设立人才合作培养基地；改革流动、激励机制，通过项目合作、聘请兼职、学术休假、技术扶贫等多种方式，实现跨区域科研合作。推进区域公共服务创新，探索建立区域"联合绿卡"制度，推动专业技术资格和职业资格互认，释放区域人才活力。

（三）共建统一的资本市场

进一步加大金融开放力度，深化中国与走廊沿线国家和地区金融合作交流，鼓励和支持中外企业到资本市场融资。建立跨区域金融合作协商机制，推动与中蒙俄经济走廊沿线国家和地区以及金融部门的合作交流。推动跨区域政银企常态化对接，支持金融资源与项目建设的对接合作，增强区域发展的协同性。联合推动金融合作创新，推动建立跨区域供应链金融服务圈，探索推广供应链融资模式。联合加大基础设施、物流等重点领域的金融支持，共同制定中蒙俄经济走廊建设重点基础设施项目清单。加大对本地产业参与国际分工的金融服务支持，共同推动区域内银行业金融机构为本土优势产业通过中蒙俄经济走廊开展全球销售和采购提供针对性金融服务。

五、全面推进生态保护和治理合作

（一）共筑祖国北方生态安全屏障

建议国家与俄罗斯、蒙古国共同制定实施跨境区域生态环保战略与行动计划，倡议成立中蒙俄经济走廊绿色发展国际联盟。联合推动沙漠沙地防治、草原生态保护和修复，以及森林生态、水资源和水生态保护。支持鄂尔多斯、榆林联合创建毛乌素沙地综合治理示范区，支持库布齐沙漠生态经济示范区建设，推广产业化治理荒漠经验和模式。引导社会资本发展沙漠生态产业，探索开展沙漠土地政策改革试点。落实新一轮草原生态保护补助奖励政策，建立和完善草原生态补偿长效机制和稳定增长机制。加强森林抚育、退化林分修复、灌木林平茬复壮，不断提高森林覆盖率和林木蓄积量。协同推动实施跨流域湿地、河流等重要水生态综合治理，加强沿黄河湿地生态系统保护。

（二）共建生态文明制度体系

探索建立跨境、跨地区、跨流域、覆盖重点领域和重点区域的生态补偿机制，推进森林、草原等重点领域生态补偿全覆盖。逐步增加对重点生态功能区转移支付，完善生态保护成效与资金分配挂钩的激励约束机制。建立补偿标准调整机制，生态产品质量好转的地区给予奖励性补偿，质量下降的降低补偿标准进行惩罚。建立跨区域用能权、碳排放权、水权、排污权交易制度，联合探索开展森林、草原碳汇交易。联合推动建立健全生态环境保护领导和管理体制、激励约束并举的制度体系、政府企业公众共治体系。

（三）联合构建区域绿色低碳循环体系

贯彻落实"生态优先、绿色发展"的理念，搭建区域共享的循环经济技术、市场、产品等服务平台，加快推进区域间、产业间、园区间循环式布局，鼓励企业间、产业间建立循环经济联合体。鼓励支持企业进行绿色设计和制造，构建绿色技术支撑体系和供应链,并采用国际先进环保标准,获得节能、低碳等绿色产品认证,实现可持续发展。采用绿色化、循环化技术改造园区物流、供水、供电、供气、建筑等基础设施,支持白云鄂博、神木锦界等建设国家级循环经济示范园区。在项目申报、评审中严格控制高污染、高耗能产品出口。强化"补链招商""绿色招商",培育多行业融合共生的产业集群。加强煤炭、稀土、有色金属等共伴生矿产资源综合利用,支持粉煤灰提取氧化铝,加快煤矸石、粉煤灰、冶金和化工废渣、尾矿等工业废弃物综合利用。实施重点领域清洁生产行动计划,建立产业准入负面清单。

参考文献

[1] 翟崑，王继民."一带一路"沿线国家五通指数报告[M].北京：商务印书馆，2018.

[2] 王义桅.世界是通的："一带一路"的逻辑[M].北京：商务印书馆，2016.

[3] 国务院发展研究中心"一带一路"课题组."一带一路"经济走廊：畅通与繁荣[M].北京：中国发展出版社，2018.

[4] 中国国际经济交流中心"一带一路"课题组."一带一路"：倡议与构想——"一带一路"重大倡议总体构想研究[M].北京：中国经济出版社，2019.

[5] 马鑫，金忠杰，王瑛.中国—中亚—西亚经济走廊(西亚段)概略[M].北京：社会科学文献出版社，2018.

[6] 北京大学"一带一路"五通指数研究课题组."一带一路"沿线国家五通指数报告.北京：经济日报出版社，2017.

[7] 国家发展改革委，外交部，商务部.推动共建丝绸之路经济带和21世纪海上丝绸之路的愿景与行动[R].北京：人民出版社，2015.

[8] 刘沙坤.蒙古国蓝皮书：蒙古国发展研究报告（2019）[M].北京：社会科学文献出版社，2019.

[9] 黄益平.超越奇迹：变革世界的中国改革[M]北京：北京大学出版社，2012.

[10] 余永定.最后的屏障：资本项目自由化和人民币国际化之辩[M].北京：东方出版社，2016.

[11] 何文彬.论"中国—中亚—西亚经济走廊"建设推进中的基础与障碍[J].经济体制改革，2017(3).

[12] 来有为.中国—中亚—西亚经济走廊建设取得的进展及推进政策[J].发展研究，2019(4).

[13] 刘鹏.孟中印缅次区域合作的国际机制建设[J].南亚研究，2014(4).

[14] 黄德凯，李博一，朱力轲．孟中印缅经济走廊建设的现状、挑战及前景——以地缘政治权力结构为分析视角 [J]．南亚研究季刊，2019(2)．

[15] 卢光盛，段涛．"一带一路"视阈下的战略对接——以中国—中南半岛经济走廊为例 [J]．思想战线，2017(6)．

[16] 简文湘．从合作走向共赢 泛北论坛成果回眸 [J]．广西经济，2018(5)．

[17] 段涛，卢光盛．中国—中南半岛经济走廊建设：进展、问题及对策 [J]．复旦国际关系评论，2017(1)．

[18] 刘鑫，黄旭文．中国—中南半岛经济走廊建设的几个要点 [J]．人民论坛，2018(36)．

[19] 卢光盛．澜沧江—湄公河合作机制与中国—中南半岛经济走廊建设 [J]．东南亚纵横，2016(6)．

[20] 卢伟，公丕萍，李大伟．中国—中南半岛经济走廊建设的主要任务及推进策略 [J]．经济纵横，2017(2)．

[21] 朴键一．"中蒙俄经济走廊"建设的主要特点和存在问题分析 [J]．东北亚学刊，2020(06)．

[22] 于倩，黄莺莺．内蒙古与俄罗斯、蒙古国合作的研究进展 [J]．中国市场，2019(05)．

[23] 胡益华，邢智仓．关于内蒙古与蒙古国、俄罗斯产业合作的思考 [J]．北方经济，2018(10)．

[24] 于群，郑鸽．中蒙俄经济走廊建设中存在的贸易问题与对策研究 [J]．中外企业家，2019(11)．

[25] 公丕萍．中蒙俄贸易合作特点及下一步发展的若干思考 [J]．北方经济，2019(07)．

[26] 李罗莎．西线中蒙俄经济走廊国家战略研究 [J]．全球化，2016(05)．

[27] 黄庆波，郭佳佳．中国与蒙古国矿业产能合作的研究 [J]．东北亚经济研究，2020(2)．

[28] 包伟志．"一带一路"建设背景下内蒙古对外贸易发展路径研究 [J]．商讯，2020(14)．

[29] 佟景洋．创新中蒙俄多领域合作机制研究 [J]．西伯利亚研究，2018,45(05)．

[30] 张思琪．中蒙贸易发展的制约因素与对策探索 [J]．产业与科技论坛，2018(4)．

[31] 李艳华．"中蒙俄经济走廊"经济效应影响因素及贸易潜力分析 [J]．统计与决策，2019(3)．

[32] 王秋红，张晓颖. 中蒙贸易互补性与贸易潜力研究 [J]. 生产力研究，2019(8).

[33] 李蔚. 浅析中蒙俄经济走廊的贸易发展现状 [J]. 内蒙古统计，2019(6).

[34] 毕德利. 关于推动中蒙俄"设施联通"和"贸易畅通"的对策建议 [J]. 北方经济，2019(7).

[35] 索中元. 中蒙俄经济走廊建设态势及发展对策 [J]. 对外经贸，2019(11).

[36] 冯一帆，张青青."一带一路"六大经济走廊贸易便利化测评报告（2013—2018)[J]. 人民论坛·学术前沿，2019(19).

[37] 李爽，祖歌言."中蒙俄经济走廊"背景下中俄农产品出口贸易潜力研究 [J]. 农业经济，2020(4).

[38] 胡伟，夏成，陈竹. 东北建设成为对外开放新前沿的现实基础与路径选择 [J]. 经济纵横，2020(2).

[39] 穆沙江·努热吉."一带一路"经济走廊陆路节点口岸产业发展潜力及路径 [J]. 中国流通经济，2020(2).

[40] 孙丽，冯卓. 东北亚区域经贸合作状况、面临问题及推进路径 [J]. 沈阳师范大学学报（社会科学版），2020(1).

[41] Narantsatsral Sosorjav，胡志华. 蒙古国跨境物流通道现状及其发展策略研究 [J]. 商业经济，2019(12).

[42] 李瑞华. 论中蒙俄经济走廊建设中内蒙古的战略选择 [J]. 财经理论研究，2019(6).

[43] 韩克敌，王志远."丝绸之路经济带"视域下中俄合作与风险防范的深入思考 [J]. 俄罗斯学刊，2015(5).

[44] 魏盈盈."一带一路"倡议下黑龙江省跨境电商发展现状与对策建议 [J]. 对外经贸，2017(7).

[45] 史妍妍. 试析中俄跨境电商发展现状及其重要战略机遇 [J]. 商场现代化，2017(20).

[46] 李建军，苏泯元，杨玉，杨芳."一带一路"战略下黑龙江省中俄跨境电子商务发展研究 [J]. 商业经济，2017(1).

[47] 庞大鹏. 俄罗斯的"大欧亚伙伴关系"[J]. 俄罗斯学刊，2017(2).

[48] 康成文. 显示性比较优势指数研究述评 [J]. 商业研究，2014(05):32–39.

[49] 刘志中. "一带一路"战略下中俄双边贸易的竞争性、互补性及发展潜力 [J]. 经济问题探索, 2017(07).

[50] 穆畅, 于善波. "一带一路"背景下中俄文化贸易发展对策 [J]. 现代商业, 2018(14).

[51] 刘洁, 刘伟. 加快内蒙古口岸经济发展的路径与对策 [J]. 北方经济, 2019(05).

[52] 董志崇. 内蒙古边境贸易发展现状、问题和对策分析 [J]. 北方经贸, 2019(03).

[53] 米军, 刘彦君. 中俄蒙经济走廊区域合作研究的学术史梳理 [N]. 中国社会科学报, 2018-03-15.

[54] 刘卫东. "一带一路"战略的科学内涵与科学问题 [J]. 地理科学进展, 2015(5).

[55] 梅建平. "一带一路"建设中国际产能合作的国别风险与金融选择 [J]. 江西社会科学, 2018(6).

[56] 吴频. 中国企业"走出去"与开展国际产能合作 [J]. 对外经贸实务, 2015(5).

[57] 张佳妮, 马春铭, 周一丹. "一带一路"战略下中俄贸易发展的新契机与潜在问题 [J]. 内蒙古煤炭经济, 2016(24).

[58] 陆南泉. 研究"一带一路"战略与推进中俄经贸合作应关注的两大问题 [J]. 西伯利亚研究, 2017(3).

[59] 张岸元. 后疫情时期人民币国际化的新思路 [J]. 经济导刊, 2020(8).

[60] 曲文轶. 西方对俄制裁三周年：普京政府的应对及其成效和影响 [J]. 俄罗斯东欧中亚研究, 2018(2).

[61] 龙雪. "一带一路"倡议下的中俄金融合作现状与潜力分析 [J]. 对外经贸, 2017(7).

[62] 冯建功. "一带一路"倡议背景下内蒙古对蒙古国、俄罗斯金融合作的思考 [J]. 内蒙古财经大学学报, 2019(1).

[63] 邢自强. 外资流入：中国资本市场变局 [J]. 财经, 2019(5).

[64] 蒋菁. 新时代中俄地方投资合作信任模式初探 [J]. 欧亚经济, 2019(6).

[65] 许维鸿. 混合所有制金融创新路径 [J]. 财经, 2016(8).

[66] 范祚军, 温健纯. 基于资金融通视角的"一带一路"金融切入 [J]. 区域金融研究, 2016(8).

[67] 曹平. 中国—东盟金融监管合作的法律规范体系问题探究 [J]. 南海法学, 2017(1).

[68] 何文彬. "中国—中亚—西亚经济走廊"金融互联的推进策略——基于空间经济学视角 [J]. 亚太经济, 2018(1).

[69] 钟建平. "一带一路"背景下中蒙高等教育交流与合作：现状、困境及对策 [J]. 大学教育科学, 2017(4).

[70] 刘金, 王辉. "一带一路"沿线国家的高等教育现状与发展趋势研究（二十二）——以蒙古为例 [J]. 世界教育新信息 .2019(4).

[71] 杨文兰, 陈迁影. "一带一路"国家教育行动背景下中俄教育合作的担当与使命 [J]. 内蒙古财经大学学报 .2019(3).

[72] 陆俊元. 蒙古国地缘特性及其国际关系 [J]. 人文地理, 2000(4).

[73] 赵鸣文. 俄罗斯的综合国力及国际地位 [J]. 俄罗斯研究, 2019(3).

[74] 金志远. "中蒙俄经济走廊"建设中内蒙古高校民族教育智库创建的思考 [J]. 民族教育研究 .2018(4).

[75] 达震鑫. 一名汉语教师志愿者的乌兰巴托情缘 [J]. 中国与世界, 2011(1).

[76] 熊春霞. "一带一路"视角下内蒙古与俄蒙旅游业合作机制探讨 [J]. 中国市场, 2018 (9).

[77] 郭强, 赵玉波. "一带一路"战略下的中俄跨境教育 [J]. 中国高等教育研究, 2017(7) .

[78] 佟景洋. 中蒙俄教育科技卫生领域合作的新发展 [J]. 东北亚经济研究, 2019(1).

[79] 王珊, 李金锴. 基于 PEST-SWOT 分析法的内蒙古与蒙古国旅游合作对策研究 [J]. 干旱区资源与环境, 2017(9).

[80] 毛艳丽. 内蒙古与蒙古国民众互旅意向调查研究 [J]. 北方经济, 2018(7).

[81] 黄小葵. 基于游客视觉的内蒙古旅游产业发展现状研究 [J]. 内蒙古社会科学（汉文版）, 2016(7).

[82] 郑超杰, 闫海春. 内蒙古旅游营销中新媒体的运用探究 [J]. 城市旅游规划, 2019(2).

[83] 段超, 田敏, 李俊杰. 共赢之举：加强跨境民族文化交流与互动 [J]. 社会科学家, 2001(3).

[84] 顾元吉. "一带一路"助推中蒙文化交流新发展 [J]. 中国民族博览, 2016.

[85] 汪琳. 文学翻译助力一带一路中非文化交流 [N]. 中国社会科学报, 2019-7-11.

[86] 周慧琳. 推动文学交流 促进民心相通. 中国新闻出版广电网 / 报 [N], 2018-02-05.

[87] 曾天山，于发友. 加强教育援助 促进中蒙两国睦邻友好——赴蒙古国参观考察报告 [J]. 民族教育研究，2010 (2).

[88] 王宇杰. 定位、机制、作用——对中俄蒙智库合作现状的思考 [J]. 内蒙古财经大学学报，2019(6).

[89] 程国强. 深化"一带一路"国际合作 [J]. 北方经济，2018(10).

[90] 刘倩."一带一路"的智库合作：现状与评论 [J]. 长春师范大学学报，2020(11).

[91] 刘丽梅. 中蒙俄旅游合作及其发展策略研究 [J]. 内蒙古：内蒙古财经大学学报，2016(5).

[92] 杜丽岩，冰清. 中蒙两国旅游交流现状及意义分析 [J]. 中国市场，2018(10).

[93] 刘红霞. 中蒙文化交流的优势与可拓展性 [J]. 对外传播，2016(1).

[94] 张江河. 内蒙古在中俄蒙三国发展战略对接中的地缘价值. 中蒙俄智库国际论坛2019[C]. 呼和浩特市.2019.

[95] 王文强. 内蒙古与俄罗斯教育合作的影响因素与基本策略 [J]. 赤峰学院学报（哲学社会科学版），2018(12).

[96] 姚遥，贺先青. 孟中印缅经济走廊建设的现状及前景 [J]. 现代国际关系，2018(8).

[97] 庄礼伟. 中国式"人文交流"能否有效实现"民心相通" [J]. 东南亚研究，2017(6).

[98] 贺圣达. 文化认同与中国同周边东南亚国家民心相通 [J]. 云南社会科学，2018(6).

[99] 许英明，邢李志，董现垒."一带一路"倡议下中欧班列贸易通道研究 [J]. 国际贸易，2019(2).

[100] 王姣娥，焦敬娟，景悦，马丽."中欧班列"陆路运输腹地范围测算与枢纽识别 [J]. 地理科学，2017(11).

[101] 郑志来. 省际间参与"一带一路"建设存在的问题与路径优化研究 [J]. 经济纵横，2016(1).

[102] 王语懿. 中蒙俄经济走廊建设面临的生态环境问题和绿色开发合作 [J]. 东北亚学刊，2019(5).

[103] 黄承锋，刘云龙，武晓玲，李丹. 建设新贸易通道 推进中蒙俄地方经贸合作——中蒙俄经贸西部通道的战略构想 [J]. 北方经济，2019(7).

[104] 杭栓柱，朱晓俊，邢智仓. 内蒙古参与中蒙俄经济走廊建设的战略构想 [J]. 内蒙古师范

大学学报, 2016(9).

[105] 侯纯光，杜德斌，段德忠，桂钦昌，焦美琪."一带一路"沿线国家或地区人才流动网络结构演化[J]. 地理科学，2019,39(11).

[106] 柯修."一带一路"在孟中印缅经济走廊上的发展挑战与对策[J]. 大陆桥视野，2017(7).

[107] 郭丽洁. 中俄国际旅游发展的影响因素探析[N]. 广西质量监督导报, 2019-8.

[108] 策仁娜. 蒙古国文化和中国内蒙古文化比较研究[D]. 山东大学硕士学位论文, 2018.

[109] 李根. 中俄人文交流机制研究[D]. 吉林大学，2019.

[110] 海伦. 蒙古国与中国内蒙古旅游合作研究[D]. 内蒙古大学，2016.

[111] 习近平. 携手推进"一带一路"建设[EB/OL]. 新华网, http://www.xinhuanet.com/politics/2017-05/14/c_1120969677.htm,2017-05-14/2020-5-14.

[112] 张本波."一带一路"政策沟通，实现优势互补必将造福世界[EB/OL]. 光明网理论,http://theory.gmw.cn/2017-05/15/content_24481065.htm，2017-05-15/2020-5-13.

[113] 贾文山. 从"五通"到"五路"："一带一路"建设迈向命运共同体[EB/OL]. 人民网理论. http://theory.people.com.cn/n1/2017/0519/c40555-29286496.html，2017-05-19/2020-6-2.

[114] 赤峰保税物流中心：内陆城市变开放高地 自治区崛起"无水码头"[EB/OL]. 搜狐网, https://www.sohu.com/a/348560483_161623. 2019-10-22/2020-6-22.

[115] "京郊草原"乌兰察布迎来自己的保税物流中心[EB/OL]. 北京日报电子版,2020-5-13, https://baijiahao.baidu.com/s?id=1666555323107893604&wfr=spider&for=pc.

[116] 2019年满洲里市互市贸易区入区中外游客210万人次 同比增长1.94%[EB/OL]. 内蒙古自治区政府网, http://www.nmg.gov.cn/art/2020/1/14/art_152_295106.html.2020-1-14/2020-6-5.

[117] 中蒙俄跨境电商在内蒙古达成"国际物流合作备忘录"[EB/OL]. 搜狐网, http://www.sohu.com/a/113501796_326097.2016-9-3/2020-6-5.

[118] 疫情下跨境电商逆势增长为"稳外贸"提供重要支撑[EB/OL]. 中国产经新闻, http://finance.sina.com.cn/roll/2020-05-26/doc-iircuyvi5016568.shtml.2020-4-16/2020-6-5.

[119] 俄罗斯出口中心与中国"俄品多"将开设网店销售俄罗斯的食品[EB/OL]. 塔斯社,

https://tass.ru/ekonomika/6839188.2019-9-4/2020-6-5.

[120] 为何5G被称为数字经济的基石[EB/OL]. 俄罗斯Cnews新闻网, https://www.cnews.ru/articles/2020-06-16_pochemu_5g_nazyvayut_fundamentom_tsifrovoj. 2020-6-19/2021-1-28.

[121] 中国驻印大使馆. 驻印度大使罗照辉在中印关系研讨会上发表演讲:《共同谱写龙象共舞的新乐章》[EB/OL].https://www.fmprc.gov.cn/ce/cein/chn/sgxw/t1556970.htm. 2018-5-6/2020-6-20.

[122] 中国和柬埔寨举行政府间协调委员会第五次会议秘书长会晤[EB/OL]. 新华网, http://www.xinhuanet.com/world/2019-03/22/c_1124271525.htm.2019-3-22/2020-6-6.

[123] 王勇赴泰主持中泰经贸联委会第六次会议[EB/OL]. 中华人民共和国中央人民政府网站, http://www.gov.cn/guowuyuan/2018-08/24/content_5316429.htm.2018-8-24/2020-6-6.

[124] 陈晓波, 李绍明. 第二届中缅经济走廊论坛在昆明举行[EB/OL]. 人民网, http://yn.people.com.cn/n2/2019/0223/c378439-32673737.html.2019-2-23/2020-6-20.

[125] 林艳华, 黄艳梅. 第九届泛北论坛发布共建中国—中南半岛经济走廊倡议书[EB/OL]. 人民网, http://finance.people.com.cn/n1/2016/0526/c1004-28382896.html.2016-5-26/2020-6-20.

[126] 国家发展改革委, 国家海洋局. "一带一路"建设海上合作设想[EB/OL]. 中华人民共和国中央人民政府网站, http://www.gov.cn/xinwen/2017-11/17/5240325/files/13f35a0e00a845a2b8c5655eb0e95df5.pdf.2017-11-17/2020-6-21.

[127] 中阿关于深化战略合作伙伴关系的联合声明[EB/OL]. 中华人民共和国中央人民政府网站, http://www.gov.cn/xinwen/2014-10/28/content_2771891.htm.2014-10-28/2020-6-21.

[128] 中华人民共和国和伊朗伊斯兰共和国关于建立全面战略伙伴关系的联合声明[EB/OL]. 新华网, http://www.xinhuanet.com/world/2016-01/23/c_1117872814.htm.2016-1-23/2020-6-21.

[129] "2013中国土耳其文化年"3月在京拉开帷幕[EB/OL]. 国际在线, http://news.cri.cn/gb/27824/2013/03/12/5892s4049228.htm.2013-3-12/2020-6-21.

[130] 习近平同土耳其总统埃尔多安举行会谈[EB/OL]. 新华网, http://www.xinhuanet.com/politics/2017-05/13/c_1120967607.htm.2017-5-13-/2020-6-22.

[131] 胡锦涛主席访埃期间将宣布成立中阿合作论坛 [EB/OL]. 新浪网，http://news.sina.com.cn/c/2004-01-20/09181630486s.shtml.2004-1-20/2020-6-23.

[132] 中阿合作论坛部长级会议今天开幕 [EB/OL]. 新浪网，http://news.sina.com.cn/w/2004-9-14/08413658402s.shtml.2004-9-14/2020-6-23.

[133] 习近平. 中阿共建"一带一路"能源合作为主轴 [EB/OL]. 中国网，http://www.china.com.cn/lianghui/opinion/2016-02/17/content_37807216.htm.2016-2-17/2020-6-23.

[134] 中国和柬埔寨举行政府间协调委员会第五次会议秘书长会晤 [EB/OL]. 新华网，http://www.xinhuanet.com/world/2019-03/22/c_1124271525.htm.2019-3-22/2020-6-24.

[135] 陈晓波，李绍明. 第二届中缅经济走廊论坛在昆明举行 [EB/OL]. 人民网，http://yn.people.com.cn/n2/2019/0223/c378439-32673737.html，2019-2-23/2020-6-24.

[136] Статистикавнешнегосектора [EB/OL]. 俄罗斯统计局网站，https://www.cbr.ru/statistics/macro_itm/svs/,2020-7-14.

[137] 中华人民共和国国家统计局网站，https://data.stats.gov.cn/easyquery.htm?cn=C01,2020-7-14.

[138] 工行莫斯科子行助力中俄两国经贸与金融合作 [EB/OL]. 人民网，http://world.people.com.cn/n1/2017/0830/c1002-29504663.html .2017-8-30/2020-6-2.

[139] 中国人民银行呼和浩特中心支行官网，http://huhehaote.pbc.gov.cn/huhehaote/129764/index.html.2020-5-29.

[140] 首家中外合资证券公司在老挝正式开业 [EB/OL]. 中国经济网，http://finance.ce.cn/rolling/201311/18/t20131118_1763095.shtml，2013-1-18/2020-6-20.

[141] 中国—东盟：共建金融开放门户共享金融合作未来 [EB/OL]. 搜狐网，https://www.sohu.com/a/342694123_175647，2019-9-23/2020-6-18.

[142] 从东南亚到中东，看中国跨境支付海外发展之路 [EB/OL]. 中国移动支付网，http://www.mpaypass.com.cn/news/201904/15193334.html，2019-9-15/2020-6-20.

[143] 中国一带一路网，https://www.yidaiyilu.gov.cn/zchj/rcjd/958.htm .2016-9-28/2020-6-23.

[144] 中国已签货币互换协议国家一览表 [EB/OL]. 百度文库，https://wenku.baidu.com/view/c45df720fc0a79563c1ec5da50e2524de418d068.html .2019-6-6/2020-6-29.

[145] 卡塔尔在多哈建立中东首个人民币清算中心 [EB/OL]. 搜狐网，https://www.sohu.com/

a/11429042_114351，2015-4-18/2020-6-28.

[146] 丝路基金20亿美元成立首个专项基金：中哈产能合作专项基金[EB/OL]. 新华网，http://www.xinhuanet.com/world/2015-12/14/c_1117457062.htm. 2015-12-14/2020-6-30.

[147] 上海合作组织银联体近日在莫斯科成立[EB/OL]. 中国政府门户网站，http://www.gov.cn/ztzl/2005-11/23/content_107346.htm. 2015-11-12/2020-7-2.

[148] 深耕中俄媒体合作 助力两国民心相通［EB/OL］. http://www.xinhuanet.com/newmedia/2015-06/24/c_134351726.htm. 2015-6-24/2020-7-3.

[149] 习近平深度对话世界 文明互鉴超越"冲突"[EB/OL]. 中国新闻网，http://www.jl.chinanews.com.cn/gnyw/2019-05-13/72069.html.2019-5-13/2020-7-5.

[150] "一带一路"影视传播合作高峰论坛在京召开[EB/OL]. http://ce.cri.cn/20170606/43c94e72-3be8-180a-afe9-149b91bd2811.html.2017-6-6/2020-6-13.

[151] 越南文化体育旅游部部长阮玉善2018年中国之行讲话[EB/OL]. 国际在线，https://www.dzwww.com/xinwen/guojixinwen/201801/t20180109_16892013.htm，2018-1-9/2020-7-13.

[152] "云模式"开启中缅文化旅游年新体验[EB/OL]. 新华网，http://www.xinhuanet.com/world/2020-05/07/c_1125952806.htm，2020-5-7/2020-7-16.

[153] 2019年到越南旅游的国际游客逾1800万人次，中国游客占1/3[EB/OL]. 搜狐网，https://www.sohu.com/a/364174681_120419750?scm=1002.44003c.fe017c.PC_ARTICLE_REC，2020-1-2/2020-7-13.

[154] 老挝兴起中国"留学潮"！仅2018-2019学年在华留学生超7000人！[EB/OL]. https://dy.163.com/article/EINHJQPS0525NLAD.html，2019-6-28/2020-7-13.

[155] 2020"中国马来西亚文化旅游年"在马来西亚吉隆坡开幕[EB/OL]. 中华人民共和国文化和旅游部网站，https://www.mct.gov.cn/whzx/whyw/202001/t20200120_850441.htm，2020-1-20/2020-7-16.

[156] 越南河内大学孔子学院庆祝成立5周年[EB/OL]. 新华网，http://www.xinhuanet.com/world/2019-12/16/c_1125349612.htm，2019-12-16/2020-7-13.

[157] 柬埔寨第二所孔子学院举办揭牌仪式[EB/OL]. 中国侨网，http://www.chinaqw.com/hwjy/2019/12-30/241478.html，2019-12-30/2020-7-14.

[158] 东博会助力落实中国—东盟战略伙伴关系新愿景 [EB/OL]. 人民网，http: //world. people. com. cn/n1/2019/0923/c1002 — 31367186. html，2019-9-23/2020-6-22.

[159] 2018 年赴泰中国大陆游客人数创新高 [EB/OL]. 新华网，http://www.xinhuanet.com/2019-01/28/c_1124054992.htm，2019-1-28/2020-7-1.

[160] 中国内地连续第二年成为新加坡最大客源地 [EB/OL]. 新华网，http://www.xinhuanet.com/travel/2019-02/14/c_1124111696.htm，2019-2-14/2020-6-22.

[161] 中国连续 6 年成为马来西亚最大游客来源国 [EB/OL]. 中国新闻网，http://www.chinanews.com/hr/2018/09-25/8635453.shtml，2018-9-25/2020-6-22.

[162] 2019 年旅游市场基本情况 [EB/OL]. 中华人民共和国文化与旅游部网站，https://www.mct.gov.cn/whzx/whyw/202003/t20200310_851786.htm，2020-3-10/20206-22.

[163] 第 14 届中国—东盟文化论坛在广西民族博物馆召开 [EB/OL]. 新华社新媒体，https://baijiahao.baidu.com/s?id=1645355882609329088&wfr=spider&for=pc，2019-9-22/2020-6-22.

[164] 东盟发表主席声明支持中方抗击疫情的努力 [EB/OL]. 中华人民共和国中央人民政府网，2020 年 2 月 15 日，http://www.gov.cn/xinwen/2020-02/15/content_5479422.htm，2020-2-15/2020-6-25.

[165] 秦菲菲. 中国—中亚合作对话会聚焦丝路经济发展，中国证券网，http://news.cnstock.com/news,bwkx-201407-3087830.htm.，2014-7-6/2020-7-15.

[166] 孔子学院——关于孔院 [EB/OL]. 国家汉办网站,http://www.hanban.org/confuciousinstitutes/node_10961.htm，2020/6/27.

[167] 内蒙古自治区统计局官网 .http://tj.nmg.gov.cn/Files/tjnj/2019/indexch.htm.2020-6-30.

[168] 蒙古国外交部官网，http://www.mfa.gov.mn/?p=35087.2020-7-12.

[169] 蒙古国统计局数据库，www.1212.mn.2020-11-13.

[170] 蒙古国矿业杂志官网，http://www.mongolianmining journal.com.2020-7-12.

[171] 俄罗斯统计局官网，https://rosstat.gov.ru.2020-11-12.

[172] 世界银行官网，https://data.worldbank.org.cn/indicator/AG.LND.FRST.ZS.2020-7-14.

[173] 中国国家发展和改革委官网，https://www.ndrc.gov.cn/xxgk/zcfb/ghwb/201610/P020190905

497847973697.pdf.2016-10-17/2020-7-14.

[174] 国家统计局官网, http://www.stats.gov.cn/tjsj/zxfb/202002/t20200228_1728913.html.2020-2-28/2020-6-25.

[175] 国家测绘地理信息局网站标准地图服务系统, http:/ /bzdt. nasg. gov. cn, 审图号 :GS(2016)1762 号.

[176] 天津市交通运输委员会官网, http://jtys.tj.gov.cn/ZWGK6002/JTTJ4958/TJBG216/202007/t20200721_3014188.html.2020 -7-21/2021-1-15.

[177] 2019 年度俄罗斯进出口情况报告 [EB/OL]. 深圳市商务局网站, http://commerce.sz.gov.cn/attachment/0/513/513462/7269254.pdf.2020-11-15.

[178] 中欧班列累计开行打破 1 万列返程班列已占去程的 [69%EB/OL]. 东方财富网. http://global. eastmoney. com/news/1351. 20180826934186377. html. 2018-09-01/2020-7-2.

[179] Актамов И.Г, Аюуш Д., Бадараев Д.Б, Т.Б.Бадмацыренов, В.А Родионов, Б.Санжмятав. Гурван хөршийн дундах Монгол Улс: Монголын улс төрийн үйл явцад нөлөөлөх гадаад хүчин зүйлс, УБ.2019.

[180] Wang Wen, and L. Dian.Cambodia as a New Model for Belt and Road International Cooperation[J].Contemporary World, 2018(18).

[181] Cooper,Shearer.Thinking clearly about China's layered Indo-Pacific strategy[J].Bulletin of the Atomic Scientists,2017(5).

[182] Бадараев Д.Д. Номадизм в АРВМ КНР в условиях промышленного прессинга на пастбищные территории [J].Власть. 2016(5).

[183] Сысоева Н.М. Иностранные инвестиции российской части экономического коридора: возможности развития [J].Вестник Бурятского научного центра СО РАН.2018(4).

[184] Соглашение между Правительством Российской Федерации и Правительством Китайской Народной Республики о сотрудничестве в совместном освоении лесных ресурсов. 03.11.2000 [J].Пекин. Бюллетень международных договоров, 2001(4).

[185] Соглашение между Правительством Российской Федерации и Правительством Монголии об охране лесов от пожаров. 03.09.2014 Улан-Батор. Бюллетень

международных договоров, январь 2015(1).

[186] Л.Оюунчимэг.Н.Гантуяа.Монголд Аялж буй Хятадын Жуулчдын Аяллын Зан Төлвийн Судалгаа. 中蒙俄智库国际论坛 2019[C]. 呼和浩特市 ,2019.

[187] Монголын эрдэмтдийн "Монгол-Орос-Хятадын "Эдийн засгийн коридор"-ын талаарх өгүүллийн эмхэтгэл", [C], ШУА-ийн ОУХХ, "Мөнхийн үсэг" хэвлэлийн компани, УБ.,2018.

[188] Монгол, Хятадын харилцааны шинэ эрин: боломж, сорилт.Монгол Улс, БНХАУ-ын хооронд дипломат харилцаа тогтоосны 70 жилийн ойд зориулсан олон улсын эрдэм шинжилгээний хурлын эмхэтгэл[C].УБ 2020.

[189] Владислав Гринкевич. Нефть, валюта и немножко нервно: сколько продлится новый глобальный кризис.Профиль. 2020. https://profile.ru/economy/neft-valyuta-i-nemnozhko-nervno-skolko-prodlitsya-novyj-globalnyj-krizis-254276/.

[190] Стратегия пространственного развития Российской Федерации на период до 2025 года. Утв. Распоряжением Правительства РФ от 13.02.2019 № 207-р.

[191] [Электронный ресурс]. – Режим доступа: static.government.ru/media/files/UVAlqUtT08o60RktoOxl22JjAe7irNxc.pdf (дата обращения:10.03.2019.

[192] Михаил Кичанов : Сила места//«Эксперт Сибирь». 2014. №39-40. р.25.

[193] Сотрудничество Китая с Дальним Востоком и Восточной Сибирью: равные на равных? http://www.1sn.ru/35602.html.

[194] Электронная торговля между Россией и Китаем выросла на 23% за год. 2019. https://news.myseldon.com/ru/news/index/205035343.

[195] Регионы России. Социально-экономические показатели: Стат. сб. / Росстат. – М., 2018. [Электронный ресурс]. – Режим доступа: http://www.gks.ru/wps/wcm/connect/rosstat_main/rosstat/ru/statistics/publications/catalog/doc_1138623506156 .2019-5-6/2020-6-23.

[196] Сайт государственного природного биосферного заповедника «Даурский» http://daurzapoved.com/index.php/nasha-deyatelnost/mezhdunarodnaya-deyatelnost .2019-5-6/2020-6-23.

[197] Станислав Красильников: Китай пользуется моментом//Эксперт. 2018. http://expert.ru/2018/04/16/kitaj-polzuetsya-momentom/.2020-5-29.

[198] Михаил·Коростиков: Дружба на расстоянии руки//Власть. 2019. https://www.kommersant.ru/doc/3984186 .2020-5-27.

[199] История Резервного фонда РФ. 2018. http://tass.ru/info/4918191.2020-7-3.

[200] Анна Королева: Bloomberg: Путин выделит 10 трлн на рост//Эксперт.2018. http://expert.ru/2018/04/24/bloomberg-putin-vyidelit10-trln-na-rost.2020-7-3.

[201] Владислав·Гринкевич: Доллар не спешит прощаться//Профиль. 2019.https://profile.ru/economy/sobytiya-nedeli-v-ekonomike-3-9-iyunya-2019-goda-148141/.2020-7-5.

[202] Максим Орешкин: экономика России сможет расти только за счет внутренних источников. 2018. http://www.vesti.ru/videos/show/vid/772271/cid/6/.2020-7-6.

后 记
postscript

2014年9月,中蒙俄三国元首达成共识,共同打造中蒙俄经济走廊。2016年6月,中蒙俄三方签署并开始实施"一带一路"框架下的第一个多边合作规划纲要——《建设中蒙俄经济走廊规划纲要》。至此,内蒙古作为我国向北开放桥头堡,多点发力积极主动地服务和融入中蒙俄经济走廊建设,全力打造"北上南下、东进西出、内外联动、八面来风"的对外开放新格局,取得了重要阶段性成果。

本书在全面总结中蒙俄经济走廊建设取得主要成效的基础上,客观分析了中蒙俄经济走廊建设存在的问题,借鉴其他五条经济走廊成功经验,提出了高质量推进中蒙俄经济走廊建设的战略构想,明晰了推动形成中蒙俄经济走廊联动开放新格局的方向,确定了高质量推进中蒙俄经济走廊建设的重大任务,以期为把内蒙古建设成为我国向北开放的重要桥头堡提供有价值的参考。

本书共有八章。孟青龙提出了研究的总体思路,明确了研究的整体框架;黄占兵完成了全书提纲设计和统稿、修改工作。各章节撰写分工如下:第一、二章都由黄占兵撰写;第三章由祁婧、余瑞卿撰写;第四章由刘军撰写;第五章由郭淞沈、汪士钦撰写;第六章由李洋撰写;第七章由毛艳丽、高鸿雁撰写;第八章由乌日丽格、田晓明撰写。杭栓柱、杜轶鑫、娜琳、侯淑霞、胡格吉乐图对本书的修改完善提出了宝贵的意见。在此,向对本书研究给予支持和帮助的领导、专家及相关单位,表示衷心的感谢。

尽管本书经过反复修改、完善，但存在的问题和不足仍在所难免，恳请专家和广大读者批评指正。

"内蒙古高质量推进中蒙俄经济走廊建设研究"课题组

2021 年 1 月 22 日